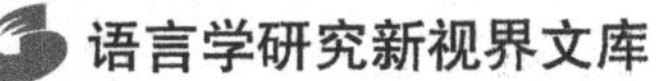

语言学研究新视界文库

语言学理论·语言教学

戴卫平◎著

中国出版集团
世界图书出版公司
广州·上海·西安·北京

图书在版编目（CIP）数据

语言学理论·语言教学 / 戴卫平著 . —广州：世界图书出版广东有限公司，2025.1重印

ISBN 978-7-5100-8259-7

Ⅰ . ①语…　Ⅱ . ①戴…　Ⅲ . ①语言学—研究　Ⅳ . ① H0

中国版本图书馆 CIP 数据核字（2014）第 152257 号

语言学理论·语言教学

责任编辑　翁　晗

出版发行　世界图书出版广东有限公司

地　　址　广州市新港西路大江冲 25 号

http:// www.gdst.com.cn

印　　刷　悦读天下（山东）印务有限公司

规　　格　710mm × 1000mm　1/16

印　　张　17.75

字　　数　300 千

版　　次　2014 年 7 月第 1 版　2025 年 1 月第 3 次印刷

ISBN　978-7-5100-8259-7/H · 0865

定　　价　88.00 元

前　言

传统语法和结构语法各领风骚很多年，分别在它们的时代处于主导和独尊的地位。传统语法重视意义、重视书面语、重视规定、重视分析，明确区分语法现象和词汇现象、明确区分词法和句法，重视历时。结构语法是语法研究中的一场革命。结构语法提供了最完善的方法，它所取得的成就使其得到最广泛的传播。它使语言学达到了科学的水平，并为其他人文学科提供了一种方法明晰而又严密的语言学理论，一种揭示和论证问题的方法。

与传统语法不同，生成语法力图用简单的结构模型描写多种复杂的语言现象。生成语法注重语法理论的解释力，解释过去不能解释的现象、事实、原因，研究语言的共性。生成语法不是将一些已经存在的理论或规则让学习者学习，而是让学习者一起参与讨论和研究，使学习者成为语言研究者。

构式语法理论重视构式。构式语法研究具体的构式在形式和意义上的配对，而形式和意义的配对也是语言习得领域和语言使用过程中的重要问题。构式作为意义和形式的配对储存于人的长期记忆中。语言习得与使用的研究都可以从构式语法的研究中受益。

功能语法是一种从应用的角度来看待语法的教学方法。功能语法教学的目的是使学生更清楚地认识语法的功能资源。功能语法理论认为，语言主要包括意义、词汇语法和音系这三个主要层次。意义是受情景支配的；语法和词汇是体现意义的；音系则是联系词汇语法和实体的中介层次，是体现词汇语法的。语法教学应把注重点放在实现交际的目的上，通过语法来表达意义。

认知语法强调人对语言系统的实际使用和人关于语言使用的知识。语言知识产生于语言运用。语言知识是在具体使用不断地修正的过程中抽象出来的，规则是在具体示例中抽象出来的。语言习得是一个自下而上的过程，是由语言性的经验所驱动的。

对语言本质特征的认识，决定着对语言习得过程的认识和对语言教学基本原则的选择。认知语言学强调语言的理据性，洞察性学习比机械性学习要有效得多。语言系统中的各种理据对外语教学具有许多重要的启示意义。认知语言学的原型范畴化理论、概念隐喻和转喻理论对全面培养语言、文化和思维能力具有直接的指导意义。认知语言学和基于使用的语言理论模型为解释人类怎样学会语言提供了一种新的理论模型与方法。

在日常所使用的语言中，存在着大量重复使用、重复出现的语块。语块是指具有独立意义 / 功能的词汇群体。语块为固定或半固定、程式化了的块状结构，构成相对恒定，语义约定俗成。语块兼具词汇与语法的特征，具有特定的表达功能，可整存整取。母语使用者广泛使用语块进行语言交际。研究发现，语块通常会占到语篇的 1/3—1/2。

一、传统语法与语言教学

教学大纲为课堂在教学内容、教学程序甚至教学方法上提供教学计划。所以，教学大纲是教学的先导，设计什么样的教学大纲就决定用什么样的教学方法和教学程序。传统语法大纲把目的语分为不同的部分，教学按部分分步进行，直到最后把所有部分都学完，使学生学到目的语的所有语法。这个大纲的问题是，以这种方式教授目的语语法虽然可以让学生学到系统的语法知识，但不能使学生真正学到这些语法知识的真正含义，也不能学会运用这些语法知识，即学生学会怎样描述一个句子不能保证他们会在实际的交际中运用这个句子。

传统语法教学主要是语法翻译法，即教学的重点是语法，掌握目的语语法的方法是把外语翻译成母语。语法翻译法在很大程度上依赖语言形式。运用翻译法的优势是，通过母语的形式和意义来引入目标语的形式和意义，即用母语来学习外语。但运用翻译法教学的一大缺点是，在教学中学生所接触的通常是单个句子，没有语境和交际的目标。

由于缺乏自然习得目的语的必要环境，从启蒙开始，作为目的语学习拐杖的语法就备受重视。在我国，小学、初中、高中以至于大学都有对目的语语法、句型的操练。各类应考练习中，语法练习占据绝对数的分量。但是，单纯语法教学又被认为是落后的、无效的教学方法。许多教师对传统语法教学产生反感，原因主要表现在两个方面：①传统语法教学是对规则的训练。②语法能力只是一种表层能力，只是能够提高准确性的一种手段。在许多人的印象中，语法或语法教学似乎只是关注句子的正确性问题，甚至有些人把语法教学看作是纯粹的语法规则的灌输和机械的句型操练。

二、结构语法与语言教学

就语法理论而言，传统语法和结构语法各领风骚很多年，分别在它们的时代处于主导和独尊的地位。结构语法是英语语法研究中的一场革命，这场革命影响之广泛，可与达尔文在生物学中的革命相媲美。

结构语法是有关语言的本体论学说，它把语言作为一种单纯的对象，进行了深入细致的描写和分析。结构语法所进行的研究是对语言的共时研究。

结构语法学家提出的一系列理论与方法对现代语言学的发展产生了重大影响，这不仅表现在语言理论研究领域，还表现在语言实际应用领域（如外语教学）。结构主义语言学巩固了语言学作为一门独立科学的地位继而为语言学向领先科学的迈进奠定了基础。

结构语法对语言的研究只限于句子本身，不研究句子与句子之间的联系，不讨论句子在比其更大的语言单位中的地位和功能，也不讨论句子在其具体语言情景中的恰当使用。结构语法仅局限于静态句子平面的切分法。结构语法从形式出发，只强调对于音位和语法的客观描写，基本忽略了对语义的研究。结构语法囿于语言系统内部，旨在揭示语言的内部机制，对语言现象做出解释。结构语法对语言结构的处理基本上都采用形式分析法，以形式结构为基础，研究语言结构的内在规律性，其研究范围局限于句子平面，把语言看成是结构的图表。

三、生成语法与语言教学

生成语法不是停留在对语言现象和语法结构的观察和描写上，而是更加注重语法理论的解释力。能描写仅仅是知其然，能解释才是知其所以然。乔姆斯基一反几千年传统语言学的思想，强调语言研究的最终目的是要对语言现象进行充分而又合理的解释。从一开始，乔姆斯基就强调生成语法应该以解释为研究目的，进行解释的时候一定要使用有规律的概括。概括必须经过验证，正确无误；论证必须严密，符合逻辑。概括的内容越普遍、越丰富，越好；概括得越深刻、越彻底，越好。

生成语法不是要把一些已经存在的理论或规则让学习者学习，而是让学习者一起参与讨论和研究，看看已有的理论或规则存在着什么问题，使学习者成为语言研究者。生成语法研究的对象不只是语言事实本身，不只是对语言事实的描写，而是研究语言的共性。

生成语法旨在描述和解释人大脑中的语言能力本身，因此它比传统语法理论对语言的描述更细致、更充分、更深刻。在传统语法学家看来，研究语法的目的是教语法；而生成语法的研究和其他自然科学研究一样，目的是提出科学假设，解释过去不能解释的现象、事实、原因。

四、功能语法与语言教学

语法是语言三要素之一，是语言学家通过对语言实际的观察而总结出来的语言规则，它赋予语言条理性和可理解性，是提高语言水平和准确表达思想的基础。但语法教学如果仅仅把语法限制在句子范围之内，仅仅从形式上进行解释，而不考虑语言的功能和意义，不把语法结构与语篇整体联系起来，与语言产生的文化语境和情景语境联系起来，语言学习者是不能把所学的语法知识运用到语言交际当中去的。

功能语法把语言看作一个资源，一个系统网络，讲话者在语言交际中从这个系统中进行选择。对语言的选择要和语言产生的环境结合起来，与语言的文化语境和情景语境结合起来，从而产生适合于语境和交际目的的语言。功能语法虽然以小句为基本单位，但是着眼点是对语篇整体的分析；功能语法同时还把语法与不同的意义与语境和文化等因素结合起来。因此，教授功能语法可以最大限度地将语法教学与学习者交际能力的提高结合起来，促使学生把所学的语法知识尽快转化为语言能力。

根据功能语法，语言的意义系统是由语言的词汇语法系统来体现的。所以，语言的词汇语法系统要适合于语言的意义系统。语法系统不是自主系统，所以语法学习必须要与语法所适用的社会语境和情景语境联系起来，即和语言的运用结合起来。功能语法把语法知识与语言运用结合起来，在学习语法的同时提高语言的交际能力，用交际的方法来学习语法，使语言交际能力大大提高，特别是可同时提高语言的流利性和准确性。

从实践的角度来讲，功能语法公开宣称其研究的实用目的：语言学研究的生命在于其应用。功能语法从社会符号的角度研究语言是针对其所关心的主要问题，特别是教育问题，具体地讲，是语言的学习和教学问题。正是由于这个原因，许多学者都在力图用功能语法的理论研究教学改革问题，包括研究整体的教学理念改革和具体的教学方法改革，例如语法教学，利用教授功能语法来进行语法教学。

五、构式语法与语言教学

构式语法中的构式（construction）与传统语言学中所说的 construction 不同。传统语言学中所说的construction可以是简单的也可以是复杂的；可以是粘着的也可以是自由的；可以是具体的也可以是图式性表征。构式语法的construction是形（音位、书写等）和义（语义、语用和语篇功能信息）的结合体。它们以特定的方式组织起来储存于发话者的心智中。“构式”的概念虽然来自传统语法，但是它已被概括为一个统一的模型以表征所有的语法知识（包括句法、形态和词汇）。

构式语法和语言的习得与使用有着密切的关系。由于构式语法研究一个个具体的构式在形式和意义上的配对，而形式和意义的配对也是语言习得领域的一个重要问题，是语言使用过程中的一个重要问题，所以语言习得与使用的研究都可以从构式语法的研究中受益。

由于构式语法是以使用为基础的，所以它十分注意语言表层的构式所具有的功能。构式语法不区分语言与言语、语言功能与语言使用、语义与语用。构式语法只研究某一构式的特殊功能以及该构式的概括程度，即具有多大的适用面，因此，经过扩展的构式语法研究语言的方方面面。

构式语法对语言教学有十分重要的启发，它提出一系列思考问题：

（1）构式在二语习得中起什么样的作用？

（2）什么样的学习环境才能引起构式学习？

（3）一语的构式对二语习得的构式有些什么影响？

（4）学习构式中有些什么个别差异？

（5）成人和儿童习得复杂构式是否一样？

（6）构式的知识、使用和能力有些什么关系？

所有这些问题都与语言使用相连，是一些以使用为基础的模型，这些模型强调语言是通过参与处理输入的亲身经历而学到的，而语言产出的目标则是为了在社会交往中取得个人希望达到的结果。

六、认知语言学与语言教学

研究表明，洞察性学习比机械性学习要有效得多。认知语言学的语义中心观实际上就是强调语言的理据性。有理据的词语学起来比没有理据的要容易得多，同时有理据的知识记忆使用起来也要比没有理据的要容易。明确地理解语言的工作方式，将经验服从于分析的需要，适合学习者的认识风格。事实上，当学习者了解了语言的工作方式后，他们就会开始构建或重新建构他们个人关于所学语言的各种假设。

对语言本质特征的认识，决定着对语言习得过程的认识和对语言教学基本原则的选择。认知语言学认为，语言的本质特征是符号性，语言构式都是有意义的符号单位；语言的符号性决定了语言的基本目的之一是为交际服务。语言知识是语义、语音和符号特征的统一知识。

语言知识是互相联系的，语言不是一个独立的认知器官，各种认知能力相互作用，协同发展。认知语言学关于语言本质的认识及其基于使用的语言观从微观和宏观的层面都为整体教学提供了理论依据。

基于使用的认知语言学的语言观对语言教学原则具有以下两个方面的启示：①普遍规则的作用有限；②文化教学（包括交际、社会的文化语境）必须贯串于语言教学。要实现语言习得的流利性，学习者必须掌握大量的固定表达式和具体场合下遣词造句的基本方式，要充分考虑词汇、语法以及其他语言知识之间的相互作用与关系。词汇、语法必须教，但绝对不能成为语言教学的主要教学内容，甚至全部内容。语言不仅仅是由词汇和语法组成，它还包含着各种大量的文化内容。更重要的是，语言学习不是掌握一个静态的知识系统，而是要掌握语言的使用。语言在使用的过程中由于认知的参与会变得十分复杂和灵活。

七、语块与语言教学

语块是指介于语法和词汇之间的经常被同时使用的有独立意义或功能的词汇群体。语块的形式和功能超越了语法和句法的描述功能，因此对语块的使用情况在很大程度上反映了一个人的语言运用能力。语言学习者对语言中的语块能否使用恰当决定了其语言表述是否流畅、地道、多样和丰富。我们知道，语言中的习语或成语所占比例很高，甚至还在某种程度上代表了一个人的语言水平。说一个人英语讲得很地道，是说其英语非常“idiomatic”。

随着对认知语言学研究的进一步深入，语块在语言研究中的地位日益突出。语块兼具词汇与语法的特征，具有特定的表达功能，可作为整体储备和提取。二语习得研究也发现：语块能力是二语综合能力的一个重要指标。

我国是以英语为外语的学习环境，学习者的二语输入主要来自课堂教学。课堂内外输入材料的选择，语块的输入方式、输入频率，课堂教学活动的选择、输入形式、考核方式与标准和学习者的接受方式、加工深度、操练强度、记忆特点、提取特点，以及语块特征等因素如何相互影响，如何获得最佳习得效果，这些问题很值得探讨。

我国的二语教学长期以来强调语法和单词的教学与习得，忽视了语块或构式的作用，影响了教学效果。二语学习者积累了大量词汇可还是无法用英语表达自己的思想。语块是解决这一难题的有效手段之一。在语言描述中起关键作用的语块在语言习得中也同样重要，语块集中体现了语言使用的规约性，对语块使用的掌握最终表现为母语式的选择与流利，也就是习得的成功。由于语块可以整存整取，在实际交际中说话者无需根据语法规则生成和分析语言，这就大大提高了语言表达的地道性、连贯性和生动性。语块可使学习者激活已掌握的词汇，可以降低会话者对语法知识的过分依赖。

本书共涉及34个专题：不仅有语言观研究，也有语法观和语义观研究；不仅有乔姆斯基的研究，也有韩礼德的研究；不仅有结构语法研究，也有认知语法研究；不仅有形式语法研究，也有功能语法研究；不仅有语言学理论研究，也有语言应用研究；不仅有宏观研究，也有微观研究；不仅有普遍语法研究，也有具体语法研究；不仅有传统语法研究，也有现代语法研究；不仅有语法之“功”研究，也有语法之“过”研究；不仅有语言学语法研究，也有教学语法研究。中国石油大学（北京）外语学院MTI翻译团队的彭运佳、李言为本书写作收集了部分参考资料，并翻译了其中的3万多字。感谢世界图书出版广东有限公司武汉学术出版中心宋焱编辑的帮助和支持，感谢宋焱编辑为本专著的出版所付出的辛勤工作。感谢焦莹对全书的认真校对。

戴卫平

2014年7月

目　录

第一部分：构式语法与语言教学

第二部分：语块理论与语言教学

第三部分：生成语法与语言教学

第四部分：认知语法与语言教学

第一部分：构式语法与语言教学

第一篇　“构式”多维诠释

本篇内容提要：本篇从5个方面解读“构式”。作为认知语言学研究的一种新来的范式，我们有必要就其中的核心概念“构式”进行一个多维诠释，以便为这方面感兴趣的研究者提供一个基本的认知框架。

构式有广义构式和狭义构式之分。广义构式涵盖复句到词素的任何语言单位，只要符合“形式和意义的结合体”都可以称为构式（严辰松，2006）；狭义的构式有一个限定条件，“任何语言表达式，只要它的形式、意义或用法不能从其组成成分或其他结构式中推知出来，就都属于结构式”（Goldberg, 1995:4）。

一、构式（construction）

就construction一词而言，国内有多种译法，如：构块、构块式、构造、句式、建构、架构、结构、构架、格式、框架、构式等。现在，国内普遍采用“构式”的译法。

关于构式（construction）的研究，这是一个既老又新的话题。说“老”，是指构式涉及的方方面面，在以前的本体研究和应用研究中都有或深或浅的涉及；说“新”，是指基于新的“构式”观念之下的构式研究，理论意识和时间分析都不充分，可以说目前它正处于方兴未艾的阶段。（施春宏，2011：98）

Construction在语言学论著中早已有之。夸克（Quirk）、叶斯帕森（Jesperson）、乔姆斯基（Chomsky）在其著作中都曾使用过construction这个词。美国结构主义的领军人物布龙菲尔德（Bloomfield）的《语言论》中大量使用过这个术语。Goldberg（2006:3）在其专著中开门见山地指出：“从古代斯多葛时期就主要用形义配对体的construction来研究语法。”在19世纪中期，construction被视为“程序式、固定性的序列”（formulaic, fixed sequences）。在索绪尔的理论体系中，construction 一词主要指“词语在句法上的组合性联结”。在布龙菲尔德和里奇这两位学者的论著中，它主要指“小句类型”（clause type）和“句式”（syntactic construction），如：主谓宾句式（SVO construction）、被动句式（passive construction）、分裂句式（cleft construction）、肯定句式（positive construction）、否定句式（negative construction）、并列句式（coordination construction）等。生成语法理论的主要兴趣在句法的基本单位和生成规则上，所以认为 construction 不是一个原始性单位，它仅是从基本单位中生成出来的，可被视为一种语法结构的类型，不在主要研究范围之内。（王寅，2011：28）

认知语法出现以后，construction 的概念意义又有了变化。Lakoff 在 20 世纪 80 年代使用的“语法构式”（grammatical construction）已经是构式语法理论的概念。按照认知语言学家的看法，所有语法研究都可归结到 construction 上来，但是并不是所有的学者对 construction 都已达成了一致的看法，有人将其分别等同于 constituent（成分，要素）、structure（结构）、collocation（搭配）、string（语符串）、syntactic context（句法环境）或 syntagmatic context（组合环境）；有人将其视为 phrase（短语）、idiom（习语），或 formulaic phrase（公式化套语）；还有人将其用作 pattern（句型）、configuration（构型）等。

Construction 一词的本义其实是“建筑”，即把多个部件组构到一起成为一个更大的单位，后来才有了“构造”的意思。传统语言学借用 construction 这个词更多的是指句法层面的结构，其内涵没有构式语法的 construction 那样丰富。（王寅，2011：64-65）构式语法理论中所用术语 construction 与传统语言学中的 construction 存在天壤之别，其含义、范围等都存在着根本的差异。虽然学界对构式尚无明确而又统一的定义，但大部分构式语法学家对 construction 的基本含义还是有一个大致看法的，即构式是形式和意义的配对；从构成成分不能预测整个构式的意义。（Goldberg, 1995:4）Construction 可以是简单的也可以是复杂的；可以是粘着的也可以是自由的；可以是具体的词语也可以是图式性表征。所有构式都是形（包括音位、书写等）和义（语义、语用和语篇功能信息）的配对，它们以特定的方式组织起来储存于讲话人的心智中。通过研究构式，我们就能对语言从心智上做出较为详尽的描写和解释。

二、构式（construction）与语式（construct）

传统语法的研究对象主要局限于词法和句法上，构式语法大大拓宽其研究对象，包括词素、词、短语、习语、分句、句子，乃至语篇，并将这些内容都归结为构式。

因为构式语法学家所谈论的construction（构式）所含内容很多，所以王寅（2011：44）主张将语言中的具体的、实体性表达式称为“语式”（construct），将含有能产性的抽象性结构称为“构式图式”。例如，我们在英语的某些成分（多为名词）后加上-al可构成一个形容词，其后再加上-ize可构成一个动词，再在其后加上-ation可构成一个名词，这一过程从小到大就可概括成如下一个构式图式：[[[[...]-al]ADJ-iz]V-ation]N，形成的具体实例如：centralization，normalization，radicalization，marginalization，lexicalization，grammaticalization，等等。

一个词素就是一个象征单位，两个或两个以上的词素组配并置，经过整合加工就能形成一个“语式”（construct）。构式是在若干具体用法的基础上概括而成的，具有图式性，基于它带入具体词语就能允许产生出若干具体的语式。“语式”为“构式”的具体体现。“语式”属于语言的言语层面，包括具体的词、短语或句子。Construction包括construct，因此从具体和抽象性角度来看，构式还可分为：具体表达式和抽象性图式。具体表达式即为语式，而抽象性图式可称作为构式。“构式是抽象的图式，而语式为抽象图式的具体词语表达式。”（王寅，2011：276）语言是由若干构式和语式组成的。构式语法包括研究construct和construction，以后者为主。

三、“构”与“式”

Goldberg（2006:18）认为使得构式成为一种基于构式的理论就在于构式网络占据了我们关于语言的语法知识，也就是从头到尾都是构式。构式语法认为语言是由构式组成的，一个构式可由多个构式组成，但各个构式之间并不存在一个明显的层级关系和传承关系。Goldberg在其1995年的著作中给构式的定义为任何“form-meaning pairing”（结构和意义的匹配）。从表达功能出发将构式的用法研究（即结合特定构式的特殊功能尤其是语境来分析构式的使用条件）作为基础研究的核心，无论是本体研究还是应用研究，都是一个新的开始。

构式语法研究的基本原则是传统的构式——形式与意义的对应体——是语言中的基本单位。（Goldberg, 2007:6）形式具有可见性，而意义不具可见性。“语言形式是为意义服务的工具，是意义赖以存在的实体，但语言的最终落脚点却不在形式上，而在意义上。”（刘国辉，2007：3）

作为一个“构式”，既包括“构”（作为具有内部层级关系的结构而存在的语言单位或成分），更包括“式”（作为形式和意义 / 功能 / 用法配对体而存在的语言单位或成分），而“式”是其本质。因此构式研究要突出“式”的用法的系统研究，从而将若干构式放在特定范畴（如：致使范畴、结果范畴、被动范畴、

指称范畴、量范畴、比较范畴、疑问范畴、否定范畴、体范畴、情态范畴等系统）中来考察。（施春宏，2011：102）

四、“构式”语法

构式语法认为，语言的本质不是形式化普遍语法，而是“构式”。正是因为有了“构式”，才使得语言成为语言；研究构式就直指语言的本质之处。构式是人们内在语言知识系统的心智表征。作为当今国内外语言学界的一门前沿学科，构式语法是在Fillmore和Kay等研究的基础上发展起来的。除了他们的理论外，其中还包括Lakoff和Goldberg的理论，Croft的激进构式语法（radical construction grammar），Bergen的体验构式语法（embodied construction）。Langacker的认知语法也可以看成是一种构式语法理论，因为他的象征单位就相当于构式语法中的构式。

“真正意义上的构式语法体系是指20世纪80年代Lakoff（1987）、Langacker（1987, 1991），特别是以Goldberg（1995）为代表的论元结构（argument structure）研究和以Kay & Fillmore（1999）为代表的词汇语义学（lexical semantics）、标记性构式（marked constructions）以及Croft（2001）的激进构式语法出现为标志。该研究模式中一个核心思想就是一个构式本身是一个整体，其意义不是各组成成分之间的简单相加。”（刘国辉，2010：304）Croft将各种构式语法理论统称为vanilla construction grammar，认为我们的语法知识（乃至语言知识）都是以构式形式组织起来的，因此构式语法旨在寻求和建立结构、意义和用法之间表征关系的最佳方案，其最大特征是用“象征单位”和“构式”为语言做出统一而又全面的解释。

“构式语法不仅仅是一个语法理论，它本身就是一个内容丰富、视角独特、方法新颖、解释力强的语言学理论，它几乎融合了普通语言学的各个学科，包括音位学、形态学、词汇学、句法学、类型学、语义学、语用学、韵律学等分支。”（王寅，2011：33）

构式语法（王寅，2011：54-55）又可称为：construction-based grammar（基于构式的语法），construction-based model（基于构式的模型），construction-based approach（基于构式的分析法），construction-based theories of syntax（基于构式的句法理论）。现在国外学者常将构式语法简称为CxG，以区别于Langacker的认知语法CG。

五、“构式”的意义

构式语法不仅从句法、语义和语用等角度，而且还从隐喻认知机制角度揭示了各类构式之间的内在关系。构式语法突出了构式的基础性和重要性，将构式视为人们心智中表征语言知识的最基本单位，它当为语法研究的最主要的对象。从构式角度来研究语言的意义在于：“可望实现语言理论的充分性和统一性，深化句法与语义的接口研究，拓展对人类一般认知能力和语言心智表征的理解。”（王寅，2011：7）

1. 构式是语言习得的对象和核心

语言主要是依靠后天习得的。构式存在于语言的各个层面，代表着语言的概括性和本质，因此语言习得就是习得各种各样的构式，构式是语言习得（包括二语习得）的对象和核心。这为语言教学和二语习得研究提供了一个崭新的研究领域。

2. 构式体现了经济省力原则

构式被视为语言研究的最基本目标，通过构式可对语言的语法做出统一的描述和阐释，以达到经济省力的原则。实现构式最简方案，是认知语言学所追求的目标。“从编码、解码角度看，构式体现了一种经济省力的原则，即用尽可能少的投入获得最大效果。从经济效率来看，构式易激活，显得轻松而省力。”（刘国辉，2010：284）

3. 构式网络可建构所有的语言知识

吕叔湘先生曾讲过：“怎样用有限的格式去说明繁简多方、变化无尽的语句，这应该是语法分析的最终目的，也应该是对于学习的人更为有用的工具。”（转引自刘国辉，2010：281）

语言是由若干构式组成的，它们结合而成一个构式网络，语言的认知体系就可用这个构式网络来描写。“构式是语言在心智中的基本表征方式，构式网络可以建构所有的语言知识。”（崔雅丽，2011：59）通过研究象征单位和象征单位的整合（构式），我们就能对语言做出较为详尽的心智描写和认知解释。人们的一切语法知识基本上是以构式的形式来表征的，因此“构式”可以概括人们全部的语法知识。这就为我们研究语言开辟了一条全新的道路。（王寅，2011：20）

4. 构式是形义紧密结合的象征单位

形义紧密结合为一个象征单位。人们一听到某个词句的语音，就能晓其义、知其用。语言就是这些象征单位和构式的总汇。构式不是把无意义的形式任意地置放在一起。构式不仅是个结构形式的问题，它本身就有其特定的意义。构式作为相对稳定的语块储存于人们的心智中，以各种表现形式存在于语法体系中，成为人们表现真实世界、反映体验和认知结果的基本架构。

5. 构式可定义句法范畴

在构式语法出现之前，语言学家尚不能找出一个确定词性和细分词类的统一方法，例如可数名词和不可数名词就很难找到一个确定的区分标准，就英语而言有很多词既是可数名词又是不可数名词。如果用构式来定义这类句法范畴，就可较好地解决这一问题。词类只能相对于它们所出现的具体语义来定义，虽然很难做出整齐统一的划分，但却可根据具体词所出现的特定构式类型来描写它们。（王寅，2011：274）

本篇参考文献：

[1] Goldberg, Adele E. Constructions: A Construction Grammar Approach to Argument Structure[M].Chicago: Chicago University Press, 1995.

[2] Goldberg, Adele E. Constructions at work: the nature of generalization in language[M].Oxford: Oxford University Press, 2006.

[3] Goldberg, Adele E. 构式——论元结构的构式语言研究 [M]. 吴海波译 . 北京：北京大学出版社，2007.

[4] 刘国辉 . 构式语法的构式之辩 [J]. 外语与外语教学，2007（8）：1-5.

[5] 刘国辉 . 当代语言学理论与应用研究 [M]. 北京：中国社会科学出版社，2010.

[6] 施春宏 . 面向第二语言教学汉语构式研究的基本状况和研究取向 [J]. 语言教学与研究，2011（6）：98-108.

[7] 王寅 . 认知构式语法 [J]. 外语学刊，2011（2）：28-34

[8] 王寅 . 构式语法研究（上卷）理论思索 [M]. 上海：上海外语教育出版社，2011.

[9] 严辰松 . 构式语法论要 [J]. 解放军外国语学院学报，2006（4）：6-11.

第二篇　构式语法

本篇内容提要：构式语法是在认知语言学批判乔姆斯基语言学理论背景之下产生的。构式语法将人们的研究焦点重新拉回到构式上来，主张将形式与意义、结构与功能紧密结合起来，视为一个不可分割的形义配对体，力主从完型和整体的角度来解释语言。构式具有体验性、整合性、原型性、多义性和层级性；因语言而异，句法、语义、语用相融合等特点。

认知语言学为当前国内外语言学的主流学派之一，而构式语法又处于该学科的前沿。构式语法是一批国外学者于20世纪八九十年代在反思生成语法理论的过程中逐步形成的，现已成为一门显学，代表着当今国内外语言学研究的前沿课题。构式语法将人们的研究焦点重新拉回到构式上来，主张将形式与意义、结构与功能紧密结合起来，视为一个不可分割的形义配对体，力主从完型心理学和整体主义的角度来解释语言。构式语法是关于语言和语法的理论体系。构式语法处于认知语言学的前沿，构式语法为我们带来一种崭新的思维方式，即构式观。构式语法为我们提出了若干研究语言的新思路和新方法。

一、构式语法创立的历史背景

构式语法创建的代表性人物有 Fillmore，Kay，Lakoff，Goldberg，Croft 等。构式语法目前可以分为三大流派：① Fillmore 和 Kay 的构式语法；② Lakoff 和 Goldberg 的构式语法；③ Croft 的激进构式语法。尽管在这一理论框架中工作的不同学者们具有不尽相同的观点，但是他们具有共同的学术理念。构式语法领域最有代表性的学者首推 Goldberg。构式语法的产生不是偶然的，只有把它们放在当代语言学发展这个大背景下才能了解这门学说产生的历史原因，也才能更好地理解和应用其理论观点。

1. 对形式语言学理论反思的结果

构式语法是对乔姆斯基的形式语言学理论反思的结果，因此只有了解了乔姆斯基的学说，才能读懂构式语法的理论学说。比如形式学派认为语法是多层的，表层结构的下面还有深层结构；而构式语法则认为语法是单层的。在研究对象上，构式语法与形式语法形成互补，形式语法一般只关注那些最常见、最一般的语法结构，而构式语法则认为语法结构不论核心与边缘，都有相同的理论价值，因此具有一样的研究价值。

2. 在认知语言学背景下产生

构式语法是在认知语言学这一背景下产生的，因此它通常被看作是认知语言学的一个分支。可是表面上看来，构式语法与典型的认知语法所探讨的语言现象和采用的分析方法差异还是比较大的。它们的共同点是两者具有共同的语言哲学观，即语法本质上是一种符号，由小的符号单位构成大的符号单位，单个的词和复杂的语法结构本质上都是一种符号，词和语法结构之间没有截然的界限。语法结构是人们长期使用语言而形成的格式（pattern），相对独立地储存于语言使用者的大脑中。

3. 与创始者的研究背景密切相关

构式语法的创立与其创始者的研究背景密切相关。Fillmore 是“格语法”的创始人，后来他跟他的同事又提出了“框架语义学”（frame semantics），它与构式语法的关系十分密切，被认为是当代语言学中的一对连体婴儿。构式语法秉承了 Fillmore 长期以来重视语法形式背后的语义问题的学术思想。构式语法的提出也与他们的具体研究兴趣有关，比如 Fillmore，Kay，O'Conner（1998）详细研究了英语惯用语 let alone 的句法和语用特性，探讨其中的规律和系统性；Goldberg（1995）则详细探讨了英语中的几种比较偏僻的结构的表达功能，诸如“动补构式”（resultative construction）、“路径构式”（way construction）等。惯用语和这些低频率的语法结构比较容易确定它们的形式特征和语义值，因此很自然引发出形式与意义之间关系的思考。这是构式语法产生的经验基础。（石毓智，2007：42-43）

二、构式语法与生成语法

从历史上讲，认知语言学是从乔姆斯基生成语言学范式中分离出来的，其主要的倡导者 Lakoff 和 Langacker 等越来越不满意于生成语法狭窄的研究范围和其对语言交际的认知和社会层面的忽视，从而提出认知语言学对语法的研究思想，如Langacker的认知语法和Goldberg的构式语法。

“从20世纪50年代至今，西方几乎所有的新语言学理论或流派都跟乔姆斯基的语言理论有关：要么完全否定它，要么部分接受它，要么全部肯定它。不过大部分都是在否定或批评它，说它太理想化、脱离自然语言、缺乏经验基础等等。构式语法也正是在认知语言学这种批判乔氏语言学理论背景之下产生的。”（刘国辉，2007：2）

不可否认，构式语法与生成语法体系在某些基础性的理念上是一致的，即它们都认为语言是一个认知体系；它们都承认必须有一种方法可以把各种结构联系起来生成新的表达方式。

但是构式语法与生成语法也存在诸多完全不同的想法。生成语法认为：①语言的本质只要通过研究语言的形式结构就可以了，无须去研究它们的语义或语篇功能。②意义和心理词汇有关，忽视语言功能上的差别。相反，与生成语法不同，构式语法非常重视特定词组、词素以及跨语言的特定构式的详细语义信息以及分布情况。构式语法认为，一个可以解释复杂构式的语义和语用理论完全可以延伸到更加普遍、简单而富有规则的形式。（梁君英，2007：72）

构式语法是一门研究说话者知识本质的认知语言学理论。构式语法认为语言的基本单位是形式和意义的规约对应即构式。构式语法把边缘现象作为自己的研究重点，突出表现在对词汇语义和标记句式的深入研究。构式语法认为，语言的词汇和非词汇部分并没有严格的区分，认为句子的形成是所有构式相互作用的结果。这些构式大部分都是具体的，有些是普通词条，有些是习惯用语，有些是固定搭配。由于语言中存在着无数的语法构式，这些构式具有非常微妙的上下文特征，因此它们的语用含义是由这些上下文特征所决定的，因此这些上下文特征应该作为固定的形式运用到语言理解过程中。

构式语法认为，在语法中特殊性的研究就是对普遍规律的研究，个性的研究就是对共性的研究，两者之间没有任何区别，这是因为要研究标记构式，就必须研究语言的特殊性，要研究语言的特殊性，就必须识别语言的普遍特征。构式语法基本上是从外部来解释语言，属于功能主义。构式语法尽力为语法事实提供全面的描述。

生成语法的任务是研究一系列有限的语法规则来描写和解释人们无限的语法能力，其研究对象不再停留在对各种具体语言的描写上，而是通过对各种语言以及它们之间相互关系的研究，探索人类大脑的奥妙，揭示人类大脑语言能力的属性。（马道山，2003：57）

三、构式语法的基本假设

构式语法最早是因为一些语言学家想为 idioms（习语、惯用语）在说话者的语法知识中寻找一个合适的定位而形成的，是对 20 世纪 60—80 年代的各种语法理论的一种反动。因此，构式语法特别关注特殊的句式，强调某些特定词、语法语素的意义和分布。其主要理由是，一旦这些句式丰富的语义 / 语用现象和复杂的形式限制得到解释，其方法便可用于更一般、更简单或规范的句型。

构式语法目前已经发展成一种相对比较完善的语言学理论。不同研究背景的语言学家聚焦观察一些主要语言学现象，从而产生了一系列构式研究方法。构式语法是在认知语言学背景下产生的，因此通常被看作是认知语言学的一个分支。构式语法认为，语法结构是任何语义和形式的结合体，而且形式和意义的某些方面不能直接从构式的构成部分或者其他已经建立的构式中推导出来。

构式语法的基本假设：

（1）构式语法认为语言基于体验并且是人类认知系统中的一部分。构式语法强调语言研究应该包括语言行为的所有方面，涉及意义、解释、理解和可接受性等。语言研究关注语言的使用，进而揭示其认知机制。和普遍语法一样，构式语法也力求解释所有语言事实，但构式语法认为语言中并不存在核心与边缘之说，也不区分语言能力和语言使用。

（2）构式语法的另一个重要假设是语法的基本单位是语法构式而非句法单位和规则，而且语法知识是基于构式的。构式是将特定形式与特定意义结合在一起的复杂语言符号。符号两极对应形式和意义 / 功能。形式可以包括任何句法、构词，而意义则广至词汇、语用和语篇意义等。构式包括从语素到语篇的各种连接模式、句子类型、填补语—空位构式或其中的任何组合等。（高波、石敏，2010：58）

四、构式类型

构式就是形式与功能之间规约的匹配关系，包括词素或词、习语、部分的或完整的短语结构。任何一种语言形式，只要它的形式或功能不能从它们的组成成分或其他的构式中预测出意义，就可以被称为构式。构式可以是一个词素，比如 -ing，也可以是相关条件从句，比如 the X-er...the X-er，也可以是双宾语结构等等。（梁君英，2007：72）

按照 Goldberg（谢应光，2007：96-97）的看法，所有层次的语法描写都可以理解为涉及语言形式与意义或活动功能的配对，即都涉及构式的概念，包括像 anti-，pre-，-ing 这样的语素，像 going great guns（高速度高效率地干）和 kick the bucket（死掉）这样由固定单词组成的习语，像 the X-er...the X-er 这样的只包含部分固定单词或语素的习惯格式以及像双宾语构式这样的只包含抽象的语法范畴概念、完全不包含固定单词的一般常用的格式等等。

“构式”不是仅存在于语言的某一层面，而是跨越三个层面，涉及形态结构、所指对象和解释者，呈连续统态势。（刘国辉，2007：2）任何语言模式，只要它的形式或功能的某个方面不能从它的组成部分或其他已知存在的构式中推知，就可以被认为是一个构式。构式例子见表 1。

表 1　构式举例

词素	如：anti-，pre-，-ing
词	如：avocado(鳄梨)，anaconda(水蟒)，and(和)
合成词	如：daredevil(蛮干的人)，shoo-in(稳操胜券者)
习语（全固定式）	如：going great guns(高速高效地干)
习语（半固定式）	如：Jog<someone's>memory(提醒，使记起)
共变条件构式	形式：the X-er...the X-er；意义：连接独立和非独立的变体。(如 The more you think about it, the less you understand.)
双及物构式（双宾语构式）	形式：Subj [V Obj1 Obj2]；意义：(有目的或实际的) 转移。（如 He baked her a muffin.）
被动式	形式：Subj aux VPpp(PP by)；话语功能：使遭受者成为话题或使施动者成为非话题。(如 The armadillo was hit by a car.)

即便是按照语法常规组合起来的词汇或句子，如果它们的意义独立于组合成分的意义或不是它们意义的简单相加，则同样也是构式，如：red tape，blue collar，white elephant。它们的意义都不能通过一般组合规则得到正确的意义。

构式不仅局限于词汇层面，也同样存在于句法层面，例如：

[1]Jane slept the whole trip away.

[2]Liza knitted the whole week away.

[3]She danced the night away.

类似这样构式的句法无法用常规的语法规则来解释，生成语法对它也无能为力。此外，这一结构的意义也无法从其中的词汇成分的意义推演得出。

五、构式的解释力

（1）构式在句法、语义和语用等方面有其自身独有的特征，它们不能被句法子模块、语义子模块或语用子模块中的概括性规则所表征，也不能被连接这些子模块的连接规则所解释。同时，说话者还能掌握这些特定句法知识的一系列变化用法，包括大量的固定习语，这种知识大大超出了句法、语义和语用子模块中的概括性规则。可见，语言表达和习语的句法、语义或语用特征是直接与构式相连的。

（2）认知语言学一直倡导须对语言各层面做出统一解释，构式语法又为认知语言学增添了一个新的统一解释方法，可用“构式”对原来词素、词汇、词法和句法所论述的内容做出统一解释，而且还将句法和语义结合起来统一处理。这样通过象征单位和构式就能对人类的语法知识做出统一解释。

（3）语法中的构式不是零散无序地分布的，而是以分类分层的方式有机地组织起来的。

（4）相关构式可以形成一个家族。

六、构式的特点

1. 体验性

构式是基本身体经验通过认知加工形成的，它的形成是有动因的。构式有其真实的认知基础，它们不是来自生成规则的运作，而是基于体验形成的构造。构式不是把无意义的形式任意地置放在一起，它体现了人类组织基本经验的方法。

2. 整合性

构式不是要素成分的简单相加，而是通过各种方式整合而成的。例如：wheel 和 chair 两个象征单位，当结合为 wheelchair 时，其语义不是这两个语义单位的简单相加，因为它不能表明结合后的象征单位含有“残疾”、“病人”、“医院”等意义，因此组合原则在这里不是完全行得通，须用整合原则。

3. 原型性和多义性

构式的意义必须运用认知语言学所一贯倡导的原型范畴、认知模型、意象图式、心智融合、隐喻机制等认知方式来加以解释。构式的中心成员是原型，可从语义方面做出预测，非中心成员是基于中心成员扩展而来的，其间具有理据性，这也足以证明句法不是自治的。因此，构式就有中心成员和非中心成员之分，它就像词汇一样也可能是多义的，它在语义极就有许多相关概念，形成了辐射性范畴。

4. 层级性

认知语法认为，语法单位不能被截然分开，它们是互相关联的，其间的界限是模糊的。构式之间互相关联，有些构式能成为另外一些较大构式的构件，即小的象征单位可整合成较大的构式。象征单位构成构式，较小的构式又可整合成较大的构式，各个象征单位就不可能处于同一层次上，一个构式可能会成为另外一个构式的图式或实例，这无论是在音位单位还是在语义单位都是如此。这样，较小的象征单位可能被层层级级地整合成较大的构式，较大的构式也能被层层级级地分解成很多较小的象征单位。如在一个英语成分后加上 -al 可构成一个形容词，其后再加上 -ize 可构成一个动词，再在其后加上 -ation 可构成一个名词，例如：normalization，marginalization 等等。

5. 因语言而异

构式具有独特性。各语言都有自己的构式系统，一个语言有的构式不一定总能在另一个语言中找到对等的构式，也就是说构式会因语言而异。因此，一个语言的句法范畴只能相对于这个语言所出现的构式来描写，不存在什么先验的、普遍存在的句法范畴集合，没有所有语言都普遍存在的对等的构式。（王寅，2006：60-68）

6. 句法、语义、语用之融合

构式语法严格避免对语用和语义做区分。整个构式用法包括有关语域、方言差异等因素也被看作是构式的一部分。构式语法强调语用信息和语言形式都可能是约定俗成的，它们共同构成语法规则或构式。语用信息是语言形式本身所具有的，不是通过会话推理而产生的，构式是句法、语义和语用的统一体。

在交际中，单个语言形式（如单个的词、短语或句子）本身的字面意义也跟语境有着不可分离的关系。单个的语言形式本身也激发人们参照语境建立各种联系，也是构建意义的一种方式。因此，即使是单个的语言形式本身也带有一定的语用信息。在 Langacker 的认知语法中，表达方式所激活的内容被称为基体（base），在基体内表达方式直接勾画或表示的实体被称为侧面（profile）。要知道 hypotenuse（斜边）的意义就必须了解直角三角形的特点。这种构成侧面（词语直接表示的事物，如 hypotenuse 所表示的“斜边”）基础的基体（词语激活的内容，如这里的“直角三角形”）实际上形成一个概念网络，可以在很大程度上被看作是与词语意义密切相关的语境因素。侧面和基体这两个概念说明，即使是单个的词语，它的意义也不仅只存在于自己本身，也存在于与它表示的事物有关的内容中。由此可以看出，即使是一个单词的意义也包含一定的语用信息。

正如 Fauconnier 所言，语言表达方式并没有单独的特殊意义可以用作核心意义，也并不是在这种核心意义上进行语用操作就可以产生其他意义；相反，语法构式从一开始就激发建立一种没有在语言形式上表现出来的概念整合网络，但对构建整个网络的很多方面并没有具体指明。因此，需要根据语境来建立正确的网络，这显然需要语用信息的作用。事实上，并不存在独立于语用信息构建过程的内容意义。最简单的语法构式也要激发人们进行复杂的认知活动。从这种意义上说，这种一般意义上的语法结构不可避免地带有语用信息。（谢应光，2007：41）

七、构式语法的最新发展

Goldberg最近把“构式”的概念扩展到了句子以外的层面。Goldberg（2003:2）指出，现在构式语言学研究在很多方面回归到了更为传统的语言观，其中大家一致的看法包括（束定芳，2008：15）：

（1）所有描述层次都被认为涉及形式和语义或话语功能的配对，包括语素或词，以及部分由词项填充的或完全抽象的短语结构。

（2）重视对事件和事物状态的感知方式。

（3）对句法形式采取“所见即所获”的态度；不设置任何句法的深层结构，也没有语音实现的成分。

（4）构式是在输入和一般认知机制的基础上习得的，因此语言之间的差异是预料之中的。

（5）对不同语言进行的概括通过一般认知限制和所涉及的构式的功能而得到解释。

（6）具体语言中有关构式的概括通过继承网络获得解释，这与用于解释非语言知识的继承网络十分相似。

（7）所有语言知识可以通过构式网络得到解释。

构式语法最近的一个发展是Croft（2001）提出的激进构式语法。Croft指出，之所以提出激进构式语法，是为了解释某一语言中句法事实的多样性以及实际句法的多样性。作者认为语法结构的形式表征的所有方面都是因语言而异的。作者甚至声称，激进构式语法是终结所有句法理论的句法理论。

激进构式语法之所以激进，是因为它回到了句法的基础，一切从头开始。它所描述的分布方法和语言事实，与认为句法结构或构式是由原始的句法成分构成的假设互不相容。这些原始句法成分是其他句法理论的基本成分。激进构式语法提出构式是句法表征的基本单位，范畴是从它们出现的构式中衍生出来的。（束定芳，2008：27）

八、余　　论

构式语法之功在于：进一步印证了认知语言学关于语法和语义关系的基本原则，其分析具有建立在经验事实之上的直观性，不同使用频率的结构得到了同样的重视，对人类语言的一些语法共性进行了成功的解释，研究对象明确而具体。

构式语法也存在着明显的局限性，主要表现为：对 construction 概念的不合理扩大掩盖了两类不同的语言单位之间的差异，从而也造成了句子分析的繁琐，尚未解决语法结构的多义性问题，无法解释一个构式的结构意义形成的原因，适用的结构类型也很有限，缺乏语法的系统观念，确立语法结构的标准不是很明确。（石毓智，2007：55）

本篇参考文献：

[1] 陈满华．构式语法理论对二语教学的启示 [J]. 语言教学与研究，2009（4）：64-70.

[2] 高波，石敏．构式语法家族概览 [J]. 外语学刊，2010（1）：57-61.

[3] 梁君英．构式语法的新发展：语言的概括特质 [J]. 外语教学与研究，2007（1）：72-75.

[4] 刘国辉．构式语法的“构式”之辩 [J]. 外语与外语教学，2007（8）：1-5.

[5] 马道山．句式语法与生成语法对比刍议 [J]. 外语与外语教学，2003（12）：57-61.

[6] 石毓智．构式语法理论的进步与局限 [A]. 认知语言学理论与实践 [C]. 牛保义主编．开封：河南大学出版社，2007.

[7] 束定芳．认知语义学 [M]. 上海：上海外语教育出版社，2008.

[8] 王寅．认知语法概论 [M]. 上海：上海外语教育出版社，2006.

[9] 王寅．认知语言学 [M]. 上海：上海外语教育出版社，2007.

[10] 谢应光．构式语法与英语体义研究 [J]. 四川外语学院学报，2007（1）：96-101.

[11] 谢应光．语法构式中的语用信息 [J]. 天津外国语学院学报，2007（6）：40-45.

[12] 熊学亮．增效构式与非增效构式 [J]. 外语教学与研究，2009（5）：323-328.

[13] 张克定．《牛津构式语法手册》述介 [J]. 外语教学与研究，2014（1）：134-138.

第三篇 "构式中心论"之优及对外语教学的启示

本篇内容提要：本篇以戈尔德博格（Goldberg）构式语法理论为依据，探讨其构式中心论之优及对英语教学的启示。与动词中心论强调句子中主要动词作用的观点不同，构式中心论强调应从整体角度来解读句式，即应该先认识作为构式的完整句子，然后再来确定其组成要素所具有的某些个别特征。构式中心论的精髓和突出贡献是区分了词汇意义和句式意义，一个句式的意义是将词汇项整合入构式意义的结果。构式中心论促使我们重新思考语言教学中词汇与句子的关系。构式中心论将改变长期以来以动词释义为中心的英语教学模式，最终在词汇和句式这二者之间找到平衡点，从而促进外语学习者语言能力的发展。

动词中心论强调句子中主要动词的作用，并将这一观点与配价理论结合起来，认为动词的论元结构决定着整个句子的题元结构，或整个句子的合适性可从动词的配价结构中推导出来。（王寅 2011：282）构式语法则持构式中心论的观点。构式语法认为简单句构式的意义不能只根据组成该句子的词汇意义推知，句子结构本身表示某种独立的意义。"具体的语义结构和其相关的形式表达必须被看作是独立于词项而存在的构式。"（Goldberg, 2007:2）

一、构式中心论

简单句构式与反映人类经验的基本情景的语义结构直接相联。语言中的简单句构式组成一个相互关联的网络，在该网络中语义结构以一种最普遍的方式与具体的形式配对。Goldberg（1995）在其专著中着重研究简单句构式，这是因为在她看来，简单句构式在任何语法理论中都占据着核心位置。如果能够证明构式在简单句领域

内的描写研究中不可或缺，那么就必须认识到构式在语言描写中同样不可或缺。（Goldberg, 2007:2-5）

简单句构式与词汇之关系，犹如容器与液体的关系。将液体装入某一特定形状的容器中时，液体就被压制成容器的形状。同理，当把动词置入某一特定的简单句构式之中时，动词必然要在一定程度上受到简单句构式整体的压制（coercion）。（王寅，2011：70）Goldberg 在其 1995 年的专著中较为详细地分析了英语中的双宾构式、使动构式、动结构式、Way 构式等所含的意义，并且指出这些构式义对出现于其中的动词义具有强大的压制作用。

学界的不同学者曾从不同角度论述了语言结构的内部关系，并提出了“动词中心论”。动词中心论，顾名思义，就是将动词视为语言结构和语义结构的分析中心。（王寅，2011：65）动词中心论将句子中的动词视为主要研究对象，认为动词本身所含有的潜在性参与者角色（包括论元或补语、附加语、限定语等）的数量，决定着该句子的题元结构。例如，当三价动词 give 用于表达句式中时，句中的三个题元角色（施事者、受事者、施与物）就是由 give 的论元结构所决定的。持动词中心论的学者认为，动词通过投射自身的题元结构就可以对句子的意义做出预测，这是因为动词的语义要求与围绕动词建立的句子意义之间的联系往往是显而易见的。（成军、莫启扬，2012：8）在他们看来，动词在句法分析中起着十分重要的作用，应当以动词和有关规则为中心来分析句法。动词所含语义和语用方面的信息可以决定语言基本句型的形式和意义。动词能够将其自身所具有的参与者角色结构投射到句法的题元结构上，可提供有关“参与者”的基本信息。（王寅，2011：78）

构式语法主张“构式中心论”，强调应从整体角度来解读语词的意义，实现对语言各层面做统一解释之目的。Goldberg（1995:35）曾故意杜撰了一个动词 topamase，并将其置于一个简单句构式中：She topamased him something. 她问了 10 位语言学家，其中有 6 位认为 topamase 词义为 give。可见，构式本身具有独立于词语的意义。Goldberg（1995）认为动词不能完全决定构式的题元结构，构式整体才是决定句子题元结构的关键。

根据构式语法的观点，动词所在的“构式”才是确定句子意义的关键。Michaelis（2003:165; Brown, 2006:74）（转引自王寅，2011：70）曾用算术式子来说明这一问题：同是 2、3、4 这 3 个数字，组合为“2×（3 + 4）”或“2×3 + 4”，它们得出的结果大相径庭，前者的结果是 14，后者的结果是 10。这亦可用以说明：相同的语词若用于不同的句法构式，即以不同的方式进行组配，整个句子的意义就可能不相同。

二、“构式中心论”之优

1. 研究构式的整体意义

构式的语义不能以组合方式从实现该构式的词汇中推出。例如：

[1]He sneezed the napkin off the table.（他打喷嚏把面巾纸给喷下了桌子。）

依据传统语法的解释，sneeze 这个动词不需要直接宾语补语。在解释上述句子时，构式语法认为句子本身具有意义，因此句子整体意义并不是直接由其构成成分决定的。例句 [1] 中的直接宾语补语是作为具体构式的论元而非动词的论元决定的。我们知道，sneeze 为不及物动词，但当用于特殊构式时就可带“宾语”，此时我们可将 the napkin 这个宾语视为整个句子的宾语，而不一定非局限于动词 sneeze 本身。“动词的语义和构式的语义整合后产生出特定表达式的意义。”（Goldberg, 2007:57）

人们经常拿“水分子结构”作比喻，“水”是由一个氧原子和两个氢原子组合而成的，这两类原子一个是燃烧物，另一个是助燃物，为什么它们结合起来以后却成为燃烧的对立面？简单解释就是：这两类原子在结合过程中发生了化学变化，结合后的分子已丧失了构成原子的初始性质，此时，分子不等于不同原子的简单相加。语言中的词语和句子在结合过程中也有类似现象，即在将小单位组合成大单位的过程中，小单位的性质有可能在不同程度上丧失它们初始的意义，其组合结果也不等于各个要素单位的简单相加。（王寅，2011：283）一个整体中的某一部分不能独立于整体而单独存在。整体大于部分相加之和。

Goldberg 认为应该先认识作为构式的完整句子，然后再来确定其组成要素所具有的某些个别特征，即先从大单位入手，依据小单位与整体之间的“部分—整体关系”来定义小单位。她认为“一个表达式的意义是将词汇项整合入构式意义的结果”（Goldberg, 1995:16）。

2. 避免动词的循环论证

当代的许多语言学 / 语法理论，如乔姆斯基（1981）管辖和约束理论的投射原则，Bresnan（1982）词汇功能语法的双投射原则以及其他试图从语义角色或题元角色序列来预测显性句法的研究方法都明确表示句法是词汇意义的投射。（Goldberg, 2007:10）在上述理论框架中，动词都占据中心的位置。这些理论认为动词决定几个和哪一类补语可以与其共现。因此动词如同形式逻辑中的谓词，其论元数量是固有的。但事实上，即便像 kick 这样的普通动词也可以在多个不同的论元结构中出现。

[2]Pat kicked the ball.（帕特踢球。）

[3]Pat kicked Bob black and blue.（帕特把鲍勃踢得鼻青脸肿。）

[4]Pat kicked the football into the stadium.（帕特将足球踢进了体育场。）

[5]Pat kicked at the football.（帕特朝足球踢去。）

[6]Pat kicked his foot against the chair.（帕特用脚踢椅子。）

[7]Pat kicked Bob the football.（帕特将球踢给鲍勃。）

[8]Pat kicked.（帕特乱踢。）

[9]Pat kicked his way out of the classroom.（帕特连踢带踹地出了教室。）

同一个动词在不同构式中的不同使用并不意味着该动词具有不同的意义。同一个动词在不同句式中的使用与真正的词汇歧义并不相同。（Goldberg, 2007:17）形式不同，其意义肯定也不相同，句子的意义也必定存在一定的差异，此时也就很难从动词角度简洁地归纳出它们的类型和概括性规则。仅从动词角度是难以对 kick 的各种意义和用法做出全面描写和详尽解释的，况且通过动词来预测句子的意义也会遇到诸多限制条件。（王寅，2011：388-389）在上述例句中，kick 可以同多个补语共现，是因为它具有 n 元意义，这样就不可避免地出现了循环论证：某个动词是 n 元谓词，因而有 n 个补语当且仅当该动词有 n 个补语。（Goldberg, 2007:11）

采用构式方法研究论元结构可以避免这样的循环论证。构式语法认为，同一动词的意义在不同的构式中始终如一，整个构式意义的不同应主要归结于不同的构式。Kick 在上述论元结构中的意义完全相同。Kick 的核心意义在上述构式中保持不变。在同一个理论中，如果为了解释 kick 在上述例句中的不同用法而为 kick 设定不同的意义，可能会耗费大量的措辞。词汇歧义的加工负担要远远重于相同动词的不同使用的加工负担。每一个不同的用法都蕴含不同的意义；反之，每一个不同的意义也蕴含一个不同的用法。

在例句 [2]—[9] 的不同的用法中，kick 的基本意义主要还是“踢”，其基本意义并没有发生多大的变化，因此可以从句子构式的题元结构这一全新的角度来做概括性描述，而不必每遇到一个新句式时，便要为其中的动词设定一个新的意义，然后再用该意义来解释这个句式的存在。

三、构式中心论与语言教学

构式不是把无意义的形式任意地置放在一起。构式不仅是结构形式的问题，它本身就有其特定的意义。构式作为相对稳定的整体储存于人们的心智中，以各种表现形式存在于语法体系中，成为人们表现真实世界、反映体验和认知结果的基本架构。（王寅，2011：271）

形式与意义就如同一张纸的正反两面，不管怎么切分，也不能将这两者分离开来。

（王寅，2011：416）被存储的知识是一个有内在意义的动词可以在一个特定构式中使用的知识。也就是说，在记忆中被存储的是既包括动词也包括构式的复合融合结构。通过把被存储的实体看作是一个复合结构，我们可以获得构式研究方法与词汇规则解释相比具有的优越性。构式语法坚持的"构式中心论"对语言教学的启示可以概括如下。

1. 重新思考语言教学中词汇与句子的关系

英语中的许多动词在独立使用时并不是使役动词。我们以 kick 和 hit 为例：

[10]Joe kicked the ball.（乔踢球。）

[11]Joe hit the ball.（乔击打球。）

Kick 和 hit 在这两个例句中没有使役的解读。

但是，当这两个动词在致使—移动构式中使用时却含有因果关系的解读：

[12]Joe kicked the ball into the room.（乔把球踢进屋子里。）

（→ Joe caused the ball to move into the room.）（→乔致使球进入室内。）

[13]Joe hit the ball across the sports ground.（乔把球打过运动场。）

（→ Joe caused the ball to move across the sports ground.）（→乔致使球穿过运动场。）

同一个动词出现在不同的构式中时，这些构式的语义是不相同的。但是这些差异不必归结于动词的不同意义；这些差异应归结于构式本身。Goldberg（2007）的研究表明，句子构式直接和某个特定语义相联，该语义独立于实现它的动词。这一观点和现行的研究趋势恰好相反。现行的研究方法强调词汇——尤其是动词——语义，并且力图从主要词汇意义中完全预测显性补语形式。对此，Goldberg（2007:224）认为，这显然混淆了动词的基本意义及其在句法结构中的意义。

Zaenen（Goldberg, 1995）用构式语法的研究方法分析了荷兰语非人称被动构式。非人称被动构式受到的限制之一是其所描述的情景必须是无终（atelic）的。Zaenen 的研究表明，对非人称被动构式的限制似乎是对整个表达式体的限制，而不是对主要动词的词形体的限制。正因为如此，Goldberg（2007:14）认为，该构式并非仅受动词支配：限制必须与整个构式相联。

传统语法认为句式中的词汇，尤其是动词决定句子的句法和意义。这种观点导致语言教学中以词汇为重点的教学模式。一个词汇如果被用于特殊的句子，这表示该词汇有一种与此句子密不可分的特殊意义成分。句子构式有助于动词意义习得这一认识无疑是 Goldberg 的论元构式观对语言教学最具价值的贡献，它促使我们重新思考语言教学中词汇与句法的关系，改变长期以来以释义为手段的词汇教学模式，

最终在词汇和句法这二者之间找到平衡点，从而促进学习者语言能力的发展。（成军、莫启扬，2012：50）

2. 不能仅凭动词本身来确定某个构式的可接受性

Lakoff（1970:28）认为：“动词行使支配作用，动词是规则操作的核心，有其他一些明显的例子清楚地表明是哪个词项在支配规则，其中大部分是动词。”

但实际上，我们通常不能仅从动词本身来确定某个句子的可接受性，例如：

[14]Sam carefully broke the eggs into the bowl.（萨姆小心翼翼地把鸡蛋打到碗里。）

[15]*Sam unintentionally broke eggs onto the floor.（萨姆无意中把鸡蛋打到地板上。）

如果这两句中的动词 broke 是一个常项，那么 [14] 句中的可接受性明显强于与之对应的 [15] 句。动词的词汇意义无法以一种自然的方式解释上述例句受到的限制。但是按照构式的研究方法，对补语的限制或对表达式的整体解读可以直接与构式相联。

为了解释上述的例句，我们需要借助与动词表示的特定动作相联的常规的场景，而非适用于动词表示动作的必要真值条件。在 [14] 句中，接着发生的事件在预料之中，因此 [14] 句可以接受。但是在 [15] 句中，随后发生的事件并非在预料之中，因此 [15] 句不可接受。（Goldberg, 2007:172）

3. 构式不同，构式的意义也不同

不同的构式可能总是伴随着不同的语义解读。含有相同动词的不同构式在意义上是有差别的：例如：

[16]Bees are swarming in the garden.（蜜蜂在花园里成群结队地飞舞。）

[17]The garden is swarming with bees.（花园里到处是成群结队飞舞着的蜜蜂。）

[16] 句的意义是花园中只有某处有蜜蜂，而 [17] 句的意义是在整个花园里到处都是蜜蜂。

下面两句的意义也有所不同：

[18]I loaded the hay onto the truck.（我把草装到卡车上。）

[19]I loaded the truck with the hay.（我把卡车装满草。）

[19] 句的意义是卡车装满了草，而 [18] 句则无此含义。

这两句话同用了一个动词 load，从句型表面上看没有什么不同，都是 SVO ＋ PP 的句型，且 SVO 部分完全相同，差别仅在于它们用了不同的介词短语。两句话的语义差异是由两个看上去相似但仍有差别的构式所致，也就是说，正是这两个不完全相同的构式才使得动词 load 的意义发生了一定的改变，构式的主导性作用显而易见。

再例如：

[20]They laughed the poor guy.（他们嘲笑那个可怜的人。）

[21]They laughed the poor guy out of the room.（他们把那个可怜的人嘲笑出了屋子。）

可见，整个表达式的意义不是仅由其词项的意义组合而成的，而是由动词项义和构式义进行整合处理加工之后的结果，且构式常处于压制地位。（王寅，2011：343）

既然构式本身有意义，它就可能改变进入其中的动词的意义，如当laugh被用于双宾构式中时，它的词义就会发生一定的变化。意义上的细微差别促使Bolinger（1968:127）得出以下结论："句法形式的不同总是意味着意义的不同。"

4. 构式有助于新动词意义的习得

语言学习者在习得动词意义时依靠句法提示或句法引导。具体地说，为了推断出动词的意义，学习者会利用他们所听到或看到的包含该动词的构式。Laudau & Gleitman（1985）认为这是可能的，因为构式是对动词意义的表层反映，"合格的子语类化框架如果放在一起，可以讲述一个语义上相当透明的故事，因为它们可以揭示动词的某些逻辑特征。"（Goldberg, 2007:18）此外，Laudau & Gleitman（1985）认为在一个特定构式中使用一个动词表明该动词有一个与该构式相互联系的特定的意义成分。

当听到或看到一个动词出现在一个特定的先前已习得的构式时，我们所假设的不是该动词自身具有与构式相联的意义成分，而是该动词属于与构式规约相联系的词群之一。一个动词出现在不同的构式中可能确实有助于动词意义的习得。（Goldberg, 2007:18）当然，语境信息在语言习得中同样起着重要的作用，并使语言学习者进一步限定可能的动词词群。语言习得离不开语境，学习者习得的词汇意义与他们使用该词时所听到或看到的情景密切相联。出现某一动词的构式有助于确定这个动词的意义。构式有助于新动词意义的习得。（Goldberg, 2007:19）

本篇参考文献：

[1] Bolinger, Dwight. Entailment and the meaning of structures[J]. Glossa, 1982, 2:119-127.

[2] Bresnan, Joan. The mental representation of grammatical relations[M]. Cambridge, Mass.: MIT Press, 2000.

[3] Chomsky, Noam. Lectures on government and binding[M]. Dordrecht: Fortis, 1981.

[4] Goldberg, Adele. Constructions: a construction grammar approach to argument structure[M].Chicago and London: The University of Chicago Press, 1995.

[5] Goldberg Adele. 构式——论元结构的构式语言研究 [M]. 北京：北京大学出版社，2007.

[6] Lakoff, George. On the nature of syntactic irregularities. Ph.D. diss., Indiana University. Published as Irregularity in Syntax[M].New York: Holt, Rinehart and Winston, 1970.

[7] Laudau, Barara & Lila, Gleitman. Language and experience: evidence from the blind child[M].Cambridge, Mass.: Harvard University Press, 1985.

[8] 成军，莫启扬 . Goldberg 的构式语法观 [J]. 西安外国语大学学报，2012（1）：46-50.

[9] 王寅 . 构式语法研究（上卷）理论思索 [M]. 上海：上海外语教育出版社，2011.

第四篇　Way 构式研究——意义与启示

本篇内容提要：戈尔德博格（Goldberg）将论元结构构式作为论述的核心，探讨了动词和结构之间的关系，比较详细地阐述了论元结构构式（包括 way 构式）的意义。本篇以 Goldberg 构式语法理论为依据，探讨 way 构式研究的意义及对语言习得的启示。Way 构式是英语中的一个特殊构式，是一个复杂的语言现象。Goldberg 以 way 构式来论证构式的独立意义。Way 构式可以被分析为一条实际路径或隐喻性路径，而且该路径是由动词表示的动作创造的。Way 构式有其特定的句式，并有其特定的构式义。Way 构式暗指主语指称沿着介词短语所指的路径移动。它表现出独立于具体动词而存在的形式与意义的照应。Way 构式的句子意义不能被自然地归结于其所在句中任何词汇的内在语义。Way 构式的研究为二语 / 语言习得提供了一个崭新的视角。

一、论元结构

论元结构的研究集中体现在 Goldberg 的文章及专著中，其标志性的成果是《构式：从构式语法的角度看论元结构》（1995）。这本书及其后来的相关文章主要探讨论元结构的意义：动词和结构之间的关系。

1. 论　　元

“论元”主要指相对于作谓词（predicate）的词汇（包括动词、名词、形容词、介词等）而言，它们都有论元。（王寅，2009：350）论元（argument）是函数中的一个概念，数学界管它叫自变量。函数是数学与逻辑学的基本概念，也是语言学的基本概念。函数可简单地表示为 $y=f(x)$，其中 y 是因变量（value），x 是自变量，

f 是函子（function）。在语言学中，函子常常被称作谓词（predicate），自变量被称作论元，因变量被称作开放句（open sentence）。谓词是说明个体的性质或两个及两个以上个体之间的关系的。（熊仲儒，2009：20-21）

2. 论元结构构式

一个动词经常会出现在多种论元结构的句型中，也就是说，不同的构式会赋予同一个动词以新的配价。例如 sew 能出现在以下各种论元结构中：① Pat sewed all afternoon.（不及物构式）② Pat sewed a shirt.（及物构式）③ Pat sewed Chris a shirt.（双及物构式）④ Pat sewed the sleeves shut.（结果构式）⑤ Pat sewed a button onto the jacket.（使役移动构式）⑥ Pat sewed her way to fame and fortune.（路径构式）

论元结构构式在本质上是语言形式与意义层面上的匹配，是对反映人类经验的基本动态场景的语义结构的高度抽象与概括。语言的句法表达正是在论元结构构式的统辖下由包括动词在内的具体词汇的参与而实现的。（成军，2010：39）Goldberg 在研究论元结构时发现，一个动词经常会出现在多种论元结构的句子中，有相当多的句子中的动词并不携带句法和语义的最大信息。这就说明，是论元结构而不是动词直接表明了句子的意义。（董燕萍、梁君英，2002：142）

在构式理论中，Goldberg 以论元结构为切入点，揭示句子构式及其相关的词汇之间的关系，她选择的语料都是动词论元结构会产生变异的句式。例如 way 结构：

[1]Volcanic material blasted its way to the surface.（火山爆发将岩浆喷涌到表层。）

[2]The hikers clawed their way to the top.（登山者们奋力攀爬到山顶。）（Goldberg, 2007:15）

这些句子的意义并不是动词投射到句法的结果，而是由动词所依存的构式所引起的，换言之，是构式而不是动词提供论元。

词汇层上的动词，要跟论元结构构式相结合才能理解。构式语法学家认为：正是论元结构构式，把表层形式跟一般性解释直接联系起来。（纪云霞、林书武，2002：20）一般性解释有：某事物引起（使）另一事物移动；某人让某人接受某物，使某物移动到某处；某人使某物改变状况等。

3. 论元结构构式与“心智的体验性”

构式语法是在认知语言学这一背景下产生的。Goldberg 的论元结构构式观具有经验现实主义的哲学基础以及建立在经验事实上的直观性，体现了“心智的体验性”这一认知语言学最基本的原则。论元结构构式与人类语言的句法结构一样，有其真实的认知基础，是体验和认知的结果。人们在各种类型的身体经验的基础上逐步建立起抽象的意象图式，然后逐步形式化为各种论元结构构式。正如 Goldberg（1995:5）

所言，构式与反映人类经验基本场景的语义结构直接相关，而论元结构构式显然与动态场景——以经验为基础的格式塔——密切相关。从这个角度看，论元结构构式是人类组织基本经验的有效途径和手段之一。（成军，2010：36）

二、简单句构式

构式在人们的大脑中并不是杂乱无章堆砌的，它们是按照一定的规律组织起来的，比如按“举例关系”、“部分—整体关系”等。这些构式在记忆中是真实存在的，是有意义、形式和声音的。（袁野、李丹，2010：4）同理，way构式也是如此。

按照构式的定义，构式可以是一个句式，只要它是不可预测的。例如：Ken wrote his way to fame and fortune. She typed her way to the assistant manager.

这两个句式中的way构式的语义就无法从其组成部分得到充分的预测。“句式”是人们熟悉的概念。在构式语法初创时期及其以后发展的一段时期内，研究的对象就是简单句构式。（纪云霞、林书武，2002：17）

Goldberg（1995）强调要研究构式意义，在句子层面上，实际上是研究句式的整体意义，即句式义。句式义是句式的整体的独立的意义。句式的整体意义大于句子中各成分意义的相加之和。句式为句法、语义、语用三位一体的句子结构。句式义为句式整体所表达的语用功能的意义。（范晓，2010：3-4）

三、简单句构式与论元结构构式

简单句构式是一个完型（gestalt），即一个整体结构。句子是语言表征的自然层次，往往被认为是信息处理的核心。“不同的词类序列代表着不同的句式，但是句式并不等于不同的词类序列。只有把握句式的整体意义，才能解释许多分小类未能解释的语法现象，才能对许多对应的语法现象做出相应的概括。”（纪云霞、林书武，2002：17）

语言中的基本句型组成一个相互联系的网络，在该网络中语义结构以一种最普遍的方式与具体的形式配对。例如，含有基本论元结构的构式被证明与动态的情景相联：即基于体验的完型，如某人有意将某物转移给另一个人、某人致使某物移动或改变状态、某人经历某事、某物移动等等。

Goldberg将基本句子类型看作是论元结构构式。（2007：23）Goldberg对于单句型式有着特别的研究兴趣，这是因为在她看来，单句型式在任何语法理论中都占据着核心位置。如果能够证明构式在简单句领域内的描写研究中不可或缺，那么就必须认识到构式在语言描写中同样不可或缺。“简单句构式与反映人类经验的基本

情景的语义结构直接相联。”（Goldberg, 2007:5）

四、句式义与词汇义

句式独立存在于构成它的具体词汇之外。每个句式都有一个特定的句法结构。“句法集中而直接地体现了人类是如何将语言编码使之成为表达单位的。”（徐盛桓，2005：3）语义是句法结构存在的理由以及确定其使用范围的依据。语言表达式的具体形式和句法行为至少部分地以语义为基础，因此，句法和语义是不可分的。每一个语法构式都是语义结构的表达途径。每个句式都指定了在不同句法位置的语义角色及其各个语义角色之间的关系，而且句式中出现的词汇义必须和句式本身的语义相融合。（马道山，2003：61）

句式有自身独立于组成成分的整体意义，这个整体意义是无法完全从组成成分中推导出来的。句子要在实际的语境中产生语用效果，就要做到形式和语义的匹配。（李勇忠，2004：10）

一个句式不是一堆句子成分的堆砌，而是一个格式塔（gestalt），整体大于部分之和。鲁迅有一个经常被引用的句群：在我的后园，可以看见墙外有双株树，一株是枣树，还有一株也是枣树。这个句群是由3个单句组成的，3个单句极为简单。但是，把这三个单句叠加起来，“整体”比“局部之和”就要大多了。多出来的东西是一种情绪，或者说心境。（高方、毕飞宇，2012：50）在一个句式结构中，各成分意义的相加不一定能得出这一句式结构的整体意义。组成成分的意义固然对句子构式的整体意义的形成有很大影响，但句子构式的整体意义也制约着组成成分的意义。（李勇忠，2004：10）

根据构式语法（Goldberg, 1995），不同的句子构式具有不同的构式意义。句式义占主导，决定着句子整体意义，掌控着进入该句式的动词。但是，构式语法并没有将句式义和动词义的关系绝对化。要对句子的合格性做出充分的解释，我们有必要将自上而下和自下而上的两种路向结合起来。（李勇忠，2004：10）虽然在构式语法中，动词不占主导地位，但作为句子的一部分，依然是很重要的。Goldberg（1995:11-12）明确提到了动词对句式义有“互动”（interaction）作用。她认为，“动词与一个或若干个基本意思相关联，这些意思必须被整合进构式的意思中”。一个表达式的意义源于词项意义和构式意义的整合。她在其专著中还专门设立了第二章讨论“动词义和构式义互动的问题”。（Goldberg, 2007:15-16）

五、Way 构式研究

Goldberg 在其专著中的第九章专门对 way 构式进行了分析和研究，以 way 构式来论证构式的独立意义。“英语 way 构式是指句法结构中结构为 NP V one's way PP 的一类句子。”（陈佳，2010：12）在 Goldberg 看来，way 构式是英语中的一个特殊构式。Way 构式有特定的句式：S ＋ V ＋ POSS WAY ＋ PP，并有其特定的构式义：开创路径，克服困难。从句法上来解读，way 构式的框架表达式可以表示为 [SUBJi[V[POSSi way]OBL]]。从语义上来看，way 构式暗指主语指称沿着介词短语所指的路径移动。它表现出独立于具体动词而存在的形式与意义的照应，它的意义不能从其词项意义以及别的构式中预测。Goldberg (1995) 认为 way 构式的句子意义不能被自然地归结于其所在句中任何词汇的内在语义。

在纷繁复杂的语言现象中，有时我们对一些特殊的语言现象如按传统语法则不能或不易解释。如：

[3]She sewed her way to fame and fortune.（她靠做缝纫活成名发财。）

[4]She typed her way to the manager.（她由打字员干到了经理。）

Way 构式的解读不能从特定词项的语义中得到完全预测。Goldberg（1995）在其专著《构式——论元结构的构式语法研究》中的第九章专门对 way 构式进行了分析和研究，分析了“NP V one's way PP”构式。在 Goldberg 看来，way 构式是英语中的一个特殊构式，是一个复杂的语言现象。Way 构式有其特定的句式，并有其特定的构式义。Way 构式暗指主语指称沿着介词短语所指的路径移动。它表现出独立于具体动词而存在的形式与意义的照应。Way 构式的句子意义不能被自然地归结于其所在句中任何词汇的内在语义。

1. Way 构式的历时证据

Way 构式在 600 多年前就出现了。在牛津英语词典中，way 构式的第一个引证是在 1400 年：I made my way unto Rome.（我设法到了罗马。）Make 通常表示“创造”，从而进一步证明 make 构式至少在历史上和路径的创造有关。Make 一词现今仍然和 way 构式有着密切联系，无论是在历时方面（在构式中使用的第一个动词），还是在共时方面（构式中使用频率最高的动词）。1691 年出现了除 make 之外的其他动词的第一个引证：He hew'd out his way by the power of the sword.（他用御剑杀出一条路来。）（Goldberg, 2007:207）

2. Way 构式例句解析

Way 构式最常见的解读是穿过人群、障碍或克服某些困难的移动——也就是说，路径的创造可以归结为某个原因。

[5]Pat fought his way into the room.（帕特打进屋里。）

[6]Bob elbowed his way through the crowd.（鲍勃用肘挤着穿过人群。）

[7]He'd bludgeoned his way through, right on the stroke of half-time.（他挥舞大棒打出一条路，并准时在中场休息时出现。）

[8]The players will maul their way up the middle of the field.（球员们将会打到运动场的中心。）

[9]The hikers clawed their way to the top.（登山者们奋力攀爬到山顶。）（Goldberg, 2007:15）

[10]He couldn't let them down like that, his brave little company who had battled their way, despite enormous odds, into a precarious success.（他不能令他们失望，因为他那勇敢的伙伴们曾经不畏艰难通过拼搏最终取得险胜。）（陈佳, 2010: 15）

下面这三句暗示句中的主语通过非法或不道德的手段，因为他们要通过撒谎和欺骗来完成某事。

[11]Sam lied his way out of the jam.（萨姆通过撒谎摆脱了困境。）

[12]Bob finagled his way onto the team.（鲍勃用欺诈手段进了这个团队。）（Kuno, 2004:99-100）

[13]One young woman claimed to have wept her way into a degree but once started on work and a career, never used such tricks again.（一位年轻女子声称自己是靠哭得到的学位，但是一旦开始职业生涯就再没有用过这种伎俩。）（陈佳, 2010: 15）

[14]Joe bought his way into the exclusive country club.（乔用钱开路进入这家高端乡村俱乐部。）

[14] 句表示虽然存在社会障碍，但是乔仍然设法弄到了这家顶级乡村俱乐部的会员资格。需要通过隐喻来创造自己的路径并克服社会障碍，这一事实可以揭示这个例句的含义，即主语指称为了达到目的而不择手段。也就是说，如果有社会障碍阻止某人达到某个目的，那么实现该目的的唯一方式就是违背社会限制。已被证明存在的这类例子包括 bribe one's way（贿赂），bluff one's way（欺骗），wheedle one's way（哄骗），trick one's way（欺诈），con one's way（诈骗），cajole one's way（诱骗），inveigle one's way（骗取）等。（Goldberg, 2007:210-211）

3. 可接受的 way 构式

Way 构式传递的信息是：虽然存在某些外在困难，但是主语仍然移动或以某种间接方式移动；移动的路径不是预先确立的，而必须由移动者本人创造。Goldberg

（2007:211）认为，way 构式可以被分析为一条实际路径或隐喻性路径，而且该路径是由动词表示的动作创造的。虽然存在某个外在的、实际的障碍或社会障碍，但是通过创造一条路径穿过或绕过这些外在障碍，移动仍然能够得以实现。例如：

[15]Sally made her way into the ballroom.（萨莉设法进入到舞厅。）

[15] 句应理解为 Sally 穿过人群或其他障碍物从而得以进入舞厅。这个例子不能用来表示 Sally 直接走进一个空无一人的舞厅。

在含有隐喻移动的构式中，创造路径的必要性表示存在某些困难或隐喻性障碍。下面两个例句的可接受程度并不相同：

[16] * Sally drank her way through the glass of lemonade.（萨莉拼命喝光一杯柠檬汁。）

[17]Sally drank her way through a case of vodka.（萨莉拼命喝光一箱伏特加酒。）

[17] 句的可接受性更强，因为与喝下一杯柠檬汁相比，喝完一箱伏特加酒须要克服某种障碍更容易让人理解。（Goldberg, 2007:208）

Way 构式蕴含为了实现移动而创造一条路径这一事实——即虽然存在某种外在障碍，但是移动仍然得以实现。

[18]Frank found his way to New York.（蕴含：弗兰克克服了困难，设法到了纽约。）

[19] * Frank found his way to New York, but he hasn't gone yet.（弗兰克设法到了纽约，但是他还没走。）

[20]Frank dug his way out of the prison.（蕴含：弗兰克成功越狱。）

[21] * Frank dug his way out of the prison, but he hasn't gone yet.（弗兰克挖地道越狱，但是他还没走。）（Goldberg, 2007:203-204）

[22]Sally made her way into the ballroom.（蕴含：萨莉前面有障碍，她必须付出努力以穿过拥挤的人群。）

[23]A couple wove their way along a street of fractured and fallen houses.（蕴含：夫妻二人必须以一种迂回曲折、间接的方式穿过一些倒塌的房子。）

[24] * Welcome our new daughter-in-law, who just married her way into our family.（欢迎刚刚设法嫁到我家的新媳妇。）

[24] 句不能为人所接受，因为“married her way into our family”暗示这个儿媳妇是绞尽脑汁通过婚姻方式进入这个家庭的，很显然后半句与前半句所表达的真诚欢迎是相矛盾的。这个例句在语用上是异常的，因为该句蕴含新媳妇设法通过婚姻进入这个家庭，而这一意义与衷心的欢迎并不一致。

4. 不适用于 way 构式的动词

（1）表示在原地静止的动词。例如：stand，lie，sit，crouch。

[25] * Peter arrived/reached/stood/sat/crouched his way to the station.

（2）表示非运动概念语义的动词。例如：die，break，smash，crush，close，open，burst 等。这些动词词义表达的是具有内在终结点（telic）的动作，具有时间有界的体貌特征，因此它们与表达“无界构形”概念结构特征的“v. one's way”短语构式就不相匹配。（陈佳，2010：16）

[26] * The window opened/broke its way into the classroom.

（3）句中无法表达方式概念语义的动词。Keep，remain，start，occur 等动词不能适用于 way 构式。因为 way 构式要表达方式概念内容，而构式本身又无法提供这一类概念语义，因此只能由动词语义来表达。如果动词在句中无法表达方式概念意义，那么它就不能满足表达式概念内容语义构成的需要。例如：

[27] * The explosions occurred their way onto the front page.

[28] * Liza appeared/remained her way to stardom.

出现频率高的、单语素的移动动词通常不能在 way 构式中使用：

[29] * She went/walked/ran/her way to New York.

[30] * She stepped/moved her way to New York.

使用频繁的一些基本动词通常不能用在 way 构式中，因为这类动词的语义并不蕴含或暗示移动困难或费劲。通常来说，以上这些通用移动动词并不含有移动时有困难的意义。但是，如果给此类句子加上适当的语境，暗示句中的主语是在极端困难的前提下移动的，那么这类句子的可接受性就很强。例如：

[31]The novice skier walked her way down the ski slope.（这个滑雪新手走下雪坡。）

[32]That very old man walked his way across the country to earn money for charity.（为了给慈善募捐，那个耄耋老人走遍了全国。）（Goldberg, 2007:210）

（4）动词必须表示一个多次重复的动作或不受约束的行为。例如：

[33] * With a single bullet, Jones shot his way through the crowd.（琼斯用仅有的一粒子弹杀出人群。）

[34]Firing wildly, Jones shot his way through the crowd.（琼斯凭借疯狂的扫射杀出人群。）

[35] * Bill punched his way through the crowd by leveling the largest man and having everyone else step aside.（击倒那个最大个的人，迫使其他人让路，比尔挥拳打出人群。）

[36]Bill punched his way through the crowd by pummeling everyone in his path.（比

尔挥拳击打挡他路的每个人，最终冲出人群。）

（5）移动必须有目标。移动不能没有目标，这一限制可以解释以下的不可接受性。

[37] * She wandered her way over the field.（她在田野里闲逛。）

[38] * She meandered her way through the crowds.（她漫步穿过人群。）

实际上，这一限制并不仅仅适用于某类动词本身。这一限制也适用于类似于 among 这类表达无指向移动的介词：

[39] * Joe shoved his way among the crowd.（乔在人群中推推搡搡。）

六、Way 构式研究的意义

每一个句子构式都是为了表达某个概念而建构的，句式中的语义配置元素/成分的组配必然反映该概念的内容和结构。因此，句式中的各个词项和语法成分的组配以及其所在位置都要满足概念内容和结构表达的需要。

Goldberg（1995）以 way 构式论证了构式的独立意义。按照构式的定义，构式可以是一个句子，只要它是不可预测的。句子是人们熟悉的概念。句子是语言表征的自然层次，往往被认为是信息处理的核心。句子与反映人类经验基本情景的语义结构直接相联。Goldberg（2007:2-5）认为，句子在任何语法理论中都占据着核心位置。人们如果能够证明构式在句子领域里的描写研究中不可或缺，那么就必须认识到构式在语言描写中同样不可或缺。

在构式语法初创时期及其以后发展的一段时期内，研究的对象就是简单句构式（包括 way 构式）。句子构式的整体意义也并非句子中所有语词意义的简单相加。“不同的词类序列代表着不同的句式，但是句式并不等于不同的词类序列。只有把握句式的整体意义，才能解释许多分小类未能解释的语法现象，才能对许多对应的语法现象做出相应的概括。”（纪云霞、林书武，2002：17）

七、Way 构式研究对语言习得的启示

构式语法对于语言习得有着新认识，我们所拥有的语言知识大多是那种由语言形式—意义组成的一个构式系统，而不是需要借助内部语言知识才能掌握的非常抽象和复杂的规则系统。（Goodluck, 1991:3）

从“构式”的角度来研究二语相关知识的习得是目前二语习得研究的方向之一。虽然构式语法和乔姆斯基的语法都是关于语言知识的理论，但是构式语法和语言的习得与使用有更密切的关系。由于构式语法研究一个个具体的构式在形式和意义上

的匹配，而形式和意义也是语言习得领域的一个重要问题，是语言使用过程中的一个重要问题，所以习得与使用的研究都可以从构式语法的研究中受益。（董燕萍、梁君英，2002：150）

不同的学者从不同的角度对这类句式的意义生成提出了不同的见解，传统语法主要从词的用法方面自下而上地进行解释，但是这样的解释显然不具说服力。（李勇忠，2004：11）构式语法对 way 构式的研究为我们提供了一个崭新的视角。

1. 整体大于部分之和

传统语法认为一个句子所说的内容来自于单词，而句法告诉我们的仅仅是如何将内容用正确的方式集合在一起。在结构主义语法观点中，句子的意义是由其组成成分的语义（尤其是动词词义）决定的。但是在实际语言运用过程中，我们发现这些规则并不能够穷尽地描述动词运用的所有细节。语言中大量使用的句式，其句法—语义特征往往不能够由词汇语义规则自然推导出来。例如，“Ken wrote his way to fame and fortune.”即使让英语新学习者从字典上查出了全部单词的词汇意义，也相加不出句子的实际意义。

人们经常拿“水分子结构”作比喻，“水”是由一个氧原子和两个氢原子组合而成的，这两类原子一个是燃烧物，另一个是助燃物，为什么它们结合起来以后却成为“燃烧”的对立面？简单的解释就是：这两类原子在结合过程中发生了化学变化，结合后的分子已丧失了构成原子的初始性质，此时，分子不等于原子的简单相加。同理，整个构式的意义和用法不等于各要素单位的简单相加组合。一个整体中的某一部分不能独立于整体而单独存在。整体大于部分之和。（The whole is more than the sum of its parts.）

2. 自下而上与自上而下的研究路向相结合

从构式语法的角度看，句式有其自身独立于组成成分的整体意义，这个整体是无法完全从组成成分中推导出来的。从句式或构式出发来研究动词和相关名词的组配关系，这是自上而下的研究路向。自下而上的研究应该与自上而下的研究结合起来才能对句子的合格性给出充分的解释。（Goldberg, 1995）

传统上，语法研究往往自下而上研究句子的意义，研究的基本假设是，整个句子的合格性是由其各组成成分（动词和相关的名词等）决定的，动词是核心成分，句子的合格性在很大程度上依赖于动词的词义。（李勇忠，2004：10）

要对句子的合格性给出充分的解释，我们有必要将自上而下和自下而上的两种路向结合起来。（李勇忠，2004：10）构式语法认为句式本身具有独立的意义，它并不依赖于进入这个句式的词语意义，这一理论将从词语推导句子的合格性这一自下而上的研究路向和从句式出发观察词语的组配关系及句子整体意义这一自上而下的研究路向相结合，从而对句子的合格性给出充分的解释。（郑靓，2005：36）

本篇参考文献：

[1] Goldberg, Adele E. Constructions: A Construction Grammar Approach to Argument Structure [M].Chicago and London: The University of Chicago Press, 1995.

[2] Goldberg, Adele E. Constructions: A new theoretical approach to language[J]. 外国语，2003（3）: 1-11.

[3] Goldberg, Adele E. Constructions at work: The nature of generalization in language[M].Oxford: Oxford University Press, 2006.

[4] Goldberg, Adele E. 构式——论元结构的构式语言研究 [M]. 北京：北京大学出版社，2007.

[5] Goodluck, H. Language Acquisition: A Linguistic Introduction [M]. Oxford: Blackwell, 1992.

[6] Kuno, Susumu & Ken-ichi Takami. Functional Constraints in Grammar[M]. Amsterdam: John Benjamins Publishing Company, 2004.

[7] 陈佳 . 论英语 WAY 构式中动词的认知语义限制条件 [J]. 外语与外语教学，2010（6）：12-17.

[8] 成军 . 论元结构构式与动词的整合 [J]. 外语学刊，2010（1）：36-40.

[9] 董燕萍，梁君英 . 走近构式语法 [J]. 现代外语，2002（2）：142-152.

[10] 范晓 . 论句式意义 [J]. 汉语学报，2010（3）：2-12.

[11] 高方，毕飞宇 . 文学译介，文化交流与中国文化“走出去”——作家毕飞宇访谈录 [J]. 中国翻译，2012（3）：49-53.

[12] 纪云霞，林书武 . 一种新的语言理论：构块式语法 [J]. 外国语，2002（5）：16-22.

[13] 李勇忠 . 构式义、转喻与构式压制 [J]. 解放军外国语学院学报，2004（2）：10-14.

[14] 马道山 . 句式语法与生成语法对比刍议 [J]. 外语与外语教学，2003（12）：57-61.

[15] 王寅 . 动结构式的体验性事件结构分析 [J]. 外语教学与研究，2009（5）：345-350.

[16] 熊仲儒 . 论元与谓词的语义关系 [J]. 外国语，2009（5）：20-27.

[17] 徐盛桓 . 句法研究的认知语言学视野 [J]. 外语与外语教学，2005（4）：1-7.

[18] 袁野，李丹 . 语言习得的构式观 [J]. 西安外国语大学学报，2010（2）：1-4.

[19] 郑靓 . 句式语法对语言研究及外语教学的新启示 [J]. 外语教学，2005（1）：35-36.

第五篇　构式语法·动词与构式

本篇内容提要：构式语法认为，一个句子的意义不仅仅是由出现于其中的动词所决定的，还取决于将动词结合起来的构式。语句义取决于动词义和构式义的互动。"看不见"、"摸不着"的语法构式意义为语句义做出一定的，甚至是重要的贡献。

构式语法理论是近十几年来兴起的一种语言分析理论。其精髓和突出贡献是区分了词汇义和构式义。构式不仅是个结构形式的问题，构式本身就有其特定的意义。句子意义不能只根据组成句子的词汇（特别是动词）意义推知，句法结构本身也表示某种独立的意义。

一、简单句构式

构式语法主张将动词与构式两者紧密结合来研究语言，并认为这两者的结合构成了语言中的基本句型。（王寅，2011：273）语言中的基本句型组成一个相互联系的庞大网络，在该网络中语义结构以一种最普遍的方式与具体的形式配对。例如，含有基本论元结构的构式被证明与动态的情景相联：基于体验的完型，如某人有意将某物转移给另一个人、某人致使某物移动或改变状态、某人经历某事、某物移动等等。

Goldberg（1995）的论元构式理论主要讨论的是语言中极为普遍的简单句构式，这些简单句构式代表了语言的常态。论元构式本身就具有独立于句子动词的构式意义，这些构式是对反映人类经验的基本动态场景的语义结构的识解，是具有经验基础的格式塔。（成军、莫启扬，2012：49）Goldberg 将基本句子类型看作是论元结构构式，而且认为在多个论元结构构式中出现的实际上是同一个动词。Goldberg 之所以对于简单句构式有着特别的研究兴趣，这是因为在她看来，简单句构式在任何语法理论中都占据着核心位置。人们如果能够证明构式在简单句领域内的描写研究中不可或缺，那么就必须认识到构式在语言描写中同样不可或缺。“简单句构式与反映人类经验的基本情景的语义结构直接相联。”（Goldberg, 2007:5）

二、题元与论元

1. 题元结构

Goldberg在认知语言学理论框架中进一步发展出全新的“构式语法”理论，深入地分析了一些较为常见的构式（如双宾构式、使动构式、动结构式等）的题元结构，从题元结构的角度论述了构式之间的关系，实现了用构式语法的方法，而不是像词汇中心论那样只关注词汇的规则，来分析题元结构的新理论。（王寅，2011：251）

构式语法认为，构式本身有意义，也有自身的题元结构，并且还常发挥构式压制的作用，迫使进入其中的动词改变其论元结构。论元构式是构式的特殊次类，它为语言的句子表达提供了最基本的手段。

Goldberg（1995）主要从构式的题元角色对动词参与者角色具有支配性作用这一角度进行了较为详细的论述，即“动词与构式之间的互动”主要基于以下两项原则（王寅，2011：199）：

（1）语义连贯原则：动词的参与者角色与构式的题元角色在语义上相兼容。

（2）对应原则：动词所侧显的参与者角色必须能与构式所侧显的题元角色相融合。

2. 论元构式

Goldberg（1995:21-23）指出，仅在词汇层面上来分析语言和题元结构的局限性实在太大了，缺陷实在太多了，而论元构式分析法则可有效地弥补这一局限和缺陷。例如：

[1]He sneezed the napkin off the table.（他打喷嚏把面巾纸给喷下了桌子。）

[2]She baked him a cake.（她给他烤了个蛋糕。）

[3]Dan talked himself blue in the face.（丹说话说得自己脸都发青了。）

在含有sneeze，talk，bake的例句中，人们若仅从动词投射角度论述它们的参与者角色结构或论元结构，很难归纳出一条动词规则来对这些例句做出概括性解释，只能在sneeze，talk，bake等各自动词词条中分别增加各自的特殊意义，以及它们各自所对应的角色结构。但是，这些意义除了被用于上述句型外，在其他场合并不多见，若从这个角度来说，似乎没有必要在这些动词词条下单独增列附加义项，也没有必要将它们分列出来作为一个单独词条来处理。（王寅，2011：387）动词通常和框架语义知识相联，并且必须和独立存在的论元结构构式进行整合。

3. *论元结构与题元结构*

构式和动词两者都有各自的题元或论元结构，因而才有了各自的意义，它们之间形成了一种互动的关系，互相影响并取得协同。构式的题元结构可以改变动词的论元结构并适当改变其意义。例如：

[4]Bill set the alarm clock onto the shelf.（比尔将闹钟放在架子上。）

[5]Bill set the alarm clock for six.（比尔将闹钟定时在六点。）

这两个例句中 set 的基本词义没有变，但整个句子的意义并不相同，这是因为 set 被用于不同的构式中，或构式的题元角色发生了变化。易言之，句子的题元结构不仅仅是由动词决定的，而是由动词和构式共同决定的，句子的意义不仅仅是由主要动词决定的，而且还应当考虑到构式题元结构的内在性语义。（王寅，2011：71）

动词有自己的论元结构，构式有自己的题元结构，两者有时完全协调，有时不很协调。如果两者完全协调，则具体语句仅例示了构式意义；如两者不完全协调，往往是构式的题元结构处于主导地位，发挥“构式压制”的作用，迫使用于其中的动词做出部分调整。正是在构式压制的作用下，一个动词才有了不同的用法和意义。（王寅，2011：190）

英语中的许多常用动词（如 do，get，have，make，take 等）可用于很多不同的句型里，出现很多不同的题元结构，也就是说，动词的论元结构不是固定不变的，也不是先验确定的，而是开放和流动的。一个动词使用的频率越高，其论元结构变化就越大，也就无法预测到它所能出现的句型，此时必须从整个构式角度才能做出更为有效的说明。

三、动词中心论与构式中心论

1. *动词中心论*

传统语言学或语法理论都强调句子中主要动词的作用，认为动词的论元结构决定着整个句子的题元结构。学者们从不同角度论述了语言结构的内部关系，提出了“词汇中心论”（lexicalism）。词汇中心论，顾名思义，就是将“词汇”视为语言结构和语义结构的分析中心。（王寅，2011：65）“动词中心论”（verb centralism）则将语言中的“动词”视为主要研究对象，认为动词中所含有的潜在性参与者角色（包括论元或补语、附加语、限定语等）的数量，决定了该句子的题元结构，它可为名词短语指派参与者角色。例如当三价动词 give 用于“John gave Mary a book.”时，句子中的三个题元角色（施事者 John、接受者 Mary、施予物 book）就是由 give 的论元结构所决定的。

动词中心论认为（王寅，2011：78），词汇在语法分析中起着十分重要的作用，应当以词汇和有关规则为中心来分析语法，特别是动词，其所含语义和语用方面的信息可以决定语言基本句型的形式和意义。动词能够将其自身所具有的参与者角色结构投射到句法的题元结构上，可提供有关“参与者”的基本信息。“动词通过投射自身的题元结构就可以对句子的意义做出预测，这是因为动词的语义要求与围绕动词建立的句子意义之间的联系往往是显而易见的。”（成军、莫启扬，2012：48）

2. **构式中心论**

构式语法学家强调应从整体角度来解读词语的意义，实现对语言各层面做统一解释的目的。Goldberg 所倡导的构式语法对动词中心论持否定态度，她认为动词不能完全决定句子的题元结构，构式整体才是决定句子题元结构的关键，因此她提出“以构式的题元结构分析法为中心”的理论取向。（王寅，2011：81）

Goldberg 认为，不仅词汇有意义，而且结构也有意义。她在其论著中强调词汇意义（特别是动词意义）和构式意义的差别，并且认为在两者发生语义冲突时，构式常处于主导地位，可压制动词发生变化。（王寅，2011：219）

“具体的语义结构和其相关的形式表达必须被看作是独立于词项而存在的构式。”（Goldberg, 2007:2）Goldberg（1995:35）曾故意杜撰了一个动词 topamase，并将其置于一个构式之中：She topamased him something. 她问了 10 位语言学家，其中有 6 位认为 topamase 词义为 give。这亦是构式本身具有独立于词语的意义。她在其 1995 年的专著中较为详细地分析了英语中的双宾构式、使动构式、动结构式、the way 构式等所含的意义，并且指出这些构式义对出现于其中的动词义具有强烈的掌控作用。

四、构式意义和动词意义互动

构式语法学家虽认为句义不完全是由句中动词决定的，但也没有否认动词在决定一个句子的相关句法和语义关键特征中所起到的重要作用，因此它也是构式语法研究中的一个核心内容。构式语法认为，一个句子的意义不仅仅是由出现于其中的动词所决定的，还取决于将这些词语结合起来的构式，即结构。换言之，语句义取决于词汇义和构式义的互动。Goldberg（1995:53-54）以“动词与构式互动论”取代原有的“动词中心论”。

虽然构式自身具有独立于动词的意义，但是很明显语法的运作绝对不是完全自上而下的，即构式简单地将其意义强加于意义固定的动词。在 Goldberg（2007:23）看来，语法分析既是自上而下的也是自下而上的。构式意义和动词意义以几种重要的方式互相影响，因此动词和论元的互相参照是必要的。

构式义具有“自上而下”的整体性特征，而动词义具有“自下而上”的嵌入式特征。Goldberg 认为，一个特定表达式的意义主要取决于构式意义，及其与动词意义的整合运作，这就是她主张分析构式意义和动词意义之间关系的原因。

同一个动词常会用于若干不同的构式之中，动词与构式之间也不是处于一一对应的静止状态之中的，其间存在着复杂的互动关系。（王寅，2011：389）像 kick 这样的普通动词至少可以在 8 个不同的简单句构式中出现。例如：

[6]Pat kicked the ball.（帕特踢球。）

[7]Pat kicked Bob black and blue.（帕特把鲍勃踢得鼻青脸肿。）

[8]Pat kicked the football into the stadium.（帕特把足球踢进了体育场。）

[9]Pat kicked at the football.（帕特朝足球踢去。）

[10]Pat kicked his foot against the chair.（帕特用脚踢椅子。）

[11]Pat kicked Bob the football.（帕特将球踢给鲍勃。）

[12]Pat kicked.（帕特乱踢。）

[13]Pat kicked his way out of the classroom.（帕特连踢带踹地出了教室。）

动词出现在不同的句法型式中其意义不必发生变化。表达式的意义也依赖论元结构构式的内在意义。在上述不同的简单句构式中，kick 的基本意义主要还是“踢”，并没有发生多大的变化。当然，整个句子的意义不仅仅是由出现于其中的词语通过组合获得的，“看不见”、“摸不着”的语法构式意义也可为其做出一定的甚至是重要的贡献。（王寅：2011：71）上述不同的简单句构式本身也为整个句义增添了一些除 kick（踢）之外的意义。

英语中有些动词不能用于 SVO 的构式中，却可以用于 SVOC 的构式中。例如：

[14]*She drank him.

[15]She drank him under the table.

[16]*They laughed the poor boy.

[17]They laughed the poor boy out of the room.

[18]*He sneezed the napkin.

[19]He sneezed the napkin off the table.

[20]*He could think people.

[21]There was a woman who could think people into a different galaxy.

可见，可接受的表达式的意义是由动词意义和构式意义进行整合处理加工后的结果。构式义与动词义的关系是互动的、辩证的。构式义和动词义相互影响、相互制约，这犹如“鸡生蛋和蛋生鸡”的关系，各种句子构式都有其相应的典型动词及其联系的语义成分构成，构式义与其构成句式的典型动词的意义有直接的照应关系。构式研究方法要求我们必须解决动词义和构式义是如何互动的。（范晓，2010：10）

本篇参考文献：

[1] Goldberg, Adele. Constructions: A Construction Grammar Approach to Argument Structure[M].Chicago and London: The University of Chicago Press, 1995.

[2] Goldberg, Adele. 构式——论元结构的构式语言研究 [M]. 北京：北京大学出版社，2007.

[3] 成军，莫启扬 .Goldberg 的构式语法观 [J]. 西安外国语大学学报，2012（1）：46-50.

[4] 范晓 . 论句式意义 [J]. 汉语学报，2010（3）：2-12.

[5] 王仁强，陈和敏 . 基于语料库的动词与构式关系研究 [J]. 外语教学与研究，2014（1）：19-31.

[6] 王寅 . 构式语法研究·理论思索 [M]. 上海：上海外语教育出版社，2011.

第六篇　构式观与构式习得

本篇内容提要：构式是形与义/功能的配对；一个构式就是一个完整的认知图式，即一个完型；人类认知中的递归性产生于长时记忆中的构式累积与组合；语言学习必须是对一个一个的构式的学得，是语音、词汇、句法、语义和语用的有机结合。构式语法理论及构式的研究成果对语言教学无疑会带来有益的启示。

认知语言学一直倡导须对语言各层面做出统一解释，构式语法为认知语言学增添了一个新的统一解释方法。构式语法明确提出把词汇、语法、语义，甚至语用作为一个整体来分析，以构式为具体语言单位整体习得，同时习得语言的形式与意义及其功能。它尝试从一个新的角度探寻语言的本质，以期对语言做全息解释。构式语法理论及构式的研究成果对语言教学无疑会带来有益的启示。

一、构式语法的核心观

构式语法是一研究说话者知识本质的认知语言学理论。构式语法主张将形式与意义，结构与功能紧密结合起来，将其视为一个不可分割的形义配对体，从完型和全息的角度来解释语言。

构式语法的核心观点可概括为：

（1）语法结构不论核心与边缘，都有相同的理论价值，因此具有一样的研究价值。语言研究应该包括语言行为的所有方面，涉及意义、解释、理解和可接受性等。

（2）语法本质上是一种符号，由小的符号单位构成大的符号单位，单个的词和复杂的语法结构本质上都是一种符号，词和语法结构之间没有截然的界限。语法结构是人们长期使用语言而形成的，相对独立地储存于语言使用者的大脑中。所有的语法结合体都是构式。

（3）构式是将形式与意义结合在一起的复杂语言符号。符号两极对应形式和意义 / 功能。形式可以包括任何句法、构词，而意义则广至词汇、语用和语篇意义等。构式贯串于语言的各个层面。

（4）构式语法采用基于使用的模式，主张构式是依赖分别输入和一般认知机制学到的，构式不是推导出来的。

构式语法理论是在批判生成语法理论的基础上产生、发展起来的。构式语法在以下几个方面有传统语法和生成语法无可比拟的优越性（何爱晶、陆敏，2009：135-136）：

（1）从理论上扩大了语法研究对象的范围；

（2）强调语言研究的全面性；

（3）对语言共性进行了成功的解释；

（4）区分了构式义和词义，指明了构式义和词义有互动的关系；

（5）强调实证语料的重要作用。

二、构式观——一种崭新的思维方式

构式语法带来一种崭新的思维方式，即构式观。任何语言模式，只要它的形式或意义 / 功能的某个方面不能从它的组成部分或其他已知存在的结构推知，就可以被认为是一个构式。构式可以是简单的也可以是复杂的；可以是粘着的也可以是自由的；可以是具体词语也可以是图式性表征。所有构式都是形（音位、书写等）和义（语义、语用和语篇功能信息）的结合体，构式以特定的方式组织起来储存于说话人的心智中。

举例来说，构式可以是 anti-、-ing 这样的语素；可以是 going great guns（高速度高效率地干）和 kick the bucket（死掉）这样完全由固定单词组成的习语；可以是相关条件从句，比如 the more... the more；也可以是双宾语结构，比如 give somebody something 等。

即便是按照语法常规组合起来的词或句子，如果它们的意义独立于组合成分的意义或不是它们意义的简单相加，则同样也是构式，例如：当 wheel 和 chair 结合为 wheelchair 时，其语义不是这两个语义单位的简单相加，因为它不能表明结合后的构式含有“残疾”、“病人”、“医院”等意义。再如：face value，blue film，white lie。它们的意义都不能通过一般组合规则得到正确的意义。

构式同样存在于句法层面，例如：Jane slept the whole trip away. Liza knitted the whole week away. She danced the night away.

任何句子都是独一无二的，都有其存在的理由，因此句子之间不存在转换。两个句子（例如：They had a meeting. 和 They are having a meeting.），哪怕只有时态上的差异，也属于不同的构式。同样，对同一件事情进行描述的主动态和被动态凸现的是不同的描述对象，因此属于不同的构式，如：The boy broke the cup 和 The cup was broken by the boy。

有些成语构式更不是靠词汇和语法组合起来就能理解的，如 It takes one to know one 表示的是“你光批评人家怎么的，你自己有同样的问题”，是一个固定的说法，连时态都不能变（不能说 It took one ...）。

三、构式观与构式习得

Construction（构式）的本义是“建筑”、“构筑”，即把多个部件组构到一起成为一个更大的单位。“语言是由构式组成的，构式的习得过程就是语言的习得过程，是具体词汇、语法知识等具体、抽象构式不断扩大的过程。”（杨唐峰，2010：9）构式的概念大概相当于自然界里物质的概念，自然界是由物质组成的，语言是由构式组成的，物质与物质在一定条件下可以组合成新的物质，构式与构式也可以组合成新的构式。心理学研究表明（Newell, 1990；转引自刘正光，2009：33），语块化（chunking）是人类认知的最重要特征。构式语法认为语言是由构式构成的，一个构式可由多个构式组成。在语块化过程中，学习者递归性地将小结构组合成大结构，即将小构式组合成大构式。如：在英语的一个成分后加上 -al 可构成一个形容词，其后再加上 -ize 可构成一个动词，再在其后加上 -ation 可构成一个名词，例如：normalization，marginalization。由此形成人脑记忆中组织的层级结构。这有 3 点含义：①人类认知中的递归性产生于长时记忆中的语块累积与组合。②语块化过程中产生层级组织。③语块是最佳的信息组织与存贮单位。

构式语法在语法结构的描写中使用图式，而不是规则。构式语法中使用的图式是从实际出现的语言表达式中抽象出来的复杂的象征结构，在构成上与具体的表达式平行。图式是新的语言表达式产生和理解的模板。作为象征单位，图式与具体的语言表达式的差别仅仅在于它们的形式和意义更抽象。例如，图式“副词＋形容词”与具体表达式“很酷”、“很爽快”在结构上是平行的，但图式的抽象程度更高。

语块抽象到图式的程度便产生构式。如果学习者能够学到组合性的语块，他们会以类比的方式来处理语块，从而获得语法知识。这完全明确了具体语言单位（构式、语块、程式化语言）与语法知识教学的关系与顺序问题。

二语习得者语言习得不成功的原因往往是没有学到足够的短语性语块 / 构式。由此可见，语块 / 构式或者说语言系统中的规约性表达式或表达方式是语言教学的主要内容。

语块 / 构式有利于学习者抽象出语法知识。构式 / 语块作为语言的基本单位能够反映出词汇到语法之间的连续统一体关系，同时也能表征出具体的词汇单位与具体的构式之间的相互作用方式，因此，语块化是获得语言自动化和流利性的基本过程。（刘正光，2009：33）

四、构式——语言基本单位和习得语言基本单位

构式语法的基本原则是认为形式和意义的结合体是语言的基本单位。（Goldberg, 1995：6）构式语法认为语音、语义和语法结构之间的对应存在于语言知识这一复杂的心智化网络中，包含了音、形、义概念等信息的构式则成为对语言进行结构性描写的最自然不过的基本单位。

构式语法认为，在语言习得中，学习者所拥有的语言知识大多是那种语言的形义配对组成的一个构式系统。每一个语言因素都是一个形义的结合体。如：过去时态标记 -ed 和进行体标记 be-ing 等这样的语法形态标记也像词汇一样具有一定的意义。一个语法标记形式，如 be-ing，它并不包含一个实际的词汇意义，因为它并不象征任何一个实际的事物。但是，它能够在人们的头脑中引发一个关于时间和体的概念，即某一情景在过去或现在的某一个时间正在进行中，因此它也是有意义的。（胡荣，2010：22）

语言的基本单位是构式意味着习得语言的基本单位是构式。语言习得是从具体的构式开始的，然后逐渐发展语法能力。构式是语法的基本单位，也是语言习得的起点。

儿童语言习得研究表明（曾欣悦、刘正光，2009：115），儿童习得语言都是由一个一个语言项（即一个构式一个构式）逐渐习得的。词汇学习也好，语法构式也好，都是如此。这就意味着抽象的语法知识的习得也必须经过从具体的语言运用示例到逐渐抽象出语法规则的过程。典型的示例能够充分展示形义之间的内在联系，使学习者在掌握形式的同时能够准确地运用。

儿童语言的流利性来源于单个构式的出现频率，创造性来源于儿童对构式的单位变化频率。（郑开春、刘正光，2010：14）如此，儿童逐渐构建起他们的语言知识系统（由各种各样的构式组成的清单库），在语言运用中，根据具体的交际需要提取并创造性地组合这些已经掌握的构式。

儿童语言学习的过程与其他复杂的学习活动一样，从所学习的具体项目中逐渐构建抽象的范畴和图式。儿童早期习得的是具体的构式，因为他们还没有具备成人语法中所具有的抽象范畴与图式。儿童早期的语言产出围绕具体构式进行。儿童早期的句法发展本质特征是以具体语言项为基础的（item-based）。Lamb（刘正光，2009：48）从神经认知途径的研究中指出，句法信息的大部分，甚至全部，都依附在词汇（即构式）项上。因此，句法知识的习得实际就是词汇知识的习得。随着一个一个构式逐个地习得，句法知识就逐渐习得了。

当然，儿童学习语言并不是像堆积木一样，学习词素如何构成词，词如何构成短语，短语如何构成句子，而是在几个层面同时学习语言的结构，包括句子层面的构式。

五、构式观与构式教学

语言理论的探讨和语言现象的研究，无外乎是要找出语言的规律，对语言做出合理的解释，最终达到服务语言学习和运用之目的。构式语法理论及构式的研究成果对语言习得无疑会带来有益的启示。

1. 语义、语用有机结合

构式是形式与意义 / 功能的统一体，既包含语义又包含语用信息，其本质是人类对在客观世界反复经验和体验到的事物事件、事件状态、结构、关系及情景（情境）的概括化、概念化的结果。（邓云华、刘芬，2010：15）在语言学习中，对意义的有效理解和掌握是运用语言的前提，而任何构式的意义都必须参照具有丰富百科知识的背景框架才能得以确切的理解和把握，构式包含的语义和语用信息，都是语言学习的内容，因此词、短语、习语和句式及语义和语用的教学应该是一个统一的有机结合。

我们在词汇教学中要关注词的句法及语用特征。教师可以概括地说明形容词类的句法功能，即形容词表现的是非时间性的关系，除非跟在系动词后，不能单独用作谓语；在动词教学中，有必要在学习者第一次接触该词时就告诉学生 intend，offer，hope，plan，be able，manage 这类动词只能接不定式，而 admit，appreciate，avoid，consider，delay 之类的词只能接动名词；提醒学生注意构式的语体风格，如 die 是中性词，适用于各种语体，die 的委婉形式 pass away 用于正式场合表示对逝者的尊重，而俚语 kick the bucket 则显得十分的粗俗，表达对死者的不屑。很多情况下，构式意义的细微差别是源于人的不同经验和体验致使概念侧重的不同，概念侧重又导致不同的句法行为，而这些在外语教学中都应该引起足够的重视。如英语短语 be afraid of 和 be afraid to 是有区别的，而 steal 和 rob 概念框架侧重不同而有不同的句法表现。

2. “边缘”语言项目的教学

“核心”语言现象大多有规律，出现频率高，因而比较容易学会，而“边缘”的、较难掌握的语言项目则需要在输入的基础上通过归纳习得。比如，习惯用语就属于“边缘”范畴，掌握更加困难。很多构式（如 the X-er...the X-er）都不可能被严格规则生成，因为它们既涉及一定的语法规则如主谓语，又不完全遵守语法规则，如主格规则及主谓一致规则。有鉴于此，我们的语言教学不能只关注合乎语法的语言现象，同样需要重视日常用语中大量存在着的并不一定能用通常语法规则解释的习语表达。很多具体的表达显然不是由普遍原则决定的，而且必须要像词汇学习那样去记忆，像词汇学习那样逐个习得。“语言学习必须从记忆具体的例子出发，然后再逐渐形成一般化的规律。学习者流利使用语言的决定因素是存储在学习者大脑中的大量言语范例，而非抽象的语法规则。”（徐维华、张辉，2010：26）

3. 整体大于部分之和

Smith baked her a cake 这句话，传统语法分析的结果是：Smith 是名词作主语，bake 是谓语动词，her 是代词作间接宾语，a cake 是名词词组作直接宾语。但这一分析并不能告诉我们整句话的意思是“史密斯为她烤了块面包”。另一种常用的分析方法是：Smith 是施事，her 是与事，a cake 是受事。然而，这种语义分析是在理解整句话表达的意思后才能做出的。过去我们多从动词出发，将其看成是核心成分，通过把握组成成分的差异来把握句子的差异。构式语法认为，构式本身具有独立的语义，它并不依赖于进入这个构式的词语意义。一个句子不是一堆句子成分的堆砌，而是一个完型，整体大于部分之和。在一个句式结构里，各成分意义的相加不一定能得出这一句式结构的整体意义。

4. 构式与构式意义

英语中双及物构式 VN1N2 是框架形式，但就 V、N1、N2 个体而言，它们又是开放的，可以嵌入不同的词语。动词是否能用于双宾构式取决于两个方面：①概念化主体对客观事物诠释的认知角度；②动词词汇内容的细度。实践证明（邓云华、刘芬，2010：16），构式及构式意义应该成为语言教学的重要内容。学生将 She will make you a good wife（她会成为你的好妻子）翻译成“她能使你成为一个好妻子”就是因为学生的知识结构中没有双及物构式这个概念。因此，在教授双及物构式时，一方面，分析主语、谓语、间接宾语，或是施事、与事和受事来使学生理解掌握这一结构；另一方面，还要告诉学生句法现实同样也反映了人类认知的基本原则，双及物结构构式意义是“有意的给予性转移”，进入句式的任何实例都是对句式的整体意义的例示，一个表达式的意义是句式语义和词汇语义的整合，从而做到句式形式和意义教学的有机结合。

“构式语法给语言研究提供了一种新的视野和新的方法。它使我们对语言结构有了更深刻的认识，并可以用来解释一些先前不好解释或先前想不到去解释的语言现象。”（严辰松，2006：10）由于构式具有独立于其组成分子的意义，即构式义，过去一些说不清楚的问题现在得到了解释。例如，我们不能因为 smile 可用于“She smiled herself an upgrade”中，就说 smile 可用作及物动词；因为“sneezed the napkin off the table”就说 sneeze 具有“致使移动”的意义；还因为“baked her a cake”就认为 bake 具有“给予”义。这三个动词的意义都是它们所处的构式所赋予的。

5. 构式习得顺序与频率

要遵循构式习得顺序与频率的规律。语言输入的形式和频率对语言学习起着决定作用，语言学习就是构式的学习。语言习得依赖于学习者语言使用的经验以及他们如何运用经验。语言结构产生于特定语境中对语言的使用。语言发展是缓慢的、渐进的，从具体事物到更为抽象的语言图式，这一过程相当程度上是依靠特定构式的类型频率和示例频率的。整体语言结构在学习者心理词库中的存储依赖示例频率，图式化依赖类型频率。（徐维华、张辉，2010：26）语言输入必须达到一定频率才能储存和图式化，即语言学习需要反复接触和反复练习。

本篇参考文献：

[1] Goldberg, Adele E. Construction: A Construction Grammar Approach to Argument Structure[M].Chicago: The University of Chicago Press, 1995.

[2] Nattinger, J.R. & DeCarrico, J.S. Lexical Phrases and Language Teaching[M]. London: Oxford University Press, 1992.

[3] 陈满华 . 构式语法理论对二语教学的启示 [J]. 语言教学与研究，2009（4）：64-70.

[4] 邓云华，刘芬 . 构式观与语言构式教学 [J]. 西安外国语大学学报，2010（2）：14-18.

[5] 何爱晶，陆敏 . 去粗取精、取精用弘——构式语法研究概述 [J]. 重庆大学学报，2009（2）：135-139.

[6] 胡荣 . 影响英语进行体第二语言习得的语言因素：认知语言学视角 [J]. 外语

教学，2010（1）：21-27.

[7] 刘正光 . 认知语言学对外语教学的启示 [J]. 中国外语，2009（5）：29-35.

[8] 徐维华，张辉 . 构式语法与二语习得：现状、问题及启示 [J]. 当代外语研究，2010（11）：23-27.

[9] 严辰松 . 构式语法论要 [J]. 解放军外国语学院学报，2006（4）：6-11.

[10] 杨唐峰 . 关于构式来源的理论假设 [J]. 天津外国语学院学报，2010（6）：6-11.

[11] 袁野，李丹 . 语言习得的构式观 [J]. 西安外国语大学学报，2010（2）：1-4.

[12] 曾欣悦，刘正光 . 认知语言学对语法教学的启示 [J]. 外国语文，2009（4）：111-117.

[13] 郑开春，刘正光 . 认知语言学三个基本假设的语言习得研究证据 [J]. 外语教学，2010（1）：12-16.

第七篇　构式习得与语言习得

本篇内容提要：构式是语言的基本单位，也是语言习得的起点。构式的习得过程就是语言的习得过程。语言习得是一个实实在在的过程，语言习得必须是对一个一个语言单位的习得。构式的习得是由输入驱动的。高频出现的词语在记忆表征中得到了强化，并产生语块化，而作为语块的那部分，则作为整体存储在心理词库中。

构式语法学说与语言习得研究关系密切。构式语法理论认为，语言系统是由无数构式互相作用和制约才得以形成的。一个大构式由若干个小构式组成。语言习得过程就是一个构式习得过程。语言习得来自于众多构式的逐渐积累和学得。语法知识是逐一学会的众多构式。语块是记忆中由多成分构成的一个更大的记忆单位。语块抽象到图式的程度便产生构式。语块化是人类记忆的一般特征，是获得语言自动化和流利性的基本过程。构式的习得是由输入驱动的，语言输入对语言习得至关重要。要能形成某一固化了的图式性构式，频率是一个基本条件。高频产生语块化，使语法知识成为本能的行为。

一、构式——基本单位

1. 构式——语言的基本单位

Construction（构式）的本义是“建筑”、“构筑”，即把多个部件组构到一起构成一个更大的单位。构式的概念相当于自然界里物质的概念，自然界是由物质组成的，语言是由构式组成的，物质与物质在一定条件下可以组合成新的物质，构式与构式也可以组合成新的构式。

构式是语言使用者关于语言约定俗成知识的总汇，任何具有独特形式或功能特征的构式都得到独立表征。（Goldberg, 1995:6）构式语法的基本原则认为形义结合体是语言的基本单位。构式是后天学得的形式与规约意义的联姻，这个联姻不可预测，因为其"意义独立于句中单词的意义"。（Goldberg, 1995:4）语音、语义和语法结构之间的对应存在于语言知识这一复杂的心智化网络中，包含了音、形、义概念等信息的构式则成为对语言进行结构性描写的基本单位。

众多的构式在大脑中不是杂乱无章堆放的，而是按照一定的规律组织起来的，譬如"举例关系"（如 Where is X 是 Where 问句甚至是 Wh- 问句的一个实例）和"部分与整体关系"（如被动句可以是整个过去分词构式的一个部分）等。这些构式在记忆中是真实存在的，是有意义、形式和声音的。（袁野、李丹，2010：1-4）

2. 构式——网络化的基本单位

在构式语法看来，语法系统是以构式为基本单位建立起来的巨大网络。网络包含的构式数量巨大，可以具有不同程度的抽象性和内部复杂性。（张韧，2006：29-34）例如，英语中的双及物构式不仅包括抽象程度最高的图式 [[V][NP][NP]]，而且包括 [[give][NP][NP]] 这样具体程度较高的图式，甚至 [[give]me[NP]] 这样具体程度很高的图式也包括在内。

根据构式语法的领军学者 Goldberg 的描述，英语双宾语句表示：主语 / 施事以让间接宾语 / 涉事接受直接宾语 / 受事而使间接宾语 / 涉事受到某种影响。在这一事件中，施事有意识的动作，动作是一种传递行为，或称致使移动行为，涉事是乐意的接受者。这种表达特定语义的语句例示的是构式，其构式义为"给予"。可进入该构式的动词有如下 9 种（Goldberg, 1995:126）：① 给予动词：give，pass，sell，lend，serve，feed，hand；② 瞬间弹射动词：throw，toss，slap，fling，blast；③ 发送动词：mail，send，ship；④ 连续致使定向性伴随移动动词：take，fetch；⑤ 许诺性给予动词：wish，promise，offer，allocate，award；⑥ 传讯动词：tell，ask，teach，read，quote；⑦ 传讯工具动词：radio，email，telephone，fax；⑧ 原创动词：bake，build，knit；⑨ 获得动词：buy，find，steal，win，earn，grab。

学习者对语言构式的习得是随着抽象概括能力的提升而产生的。习得语言就像其他复杂的认知活动一样，是从具体的事物中提炼出抽象结构或图式。这样，人们在大脑中储存的网络就把各个层次的结构（从最具体的形式到最广泛的图式）都包括在内了。"任何结构只要使用频率足够高，都可以成为单位储存在网络中。"（高航、张凤，2008）

3. 构式——语言习得的基本单位

语言的基本单位是构式意味着习得语言的基本单位是构式。语言习得是从具体的构式开始的，然后逐渐发展语法能力。语言学习须从记忆具体的构式出发，然后才能逐渐形成一般化的规律。语音、词素以及语法特征都须逐渐经历一个概括化的过程。（梁君英，2007）比如，英语中连动构式主要包括3个不同的形式：VVingPP，GoVPing和GoVPbare。3个构式都有各自迥异的句法、语义和语用限制，在其他语言中则没有类似现象。这些构式的特殊性显示任何一个特定构式的特征都必须通过学习才能获得。

语言知识是非常缓慢地在社会规约知识的内化过程中逐步形成的。语言习得是从具体的语言构式开始的。儿童语言习得研究表明（曾欣悦、刘正光，2009），儿童语言习得是对构式的逐个习得。无论是词汇构式还是语法构式都是如此。这就意味着抽象的语法知识的习得也必须经过一个从具体的语言使用示例到逐渐抽象出语法规则的过程。典型的示例能够充分展示形义之间的内在联系，使学习者在掌握形式的同时能够准确地使用。

儿童习得语言基于使用逐一习得具体语言构式并逐渐发展出语法能力。儿童语言的流利性来源于单个构式的出现频率，创造性来源于儿童对构式的单位变化频率。（郑开春、刘正光，2010）如此，儿童逐渐构建其语言知识系统，在语言运用中，根据具体的交际需求提取并创造性地组合那些已经掌握的构式。

儿童语言学习的过程与其他复杂的学习活动一样，从所学习的具体项目中逐渐构建抽象的范畴和图式。大量的研究发现（袁野，2010），儿童的语言产出很多是无法与成人的取得一致的。可能的解释只能是构式语法所主张的逐一渐进（piecemeal）的学习过程。儿童早期习得的是具体的构式，因为他们还没有具备成人语法中所具有的抽象范畴与图式。儿童早期的语言产出围绕具体构式进行，他们早期的句法发展本质特征是以具体语言项为基础的。Lamb（刘正光，2009）的研究表明，句法信息的大部分，甚至全部，都依附在词汇（即构式）项上。因此，句法知识的习得实际就是词汇知识的习得。随着对构式逐个地习得，句法知识就逐渐习得了。

当然，儿童学习语言并非像堆积木一样，学习词素如何构成词，词如何构成短语，短语如何构成句子，而是在几个层面同时学习语言的结构，包括句子层面的结构。

二、构式——语块化

1. 语块化

语块（chunk）是记忆中由许多已经形成的成分所构建的更大的记忆单位。在认知语言学理论中，语块即构式。语块抽象到图式的程度便产生构式。学习者如能够学到组合性的语块，他们会以类比的方式来处理语块，从而获得语法知识。

语言理解要求将语言成分分解成语块，学习者将注意力聚焦于重复出现的语块，如字母 e 跟在字母组合 th 后面的空间频度要远远高于跟在字母 x 后面。（任庆梅，2007）当学习者重复遇到类似语块时，它们作为单元就凸显出来。

语块化是人类认知的最重要特征。（刘正光，2009）在语块化过程中，学习者递归性地将小构式组合成大构式。如在英语中的一个成分后加上 -al 可构成一个形容词，其后再加上 -ize 可构成一个动词，再在其后加上 -ation 可构成一个名词。

语块化是人类记忆的一般特征，它是获得语言自动化和流利性的基本过程。（刘正光，2009）语块化表明学习者具有不断以递归方式建立这种结构的能力，进而在记忆系统中形成不同层级的结构。语块化有利于学习者抽象出语法知识。语块作为语言的基本单位能够反映出从词汇到语法之间的连续统一体关系，同时也能表征出具体的词汇单位与具体的构式之间的相互作用方式。

2. 语块—习得

语言习得是从具体的语块开始的，然后逐渐发展出语法能力。“在一定意义上讲，学习语块比学习语法更重要。”（郭娴娉，2011：44）语块有利于学习者抽象出语法知识。这正好证明语块 / 构式是语言习得的起点，是语法的基本单位。语言域独有的知识可以通过它们在构式中的表现和使用而被语言学习者所习得。Nattinger & DeCarrico（1992）指出，儿童通过习得预制语块（prefabricated chunks）而习得语言，特别是在早期阶段。当儿童使用“What's this?”时，他们可能把这三个词当作一个不可分割的单位来记忆和使用的；他们用“This is a...”来回答时，也是把 This is a 当作一个单位来使用的；同样还有 give-me，This-is-mine，I-wanna-go 等。儿童在反复和成功地使用了某些相同的构式后，就从中概括出一些语块的构造规则，从而形成语法能力，而作为语块的那部分，则作为整体存储在心理词库中。（袁野、李丹，2010）语块抽象到图式的程度便产生构式。如果学习者能够学到组合性的语块，他们会以类比的方式来处理语块而获得语法知识。

三、构式习得——语言输入

1. 输　入

语言输入对语言习得作用很大。构式的习得是由输入驱动的。Elis 提出了显性教学的 10 条原则，其中第六条强调的就是“通过教来成功地学习外语需要大量的输入”

（刘正光，2009：29）。

语言是在输入和普通的认知、语用和处理限制的基础之上建构起来的。通过多个新奇构式（新奇形式、新奇意义及其配对）的实验，Goldberg（1995）证实，即使是在少量输入的情况下学习构式的速度也很快。

语言输入包含的大量或然（stochastic）信息（指出现的频率，可能出现的后续词、句子等），有利于学习者在没有负面或者特定语法型式在输入中没有出现的条件下习得语法规则。（刘正光，2009）为了了解形义之间的关系并在语言输出中恰当地使用，交际中的大部分输入应补充内容，并须提高其质量。

2. 输入核心义项

认知语言学的许多研究（Lakoff，1987）都发现，多义词的各个义项并非孤立存在的，而是以基本义项为原型组成语义网络。词汇的各义项的排序不是杂乱无章的，而是以原型义项为轴心，按照与原型意义的关系远近向外辐射发展。Taylor（1989）发现原型意义比边缘意义更早被二语学习者习得。核心义项比非核心义项更能帮助学习者猜测不熟悉的多义词的比喻义项，这在长时记忆中更为明显。（蔡金亭、朱立霞，2010）学习者认识语言表达中抽象的边缘意义与核心义项之间的关系有助于学习者全面掌握语言表达中的各种义项。英语中的介词是一种典型的多义词。介词形式上貌似简单，但实际运用却相当复杂，对二语学习者来说异常困难。Boers & Demecheleer（蔡金亭、朱立霞，2010）的研究发现，了解介词的核心空间义项（例如：beyond）的学生能比较好地解释该介词的比喻义项，显著好于使用词典学习该介词全部义项的学生。核心义项的帮助作用在于，它为学习者提供了精确阐释，使他们把比喻义项更有效地纳入多义词的语义网络中，便于以后提取。

3. 输入高频序列

在语言使用中学会语言。语言习得的关键之一是输入的频率。语言知识系统本身通过大量实际构式的心理固化而建立起一套从具体到抽象的认知结构。要能形成某一固化了的或相对固化了的图式性构式，频率是一个基本条件；要能改变某一语言形式的意义，图式化或语法化出另一用法，就需要有一定量的频率。

“频率对语言结构的解释和建构作用的理论基础是基于使用的语言模型。基于使用的语言模式以体验哲学为基础，认为人类的语言知识源自对语言实际使用的认知体验，语言使用中的各种要素都会对语言结构的产生、变异及在心智中的表征产生影响。频率作为语言使用的一个要素，对语言结构的历时性建构、变异以及心智表征起到了重要的作用。”（张立飞，2010：8）

使用频率指具体构式是否通过高频率使用而固化。使用频率在建立知识系统的过程中起着关键作用。例如，英语中表示过去式的规则形式 -ed 就具有很高的类型频度，因为它可以用于很多的动词后面。“构式中某一位置的语言项目被学习者听到或看到的频度越高，其与某个固定词汇项目相连接的可能性就越小，因而越有可能建立一种基于此类项目的普遍范畴。一个范畴覆盖的语言项目越多，其标准特征的普遍性越强，学习者越有可能将这一范畴规则延伸至新的语言项目。高频度的语言项目类型加固了其表征图式，使之更容易用至新的语言项目中。”（任庆梅，2007：39）

“高频序列因经常使用，它们的形态句法形式往往固化程度非常高，即便是能产性很高的结构也不能将其同化。”（严辰松，2010：1）如英语动词分为规则动词和不规则动词，keep，weep 和 creep 原来都是不规则动词，它们的过去分词分别是 kept，wept 和 crept。由于低频词 weep 和 creep 的使用频率不如 keep 高，近年来它们的过去式已出现规则化的趋势，wept 和 crept 变成了规则的 weeped 和 creeped；而 keep 的使用要频繁得多，因此仍保留了原来的不规则形式。高频率的使用巩固了词的记忆表征。这也就是为什么英语中不规则动词往往是高频动词的原因。

“语言项目使用频率越高，固化程度就越高，提取也就越容易。存储在大脑中的固化程度很高的语言项目很容易被激活，也就不容易为新规则所同化。”（张立飞，2010：8）像 students / dogs / children 之类的复数表达式由于出现频率很高，已经被人们完全掌握，因此也可以认为它们具有很高的认知凸显度。

“频率是构式形成的一个决定因素，一个语言表达不管其内部结构如何复杂，只要出现频率足够高，便可作为一个整体在心智中得到表征，并被快速提取。”（张立飞，2010：8）在语言使用中出现频率较高的语言表达式在心理语法（mental grammar）中的固化程度高于出现频率较低的表达式和模式，刺激越多，印象越深（Holger, 2004）。相同或相似刺激越多，在人们记忆中留下的痕迹就会越深。同理，那些日常使用频率较高的构式必然体现着生活中的常需功能，人们首先要习得它们才能生存下来，自然就会给予较多的关注。（王天翼、王寅，2010）高频出现的词语在记忆表征中可及性会更高，并可得到固化。高频产生语块化，使语法知识成为自动化的行为。

四、构式研究成果对语言习得的启示

语言理论的探讨和语言现象的研究，无外乎是要找出语言的规律，对语言做出合理的解释，最终达到服务语言学习和使用之目的。构式语法理论及构式的研究成果对语言习得无疑会带来有益的启示。

1. 在语言游戏中学会语言

“在游泳中学会游泳。”语言习得是学习者在参与性语言经验中学会的。在实际教学中，最好先让学生在现有语料中收集某一构式使用的例子，分析构式。根据教学目标和学生的实际需求，选用含有地道的、高频构式的语料。亲身经历有意义的语言使用能够发现输入中具有意义的型式，这样的型式是在有意义的交际行为中学会的。这就意味着，在实施真实的交际活动中必须提供学习者大量的有意义的语言输入和使用语言的机会。

2. 低频语块的处理

一般而言，自然高频的语言单位出现频率自然也高一些。构式语法认为语言结构是在特定语境的使用中产生的，高频构式比低频构式更容易处理。（徐维华、张辉，2010）语言教学的作用在于调整学习者的注意力，帮助学习者注意到输入中的许多特征可能是低频的、非凸现的、交际中冗余的，有意识地聚焦于这些特征对成功的学习语言是必要的，也是解决二语学习中长期存在的系统性问题的有效教学措施。（刘正光，2009）我们知道，英语中不规则变化动词难于掌握，在语言习得中，不规则变化必须高频出现，否则学习者容易按规则变化处理，而无法学会。因此，外语教学中，应对那些低频的语块 / 构式等多加注意。

3. 提供足够的输入

二语习得者语言习得不成功的原因往往是没有学到足够的语块。语言学习就是语块学习，语言产出就是使用语块来组装句子。语言学习必须提供足够的输入。由此可见，“语块特别是那些语言系统中的规约性表达式或表达方式构成的语块应是语言教学的主要内容”（刘正光，2009：29）。

4. 形式、意义、功能整体习得

以构式为具体语言单位的整体习得，同时习得语言的形式与意义及其功能，既能解释抽象范畴的习得，也能说明具体的边缘构式的习得。更重要的是，它揭示了人类语言使用中的一个悖论：语言使用在必须遵守规约的同时又必须具有创造性。（Tomasello, 2000）根据构式形式与意义不可分割的原则，在外语教学中，教师应将构式作为整体来教，鼓励学生同时注意形式和意义，一并输入构式的音系、句法和语义特征。（李小华、王立非，2010）

本篇参考文献：

[1] Diesel, Holger. The Acquisition of Complex Sentences[M].Cambridge: Cambridge University Press, 2004.

[2] Goldberg, Adele E. Construction: A Construction Grammar Approach to Argument Structure[M].Chicago: The University of Chicago Press, 1995.

[3] Lakoff, G. Women, Fire, and Dangerous Things: What Categories Reveal about the Mind[M].Chicago/London: The University of Chicago Press, 1987.

[4] Nattinger, J.R. & DeCarrico, J.S. Lexical Phrases and Language Teaching[M]. London: Oxford University Press, 1992.

[5] Taylor, J. R. Linguistic Categorization: Prototypes in Linguistic Theory[M].Oxford: Clarendon Press, 1989.

[6] Tomasello, M. Do Young Children Have Adult Syntactic Competence?[J]. Cognition, 2000（74）:209- 253.

[7] 蔡金亭，朱立霞 . 认知语言学角度的二语习得研究：观点、现状与展望 [J]. 外语研究，2010（1）：1-7.

[8] 高航，张凤 . 词类的构式语法视角 [J]. 天津外国语学院学报，2008（3）：1-8.

[9] 郭娴娉 . 英语专业学生如何注意和提取语块 [J]. 解放军外国语学院学报，2011（2）：44-49.

[10] 胡荣 . 影响英语进行体第二语言习得的语言因素：认知语言学视角 [J]. 外语教学，2010（1）：21-27.

[11] 梁君英 . 构式语法的新发展：语言的概括特质——Goldberg《工作中的构式》介绍 [J]. 外语教学与研究，2007（1）：72-75.

[12] 李小华，王立非 . 第二语言习得的构式语法视角：构式理论与启示 [J]. 外语学刊，2010（2）：107-111.

[13] 刘正光 . 认知语言学对外语教学的启示 [J]. 中国外语，2009（5）：29-35.

[14] 任庆梅 . 构式习得认知心理机制诠释研究综述 [J]. 外国语，2007（6）：39-43.

[15] 王天翼，王寅 . 从“意义用法论”到“基于用法的模型”[J]. 外语教学，2010（6）：6-9.

[16] 徐维华，张辉 . 构式语法与二语习得：现状、问题及启示 [J]. 当代外语研究，2010（11）：23-27.

[17] 严辰松 . 语言使用建构语言知识 [J]. 解放军外国语学院学报，2010，（6）：1-7.

[18] 袁野 . 语言习得的构式语法阐释 [J]. 外语与外语教学，2010（5）：54-56.

[19] 袁野，李丹 . 语言习得的构式观 [J]. 西安外国语大学学报，2010（2）：1-4.

[20] 张韧 . 构式与语法系统的认知心理属性 [J]. 中国外语，2006（1）：29-34.

[21] 曾欣悦，刘正光 . 认知语言学对语法教学的启示 [J]. 外国语文，2009（4）：111-117.

[22] 张立飞 . 论频率对语言结构的建构作用 [J]. 解放军外国语学院学报，2010（6）：8-14.

[23] 郑开春，刘正光 . 认知语言学三个基本假设的语言习得研究证据 [J]. 外语教学，2010（1）：12-16.

第八篇 构式语法理论与二语构式习得

本篇内容提要：构式研究已成为当今外语教学与研究领域的一大新课题。构式研究之于二语习得研究的重要性也愈发彰显。构式语法将构式看作语言的基本单位，认为构式是语言结构的核心。语言产出是一个根据不同语境从记忆中提取构式加以组合、生成话语的过程。学习、使用构式是学习者的需要，是语言习得的一个必经的过程。二语教学应将构式作为二语教学和习得的理想单位。构式教学可将传统的语法教学与交际法教学更好地结合起来，提高学生的语法能力、语用能力。

一、构式语法与构式

作为当今国内外语言学界的一门前沿学科，构式语法理论是在 Fillmore 和 Kay 等研究的基础上发展起来的。除了他们的理论外，其中还包括 Lakoff 和 Goldberg 的理论，Croft 的激进构式语法，Bergen 的体验构式语法。Langacker 的认知语法也可以看成是一种构式语法理论，因为他的象征单位就相当于构式语法中的构式。

"真正意义上的构式语法体系是指 20 世纪 80 年代 Lakoff，Langacker，特别是以 Goldberg 为代表的论元结构研究和以 Kay & Fillmore 为代表的词汇语义学、标记性构式以及 Croft 的激进构式语法出现为标志。该研究模式中的一个核心思想就是一个构式本身是一个整体，其意义不是各组成成分之间的简单相加。"（刘国辉，2010：304）Croft 将各种构式语法理论统称为"vanilla construction grammar"，认为我们的语法知识（乃至语言知识）都是以构式形式组织起来的。

构式语法是一研究说话者知识本质的认知语言学理论。构式语法认为语言的基本单位是形式和意义的规约对应，即构式。Goldberg（1995:5）对"构式"的定义为：

如果用C代表独立结构，将其看作是一个形式（Fi）和意义（Si）的对应体，C能够成立的充分必要条件是：无论形式（Fi）还是意义（Si）的某些特征都不能完全从C自身的组成部分或是其他已有的结构中推导出来。构式存在于语言的各个层面。任何语言表达式，只要它的形式、意义不能完全从其组成成分中推导出来，就都可称之为构式。语言的本质是“构式”。正是因为有了“构式”，才使得语言成为语言；研究构式就直指语言的本质之处。构式是人们内在语言知识系统的心智表征。

人们经常拿“水分子结构”作比喻，“水”是由一个氧原子和两个氢原子组合而成的，这两类原子一个是燃烧物，另一个是助燃物，为什么它们结合起来以后却成为燃烧的对立面？简单的解释就是：这两类原子在结合过程中发生了化学变化，结合后的分子已丧失了构成原子的初始性质，此时，分子不等于不同原子的简单相加。（王寅，2011：283）一个整体中的某一部分不能独立于整体而单独存在。整体大于部分相加之和。形义紧密结合为一个象征单位。人们一听到某个词句的语音，就能晓其义、知其用。构式不是把无意义的形式任意地置放在一起。语言就是这些象征单位或构式的总汇。

构式语法的根本出发点是研究形式与意义的配对（pairing），后来Goldberg（2006）又加上功能，成为形式与意义/功能的配对。构式语法（Goldberg, 2006）认为：①语法知识的心理表征由形义配对，即构式组成。②构式的意义并不等于构式中各个单词意义的相加之和，如with respect to这一构式的字面意义就与它实际表达的意义相去甚远，by and large，let alone，all of a sudden等很难用生成语法来解释其构成。即便是按照语法常规组合的构式，如red tape，white elephant的意义也不能通过一般组合规则得到正确的意义。③语法知识是有组织的一系列不同类型的构式。语法是由人们频繁重复一些用法逐步建构和积累起来的。语言是由构式组成的系统，因此语言习得其实就是构式的习得。二语习得研究证实（段士平，2008：63-67），二语习得从习惯用语开始，遵循“惯用语→低域模式→构式”这样一个发展路径。构式作为相对稳定的整体储存于人们的心智中，以各种表现形式存在于语法体系中，成为人们表现真实世界、反映体验和认知结果的基本架构。（王寅，2011：271）

二、构式与语言的基本单位

语块是人类信息处理能力的实际运用单位。如果从构式语法角度来看待语块，语块是构式语法的有机组成部分。构式语法认为，构式是语言的基本单位，语言是由语块组成的体系。语块（chunk）是记忆中由许多已经形成的成分所构建的更大的记忆单位。语块抽象到图式的程度便产生构式。如果学习者能够学到组合性的语块，他们会以类比的方式来处理语块，从而获得语法知识。

"语块"这一概念最早源于美国心理学家、认知学家的奠基者之一 George A. Miller 于 1956 年首次提出的记忆中的"组块"，后被语言学家移植到语言领域，提出了语块的概念。（李继民，2011：17）作为语块理论创始人之一的英国卡迪夫大学的 Alison Wray 教授认为："语块是一个存储在大脑中的整体预制块，在使用时从记忆中被整块调用，而不是按照语法规则产出或分析的连续或非连续的由词汇构成的语串。"（Wray, 2002:9）

按照 Nattinger & Decarrico（1992:1）所给的定义，语块就是指那些"multi-word lexical phenomena that exist somewhat between the traditional poles of lexicon and syntax，conventionalized form/function composites that occur more frequently and have more idiomatically determined meaning than language that is put together each time"。

不同的语言学家们为了描述语块现象，从各自的研究背景、研究目的和研究方法等出发创造和使用了多达 57 个术语（黄燕、王海啸，2011：75），其中比较常用的有：multiple word unit（多词词汇单位），lexical formulae（词汇程式），lexical phrases（词汇短语），lexical chunks（词汇组块），lexicalized sentence stems（词汇化句干），ready made complex units（预制复合结构），cluster（词丛），lexical bundle（词束），formulaic expression（程序化表达），phraseology（短语结构），multi-word expression（多词表达），prefab（预制语块），recurring word combination（复现词组），formulae（程式语），lexical phrases（词汇片语）等。"语块"一词简洁凝练，且从语义上适合涵盖自由组合、搭配，固定词组、习语、谚语、套语、习惯表达句式乃至语篇等诸多语言现象而范围较广，因此多沿用此称谓。（薛旭辉，2012：51）

国外学界各个时期的语块研究内容各有所侧重，如词级结构、短语结构、句子框架及句级结构。研究的视角不同，有的从心理学角度出发，有的从语法学角度出发，还有的从形式的角度出发。研究的范式不同，如语料库驱动的研究方式。涉及的领域不断扩展，如从语块本身的研究不断向相关领域渗透。（李继民，2011：18）

三、构式 / 语块与二语习得

1. 构式 / 语块与词汇教学单位

"语块有特殊含义的编码程序，有弹性化空间，可以加载新的信息，可用于支撑话语拓展。"（陆瑛、蔡芳，2012：52）语块有较固定的语法结构限制，稳定的搭配意义和特定的语用环境。语块以整体形式储存在大脑记忆库中。目前对语言处理和产出的研究都指出，“母语使用者往往不断重复使用大脑中已有的语块来流利并准确地表达自己。”（刁琳琳，2004：36）

语块是理想的词汇教学单位。语块教学从一个全新的角度为词汇教学指出了一条路子。语块教学法提倡在教学中注意记忆和积累大量的语块，从而极大地提高语言输入。运用语块教学，可以将词汇的语法意义和语境意义作为一个整体来传授给学生。“运用语块教学，能够使说话者在适当的时候、适当的地点说适当的话语。”（亓文香，2008：59）“语言知识的获得和交际能力的提高是通过扩大学生的词汇组块、搭配能力和有效掌握最基本词汇和语言结构实现的。”（刘晓玲、阳志清，2003：52）词汇教学历来是二语教学的重要内容。“词汇习得研究已成为二语习得研究领域的一个热点。无论是教师还是学生都非常清楚词汇在语言学习中的重要性。”（濮建忠，2003：438）

2. 构式与概念——语义、句法和语用知识

“语言习得成为构式语法近些年的一个主题。”（袁野，2010：55）二语习得很大程度上就是构式 / 语块的习得。（詹宏伟，2012：15）在二语习得研究领域，构式 / 语块是研究的焦点。“构式语法研究的焦点是一个个具体的构式在形式和意义上的配对，而形式和意义的配对正是语言习得研究领域的一个焦点，是语言使用过程中的一个重要问题，所以语言习得与使用的研究都可以从构式语法的研究中受益。”（董燕萍、梁君英，2002：150）构式语法理论认为，构式在二语的产出过程中起着重要作用。研究发现（肖武云，2011：52），英语自然话语中有 80% 由各类构式组成，也就是说大部分话语是通过构式 / 语块来实现的，可见构式是语言交际的基本单位。构式具有较为固定的语法结构限制、稳定的搭配意义和特定的语用环境，将语法、语义和语境融合在一起。

“构式储存着概念——语义、句法和语用知识。”（Ungerer & Schimid, 2008:252）这一定义意味着任何构式都有自己独立的形式、语义或功能。构式的整体不再是作为各组成成分的简单相加，而是整合为一个整体。（Goldberg, 1995）语言学习的目的是为了进行交际。在真实的语言交际中，说话者所使用的语言并不是一个个孤立的单词，而是大量的具有语用功能的构式。构式在交际中的作用好比盖房子所用的预制水泥板，预制水泥板盖起房子来要比一砖一瓦速度快且省力得多。“构式是语言的预制板，可作为输入、记忆、储存、输出的最小单位。”（于秀莲，2008：54-61）

二语习得不仅是一个高度系统化的过程，同时也是一个构式习得的过程；以构

式为单位的话语编码方式，可以从大脑中立马提取预制的构式。构式以整体形式习得，以独立单位储存。以构式为单位的编码方式可以帮助学生在使用时从记忆库中及时提取预制的作为整体的构式，最大程度地降低了编码成本。例如，当遇到可记忆的并且可以进入储存的语言输入时，如“I am sorry to keep you waiting”，“Mr. Smith is so sorry to have kept you waiting”，构式在工作记忆中就能发挥作用，形成“NP be-tense sorry to keep-tense you waiting”的词汇化句子，其中包括了 be-tense sorry 和 keep-tense you waiting 两个构式。学习者在语言使用中运用此类构式，可以减少解码句子结构的时间。结果可提高话语输出的流利度和准确度，从而使学习者将更多的注意力资源投入到语篇层次上而不仅仅是单个的词上。（李继民，2011）

二语习得研究的重中之重是形式与意义 / 功能在语言使用中的匹配，而这正是构式语法的研究内容。构式语法认为，语言系统是由许多构式相互作用和制约而形成的，语言习得就是构式习得。“从语言习得研究来看，将构式作为二语习得研究的对象，这是二语习得研究领域的一个发展。”（任庆梅，2007：39）

四、母语构式与二语构式

“每种语言都有自己的构式，很难在全世界语言中找到两个在语法、语义和语用上完全一样的构式。”（王寅，2011：307）在整个二语学习过程中，学习者无法摆脱母语的影响，并且伴随着母语规则迁移和目的语规则的泛化，从而形成一种逐步接近但始终不同于目的语的中间过渡状态的中介语。

我国的二语学生大多为成人（在校大学生居多），他们的大脑根据母语体系已建立了一整套关于构式的概率型式。如果中介语系统中缺乏能够表达类似意义的地道构式，他们只能依据母语的构式，从大脑记忆库中提取与单个目的语构式对应的目的语词并加以简单的组合，这势必要生成一些不规范的构式。例如，当表达“达到目的”时，由于许多二语学习者的心智中暂时还没有现成的能表达类似意义的地道英语构式（如：achieve/attain/meet... goal/object 等），他们只能从汉语构式“达到目的”出发，从记忆库中分别提取“达到”和“目的”所对应的英语词（如：reach，reach to，attain，achieve，aim，goal，purpose，object 等），并进行简单的匹配，这样组配的结果势必会产生不被英语母语者接受的构式，如：reach... aim/purpose/object 等。

二语习得之前，学习者就已经习得了母语，母语总是以这样或那样的方式迁移而影响着二语习得。研究表明（束定芳，1996：52），母语为汉语的学生在学习英语中所犯的错误有 51% 来自母语干扰。二语习得理论和研究表明（严维华，2003：60），中国学生在英语学习过程中主要使用的是中介语。在由母语负迁移引发的词汇搭配错误中，经常会出现类似下面的表达：solve difficulties（解决困难，母语者用 overcome difficulties），living level（生活水平，母语者用 living standard），independent ability（独立能力，母语者用 independence）。

英汉两种语言在概念系统、隐喻系统、文化象征等方面都存在着较大差异。借助母语的学习策略会对其目的语语感的获得产生干扰作用，依据汉语习惯去“构造”英语，从而生成许多中国特色的英语中介语偏误。

英语和汉语隐喻形态的不同直接反映在语言的搭配上。“知识”一词在汉语中经常被喻为“力量、财富、本钱、经验、技能等”，所以常说“拥有知识、丰富知识、掌握知识、得到知识、学习知识、传授知识、扩展知识”，因此会根据这些隐喻造出：own knowledge，enrich knowledge，master knowledge，learn/study knowledge，teach knowledge，get knowledge， widen knowledge。而在英语文化中，knowledge 最根本的比喻与汉语中的“知识”有所差异，这些差异自然反映在英语的搭配中。在英语中，knowledge 有很多属性一般不是在学校学得或传授，而是凭人的智慧和经验获得，所以不能讲 learn/master knowledge 和 teach/get knowledge，而说 acquire/gain knowledge，convey knowledge 和 store up knowledge；扩展知识不能用 widen knowledge，而说 broaden/extend/enlarge knowledge。

高频词虚泛化的偏误更具有中式英语特色，例如：make（take）measure（采取措施），make（acquire）knowledge（获取知识），make（achieve）success（取得成功），make（establish）good relationship（建立良好的关系），make（implement）the reform（实行改革），make（place）focus on（聚焦），make（do, try) my best（尽力），make（draw）a conclusion（达成结论），make（take）further step（采取进一步措施）等。这些搭配偏误大多是高频词替代或泛化使用所造成的。

语言规则在整个语言习得中只占很小的一部分，如 Langacker（曾欣悦、刘正光，2009：111-117）指出，具有普遍意义的语言规则只占流利使用语言知识的 1%，然而就是这个 1% 花去了我们 99% 的时间和精力。词语在不同组配使用时，会有不同的词义，很难依靠“语言规则”做出解释，例如：与很多词搭配使用时，“heavy”都不是“重”的意思：heavy crop（大丰收），heavy traffic（拥挤的交通），heavy applause（热烈的掌声），heavy heart（沉重的心情），heavy news（令人忧愁的消息），heavy weather（阴沉的天气），heavy casualties（重大伤亡），heavy drinker（过度饮酒者），heavy sleeper（睡得太沉）等。

母语负迁移所造成的负面影响是很深的，二语学习者会常常根据语义上的简单对应创造词块，例如：浓茶 —— heavy tea 或 dense tea，而地道的英语表达应是 strong tea。显然二语学习者只是简单寻找“浓”的英文对应词，然后按照语法规则将单词组合起来。同样的情况出现在对语义色彩的掌握上。英语动词commit具有贬义，它的宾语通常是带有贬义色彩的名词，如：suicide（自杀），crime（犯罪），rape（强奸），genocide（种族大屠杀），corruption（腐败）等。而二语学习者却选择 matter 或 responsibility 这些表示中性甚至积极意义的词语作为宾语，组配成英语母语者无法接受的构块。

“我国传统的词汇教学以词义驱动（meaning-driven）为主”（刁琳琳，2004：38），因此学习英语往往只通过机械记忆单词词形及中文对应意思来扩大词汇量。尽管二语学习者记忆了一定的，甚至是足够的词汇量，但他们的这些词汇知识无法形成系统的知识体系，并缺乏必要的预制构式的支撑，从而不可能获得以英语为母语者的那种自然语感，再加上外在和内在因素的干扰，造成目的语认知联想路径不畅，这些因素累积在一起就不可避免地导致中介语偏误的产生，影响二语学习者交际的流畅。

五、二语构式的教与学

构式语法理论引起语言学界的重视，许多学者研究了如何将真实语言中的构式现象与语言学习与语言教学联系起来。他们（刘加英，2006：89）研究成果的突破主要表现在：①把构式看作语言的基本单位，打破了传统的词汇的范围。②改变了传统语法 / 词汇二分，语法是核心的语言体系，认为构式是语言结构的核心。语言是语法化的词汇，而不是词汇化的语法。③构式是形式与意义 / 功能的统一体。语言产出不仅是一个依靠句法结构、词汇生成句子的过程，还是一个根据不同语境从记忆中提取构式加以组合、生成话语的过程。④发现、使用构式是学习者的需要，是语言习得必经的过程。构式语法的“构式说”可从一个新的视角为二语词汇构式教学带来一些启示。

1. *以构式 / 语块为单位来学习语言*

学习适当环境中的完整语块，即以构式为单位来学习语言。构式的组合并不是随机的，而是由于受语言环境和社会习惯的制约而具有一定的标准或准则。某些构式出现在某种情况下是可预示的。譬如，the way to...，down this street...，turn left，it takes you about 等构式是与问路有关的。构式在语言交际中大量存在，是语言结构的核心。它们在语篇中具有多种语用功能，是形式与意义 / 功能的配对。

我国著名语言学家吕叔湘先生曾经说过：外语学习，说到底，是个记忆的问题。“熟读唐诗三百首，不会写诗也会吟”。那些易于上口且在交际中常用的构式 / 语块能够引起二语学习者的兴趣，刺激学习者大脑的兴奋点，易于记忆。存在于人记忆中的构式数量会随着人对所记忆材料的熟悉程度而不断增加，而不断增加的构式有助于人在大脑记忆库中贮存更多的相关信息。

2. 一种创新性教学模式

无论是教师还是学生，都非常清楚词汇在二语习得中的重要性。构式法可提供一种新的教与学选择。词汇教学对象不再是一个个单独的词，而是要考虑到词与词的搭配。词汇与语法不应是语言中两个独立的系统。学生在接触到构式或语块后，有内在的能力去发现与解构构式的内在规则，并运用这些内在模式作为模板，逐步发展成一个更系统的语法系统。“学习者在反复和成功地使用了某些相同的模式后，就从中概括出一些构式／语块的构造规则，从而形成语法能力，而作为构式／语块的那部分，则作为整体存储在心理词库中。”（王立非、张大凤，2006：17）

语言的创造性功能是语言的根本属性。伏尔泰有句名言：所谓独创就是经过深思的模仿。学习者只要将部分构式与新的语境结合，将新的信息植入语架内或进行构式间嫁接，就可以产出连续关联的创造性词串和灵活的表达。例如，以 white/blue collar 为原型编造出 gray/pink/iron/open collar；由 software/hardware 产生出 soft/hard drug（软／硬毒品），soft/hard land（软／硬着陆）等。以 -oriented 为支架，产生了 product/process-oriented research，export/market-oriented economy，test-oriented teaching，family-oriented program/enterprise，kid-oriented sites 等。习语性构式的活用可以创造出新的话语，为实现交际目的服务。例如：no pain，no gain；no gains without pains；no pleasure without pain；no sweet without sweat。

二语教学是一种创造性的建构活动。语言的创造性是二语习得所追求的更高层次的目标。构式具有创造语言的功能，习得构式就意味着向创造性语言的产出过渡。已是成人的二语学习者已具备成熟的元认知以及分析能力，加强对构式的创造性功能的不断认知、掌握和使用，学习者最终将获得二语生成规则并能创造性地产出二语。

3. 向自主学习转移

语言中包含成千上万的构式，但这并不意味着每个构式都需要教师去教。语言教学中心正由教语言向帮助学生学会自主学习转移。学生可通过自主学习来掌握更多的构块。

构式的产出性特点，很适合学生的英语自主学习。当教师交给学生一个构式时（例如：a couple of days），学生就可以根据不同的情境造出一批类似的表达，如：a couple of months，a couple of years，a couple of hours 等。这些构式共享一个构式结构。学生如记住了这个构式结构，就等于记住了这一构式群。

构式具有能产性，即根据一定的语法规则和构式构成形式，能成批地生成若干同类构块。比如，在 a...ago 的结构里可以填充表示时间的名词，如 moment，day，week，month，year，long time 等。这些短语共享一个构块结构，即 a + N[+time]+ago，这个构块构型就生成了一批表示时间功能的语块。

构式主要来自于大量的语言材料。通过多听多读多看，提高语言的构块意识，是学生积累语块，提高语言交际能力的重要途径。经过类似这样的学习后，学生不仅能提高对语块学习的感知度，还能提高地道英语的表达能力，达到一箭双雕之目的。

我国二语学习者之所以在构式搭配上容易出错，很大程度上是因为二语构式的搭配容易受母语的影响。学习者只注意单个词的声、形、义。单纯的学习单个单词会使得二语学习者不知道词语之间是如何匹配的。如果二语学习者缺少这门语言词语搭配上的知识时，通常他们会根据其母语的类似说法进行装配，于是就不难发现二语学习者会使用一些不地道或说那一语言的本国人通常不使用的构式。而预制的二语语言构式在产出时无需即时组合，不但避免了组配不当，而且大大提高了二语表达的准确性和流利性。

六、构式语法的构式观对二语习得的启示

学习者习得语言的方式是以构式为基础的，但这并不能说明学习者就没有知识概括。意义如何与形式匹配起来是语言习得研究的核心内容。学习者往往不断地将新的意义与已习得的构式联系起来，或者说根据已有的构式学习新的意义。大量的语言习得事实证明，语言知识产生于语言实际运用的知识以及由此而得到的概括，语言习得是一个由下而上的过程，从具体的语言构式开始，由语言经验驱动。在教学中，我们应把语言事实和学习者的经验与体验结合起来，对构式及其意义进行讲解、归类，这可以大大提高教学效果。

构式语法的构式观对语言习得的启示主要表现在：

（1）一个构式就是一个概念，一个完整的认知图式，即一个完型，是整体大于部分之和，整体意义不等于各组成部分的简单相加。构式作为形式和意义或功能的统一体，应该以整体的配对形式储存在人类的大脑中。

（2）词汇、句法、语义、语用和语境具有不可分割性，将其割裂开来研究，只会让人走进只见树木不见森林的误区。语言学习应是语音、词汇、句法、语义和语用的有机结合。

（3）语言学习是一个实实在在的过程，语言必须是对一个一个的构式或语块的学得。

（4）在语言学习中，不规则变化必须高频出现，否则学生容易按规则变化处理，

而无法学会。高频产生语块化，使语法知识成为自动化的行为。

（5）由于构式语法研究一个个具体的构式在形式和意义上的配对，而形式和意义的配对也是语言习得领域的一个重要问题，是语言使用过程中的一个重要问题，所以语言习得与使用的研究都可以从构式语法的研究中受益。

构式/语块在二语习得中的优点可概括为：①学习者学到的是一个集语法、语义、语境为一体的结合体。②学习者学到了一个语块后就可以在语义上进行替换，创造出无数新内容，使语言有了生成力。③迎合了认知学习技能"旧的形式，新的内容"的习得特点。④有意识的学习为无意识的习得打下基础。⑤融合了各组成部分之间的语义、句法和语用关系，能够促进词汇深度知识的习得。

语言的实际交际更多的是建立在长短不一的词汇成分上，语言使用者更多的是使用大量储存在记忆系统里的构式。构式的数量比单个单词的数量对二语学生语言应用能力的影响更大。为了提高二语习得的质量，使二语学生能够产出更准确、更地道、更接近于目的语的语言，教学的一个重点应放在构式教学上，"因为是否掌握本族语者常用的构式直接关系到二语学习者语言的准确性和地道性"（濮建忠，2003：444）。语言习得和文本输出的计算表明（严维华，2003：59），构式是二语教学中的理想单位。语言教学中记忆和积累大量的构式能极大提高语言输入，从而提高语言信息处理的自动化程度。

然而，我们应该清醒地认识到，无论是"语法结构"教学、"基本词汇"教学法、"句型"教学法、"直接交际"教学法、"功能—意念"教学法，还是"任务型"教学法等，都有各自的优点。它们并不像科学技术那样更新换代，是可以取长补短、综合运用的。（李如龙，2012：15）传统的语法教学重语法轻语境，交际法则重语境轻语法。构式教学法可将这二者更好地结合起来，提高学生的语法能力和语用能力。构式教学是对目前的二语教学方法的补充。（石洛祥，2013：37）

本篇参考文献：

[1] Goldberg, Adele. Constructions: A Construction Grammar Approach to Argument Structure[M].Chicago and London: The University of Chicago Press, 1995.

[2] Goldberg, Adele. Constructions at work: the nature of generalization in language[M].Oxford: Oxford University Press, 2006.

[3] Nattinger, J.R. & DeCarrico, J.S. Lexical Phrases and Language Teaching[M]. London: Oxford University Press, 1992.

[4] Ungerer, F. & Schimid, H. An Introduction to Cognitive Linguistics[M]. 北京：外

语教学与研究出版社，2008.

[5] Wray, A. Formulaic Language and the Lexicon[M].Cambridge: Cambridge University press, 2002.

[6] 刁琳琳 . 英语本科生词块能力调查 [J]. 解放军外国语学院学报，2004（4）：35-38.

[7] 董燕萍，梁君英 . 走近构式语法 [J]. 现代外语，2002（2）：142-152.

[8] 段士平 . 国内二语语块教学研究述评 [J]. 中国外语，2008（4）：63-67.

[9] 郭娴娉 . 英语专业学生如何注意和提取语块 [J]. 解放军外国语学院学报，2011（2）：44-49.

[10] 黄燕，王海啸 . 二语语块研究的中国图景：语块研究的现状与前瞻 [J]. 外语界，2011（3）：74-81.

[11] 李继民 . 国内外语块研究述评 [J]. 山东外语教学，2011（5）：17-23.

[12] 李如龙 . 论汉语国际教育的国别化 [J]. 语言教学与研究，2012（5）：11-17.

[13] 刘国辉 . 当代语言学理论与应用研究 [M]. 北京：中国社会科学出版社，2010.

[14] 刘加英 . 词块与大学英语口语教学 [J]. 山东外语教学，2006（4）：88-90.

[15] 刘晓玲，阳志清 . 词汇组块教学——二语教学的一种新趋势 [J]. 外语教学，2003（6）：51-54.

[16] 陆瑛，蔡芳 . 框架语块与话语的创造性研究 [J]. 西安外国语大学学报，2012（2）：52-55.

[17] 亓文香 . 语块理论在对外汉语教学中的应用 [J]. 语言教学与研究，2008（4）：54-61.

[18] 濮建忠 . 英语词汇教学中的类联接、搭配及词块 [J]. 外语教学与研究，2003（6）：438-445.

[19] 任庆梅 . 构式习得认知心理机制诠释研究综述 [J]. 外国语，2007（6）：39-43.

[20] 石洛祥 . 英语惯用语块的临时变体及句法转换研究 [J]. 外语教学，2013（2）：33-38.

[21] 束定芳 . 现代外语教学 [M]. 上海：上海外语教育出版社，1996.

[22] 王立非，张大凤 . 国外二语预制语块习得研究的方法进展与启示 [J]. 外语与外语教学，2006（5）：17-21.

[23] 王寅 . 构式语法研究（上卷）：理论探索 [M]. 上海：上海外语教育出版社，2011.

[24] 肖武云 . 基于语块的以写促说的教学模式实证研究 [J]. 外语教学，2011（5）：52-55.

[25] 薛旭辉 . 认知语言学视域下的英语语块分类认知研究综述 [J]. 西安外国语大学学报，2012（4）：47-51.

[26] 严维华 . 语块对基本词汇习得的作用 [J]. 解放军外国语学院学报，2003（6）：58-62.

[27] 于秀莲 . 语块教学法与提高英语应用能力的实验研究 [J]. 外语界，2008（3）：54-61.

[28] 袁野 . 语言习得的构式语法阐释 [J]. 外语与外语教学，2010（5）：54-56.

[29] 袁野，李丹 . 语言习得的构式观 [J]. 西安外国语大学学报，2010（2）：1-5.

[30] 曾欣悦，刘正光 . 认知语言学对语法教学的启示 [J]. 外国语文，2009（4）：111-117.

[31] 詹宏伟 . L2 语块的心理现实性研究 [J]. 外语与外语教学，2012（6）：12-16.

第二部分：语块理论与语言教学

第九篇　语言观·语法观·语义观

本篇内容提要：生成语言学强调语言心智观，功能语言学强调语言社会交际观，认知语言学强调体验认知观。生成语法聚焦普遍语法，功能语法聚焦语法功能，认知语法聚焦语法的象征性。对生成语言学而言，语义是次要的附加特征；对功能语言学而言，语义决定句法；对认知语言学而言，语义具有中心地位。

一、语言学研究

语言学研究是一门科学研究。语言学研究要探索的是世界上还没有人能解答的问题，至少是研究者认为还没有完全解决的问题。语言学与其他科学的主要区别在于研究对象的不同。那么，语言学研究的对象是什么？

在生成语言学家看来，语言学所研究的对象就是人的语法知识，包括人类语言共有的普遍语法和某种具体语言所特有的特殊语法知识。

在语言学领域，生成语言学和认知语言学经常被作为两种对立的理论提出来。生成语言学在20世纪50年代为语言描写转向语言解释迈出了划时代的一步，从而引发了语言学界的一场革命。认知语言学是随着语言学研究的发展，在反思生成语言学的成败得失中产生并发展起来的。

认知语言学是现代语言研究中的一个重要课题，它是认知科学同语言学研究相结合而产生的一种新的语言学思潮和流派。它是在新的哲学观和认知观的基础上，以人们对世界的经验和对世界进行感知和概念化的方法来研究语言的一门新型的语言学科。（熊学亮，2007）认知语言学具有3个基本特征：①语言以使用为基础，语法产生于语言使用。②语义具有中心地位。③所有符号单位都有意义（包括语法单位）。

系统功能语言学也是当今世界上最有影响的语言学流派之一，是在人类学的传统下发展起来的。与其他语言学流派的不同之处在于，系统功能语言学强调语言使用者的社会性，着眼于语言在实际应用中的特点，以及语言的功能性。系统功能语言理论在国际语言学界越来越受到重视。由韩礼德创建的系统功能语言学不但继承和发展了索绪尔、沃尔夫、弗斯等的成果和思想，而且还创立了自己的一套语言学理论。以韩礼德为代表的系统功能语言学已形成一套相当完整的思想体系和理论体系，并且这些体系已在世界上产生了较大影响。

近几十年来出现的许多新语法实际上都是某一语言学理论的研究成果，例如生成语言学的成果就是生成语法，功能学派理论的具体化就成了功能语法。认知语法从名称上看似是对语言的认知研究范式的统称，其实是对兰盖克（Langakcer）语言研究方法的专指。

二、生成语言学、功能语言学、认知语言学——语言观

语言是所有语言学家研究的对象。然而，如何看待语言的性质，语言学家却是仁者见仁，智者见智。一个人对语言的总体认识就是他的语言观。认为语言是怎样的，就会沿着这样的思路来思考，从而形成一种倾向性和定势，成为语言的研究方法。语言学理论或学派的建立，总是以某种语言观作为指导思想的，而某一语言观往往也总是某种哲学观的反映。对语言性质的认识就反映了某一语言观，也是某一哲学理论的具体反映。语言有很多性质，不同的语言学派往往强调了语言的不同性质。（卢植，2006）正基于此，不同学派才有了不同的语言观。

1. 生成语言学——语言心智观和生成观

关于什么是语言，生成语言学大家乔姆斯基一贯的、根本的主张是：语言是位于人类心智中的语言认知系统的状态，是一种心智器官。语言官能、语言认知系统、内在化语言等术语的意义和所指是一样的，都是指乔姆斯基所理解的语言。语言的本质在于人类成员的心智 / 大脑中存在着一个由遗传所决定的，通过生物性天赋而来的语言机能。

乔姆斯基研究语言的目的是要揭开这样一个秘密：一个人的语言机制是一种什么样的机制？人的大脑所具有的语言能力是一种什么样的语言能力？

从 20 世纪 60 年代后期开始，乔姆斯基发表了一系列的有关“语言”的论著，反复和深入地阐发了他的语言观。在语言研究方法上，乔姆斯基把人脑当作一个有机的整体来看，把语言看作人脑的一种物质属性，强调语言研究是心理学的一部分。

乔姆斯基从心理学的角度把语言能力看成是潜含的、稳定的、长久的人脑的特性之一，而且这种语言能力是动态的，是生成语言过程中的潜在能力。在以乔姆斯基为代表的生成语言学家看来，语言的习得是一种心理现象，语言的使用过程也是一种心理现象。因此，语言的生成与理解都离不开对人类心理活动过程的研究。

生成语言学把语言看成是一个自在封闭的系统，语言能力与其他一般认知能力和概念结构相分离，独立运行于自身的规则和特征。生成语言学把语言看作是可以孤立地进行考察的符号系统，并着重于描写和解释这些系统。生成语言学把语言看成是一套规则。

过去的语言学家认为语言是第一性的，语法是第二性的，因为语法是从语言中归纳出来的。乔姆斯基的看法却恰恰相反。在他看来，语言是一切可能生成的句子组成的无限集合，是举不穷、说不尽的，根本不可能是现实世界中存在的客体。语法知识倒是客观存在于人的大脑中的，是在大脑物质基础上产生的心理能力。语法是第一性的，语言是第二性的。

2. 功能语言学——语言社会交际观

在韩礼德等功能语言学家看来：①语言是一种社会符号，是整个符号系统中的一个极为重要的子系统。②语言交际是人的活动，而人是社会的成员，是社会人，因而语言交际是一种社会行为，也就是人与人之间的行为。人们通过语言系统进行复杂而有效的交际，从而达到各种各样的目的，是人类区别于动物的重要特征之一。功能语言学始终把语言的社会性放到一个十分重要的位置加以研究。用韩礼德自己的话来说，功能语言学是一种研究“机体之间”关系的语言学。

功能语言学家认为，语言是意义的源泉和潜能，是由各种语义子系统构成的大系统。运用语言的能力是后天发展而成的，离不开社会环境和文化传统等外界因素的影响。韩礼德在研究语言的掌握时，使用“语言发展”这一说法，其用意就是在强调语言社会性的同时，强调语言能力的后天性。

功能语言学是从社会语言学的立场出发研究语言，因此韩礼德有其独特的对于语言性质的看法。韩礼德借鉴伯恩斯坦的社会学思想，认为语言是一种社会行为。语言在儿童发展成为一个社会人的过程中起着至关重要的作用。

功能语言学将语言和语言以外统称为“社会”的外部世界联系起来加以研究，说明语言在社会交际中发挥着什么作用，或者说明人们在社会环境中运用语言可以做些什么事。功能语言学把语言看成是一种表达意义的手段。

功能语言学把语言看作一个资源，一个系统网络，讲话者在语言交际中从这个系统中进行选择。对语言的选择要和语言产生的环境结合起来，与语言的文化语境和情景语境结合起来，从而产生适合于语境和交际目的的语言。

3. 认知语言学——体验认知观

在对语言的基本看法上，认知语言学持这样一些假设：

（1）语言不是一个自主的认知器官。

（2）语法是个概念化过程。

（3）语言知识产生于语言运用。

认知语言学认为，语言形式和意义之间的联系不是绝对任意的，语言具有理据性和象似性的重要特征。这代表了认知语言学与传统语法的一个重要分歧，也表达了认知语言学的一个根本概念。语言理据性和象似性概念的提出，摆脱了传统的语言任意观的片面性，重塑了一个更为全面的语言观。（李福印，2008）

认知语言学认为语言不是一个独立的系统，它是客观现实、生理基础、心智作用、社会文化等多种因素综合作用的结果，对语言的解释必须参照人的一般认知规律和百科知识。要将语言描述清楚，必须充分考虑这些因素。（王寅，2005：2007）认知语言学将语言视为一个非自主系统的观点将语言置于人与环境、人与同类的交往这一大背景下，认为在语言和人类的普遍认知能力之间存在密切的、辩证的关系。语言不是大脑中的一个独立部分，而是认知结构的一个组成部分。认知语言学强调语言就是认知的表现，所有的语言表达方式都可以从认知层面上找到解释。

语言是一个多媒介的物质，是一个非常复杂的现象，是一个极其庞杂的人类交际系统，因此世界上不可能存在一种覆盖语言所有领域的语言研究方法或立场。易言之，不同的语言学派往往代表了一种研究立场或方法，擅长于研究语言的某一特定领域，因此它们之间如能互相借鉴、互为补充，就能全面揭示语言的奥秘。

三、生成语言学、功能语言学、认知语言学——语法观

汉语将人们头脑中内在的规律称为“语法”，将语法学家对规律的研究结果称为“语法学”。易言之，“语法”有两种解读：①我们头脑中内在掌握的规律。②语法学家对规律的研究结果。英语中只用一个 grammar 兼指两者。

广义的语法概念包括音系、语义、形态、句法这四大核心，狭义的语法概念仅限于词法和句法，但有时候我们把语法和句法等同起来。

正如人们对语言有不同的理解而衍生出不同的语言学派一样，“语法”这个范畴也有不同的理解视角和含义，成为区分不同语言学流派的关键构念。对于语言教学而言，语法指的是语言“物质外壳”表现出的规律，是有“形态表现”的规则，可以阐述成文，或描写，或解释；对于理论语言学家而言，语法指的是语言事实隐

含的抽象规律，是产生具体语言物质形态的知识体系，是心智中的语言知识表征。（戴曼纯、康悦，2009）在语言学研究中，“语法”这个专业术语常常是带有歧义的，因为“语法”既可以指语法本身（如语言系统中的一个层次），也可以指语法研究。

语法是一个大众化的、人们对世界的经验和体验的理论，语法总是在变化、演变。语法可以用来描述我们日常生活中的各种体验，体现各种社会关系，促进知识与行为的结合和互动。

1. 生成语法——普遍语法

一种语法，如果含有一套清晰规定的句法、语义和音系规则，能用来阐述语句如何形成、解释和发音的过程，就是生成语法。生成语法学家所说的“语法”指人们头脑中内在掌握的规律。生成语法不仅包括句法知识，还包括音系知识和一部分语义知识。

乔姆斯基研究的“语法”与一般人头脑中原来理解的“语法”大相径庭。关于语法的概念，乔姆斯基认为：某一语言的语法是一套规则系统，详细说明即生成这一语言中的句子集合，赋予其中每一个句子以结构描写。语法这一概念需要在普通语言学理论中得到定义，如果给定语法，由语法所生成的语言及其结构，要由语言学理论的普遍原则明白地确定。（吴刚，2006）

乔姆斯基生成语法理论中的“语法”有两重意思：①它指语言能力，即存在于大脑中的内在化的语言系统本身。②“语法”指语言学家对说话人/听话人语言能力的描述。

乔姆斯基创立生成语法的初衷与众不同，他并不是要为某一具体语言建立详尽的语法体系，不是为某种应用建立理论，不是要撰写简单易学的教学语法，也不是像结构主义那样，试图建立一套完整的理论方法作为描述具体语言的框架。

生成语法是形式语言学理论，而形式语言学的宗旨，就是不依赖意义，如仅参考词语的分布等，就像数学决策程序一样，依靠演绎、形式、符号、公式等与内容相对的手段来分析语言。生成语法就是一套明确的规则，就像算术规则或代数式一样，把一个值代入公式就生成一个数值。用少量的原则和定理，再加上一些参数、原则、语类符号等，来说明人类生成语法的过程。

乔姆斯基认为语法规则是普遍语法原则和具体参数调整的结果。他将语法区分为核心语法和边缘语法。只管语言中最本质的句法部分，即原则和参数，称作核心语法。语言的其他部分（例如词汇）属于边缘语法。边缘语法跟普遍语法只有松散的联系。普遍的原则和参数是大脑的一部分，不用学，要学的是参数值和语言的边缘成分。学习参数值的过程叫作触发参数的设定。参数的设定靠语言输入中的正面数据去触发。正面数据指我们实际接触到的话语或语言素材，是儿童语言得以发展的基本输入。核心语法和边缘语法在儿童心理结构中的分量是不一样的。乔姆斯基认为，边缘部分的学习有系统性且与核心部分的学习相关，这种边缘部分系统的结构通过放宽某些语法条件、通过类比过程等与核心语法联系起来。

乔姆斯基认为，人的语言知识包括两个部分：①全人类语言所共有的，称为普遍语法。②各民族语言所特有的，称为具体语法。通过研究具体语言所获得的知识可以被称作该语言的语法，如英语语法、汉语语法等。

人类学会某种具体的语言主要是因为他们具有普遍语法。如果没有普遍语法，单靠有限的语言材料，人根本无法掌握语言。普遍语法是生成具体语法的基础，普遍语法只有一种，不同个人、不同语言的语法都来自这种普遍语法，但个人有普遍语法并不是说他就能讲各种具体语言，只有当普遍语法转变为具体语法，个人才会讲具体的语言。换言之，普遍语法必须在具体语言材料或语言环境的刺激下才能转变为具体语法，这样个人才能讲具体的语言，一个人能否讲一种或几种语言就要看他是否受过一种或几种具体语言材料的刺激。

2. 功能语法——语法功能

在功能语法中，语法功能是最具体的一种功能。它是纯理功能在语言各系统中的具体形式。概念、人际和语篇这三种纯理功能的体现形式分别是：①及物系统；②语气系统、情态系统；③主位系统、信息系统和衔接。而这些系统又要通过更加具体的语义成分来表达。例如，及物系统可以由施动者、对象和受益者来体现；语气系统可以由主语、谓语动词和疑问成分来体现；主位系统则可以由主位和述位来体现。由于语法功能与纯理功能相比显得具体，因此语法功能也可称为微观功能。

3. 认知语法——语法的象征性

“语法”这一术语从广义上说，可指对全部语言法规的总述，可与“语言学”、“语言理论”等术语互用，如“比较语法”就相当于“比较语言学”，“转换生成语法”是指运用转换生成方法研究语言的一种理论。该术语从狭义上来讲，指关于词的形态变化（即词法）和用词造句的规则（即句法），因而不包括语音学和语义学，如传统的教学语法等。

认知语言学家对“语法”这一术语似乎做了介于上述两者之间的理解：①大于狭义语法，因为他们是将语法解释与音位、语义紧密结合在一起进行论述的。②小于广义语法，因为他们将认知语法视为认知语言学的一种研究方法或一个方面，或者既与认知语言学理论相符，又是一种特殊的认知语言学理论，因此认知语法完全

可作为认知语言学的一个组成部分。（王寅，2005：2007）

认知语法认为，语法的本质是象征性的。语法的象征性包括两个方面：①形态、词汇和语法之间紧密联系，没有实质性的差别：它们构成一个连续统一体。②形态、词汇和句法都是象征结构，即语音极和语义极的匹配。其中，语音极象征语义极。更进一步讲，语法只包含三种基本单位，即语音单位、语义单位和象征单位（象征单位由语音单位和语义单位构成其两极）。

四、生成语言学、功能语言学、认知语言学——语义观

什么是“意义”？这是多年来语言学家们一直希望解决的一个问题。意义问题是当今人文科学研究的核心问题。对人类而言，人类世界从本质上讲就是意义的世界。一个没有意义的世界，绝对不是一个“人”的世界。我们知道，离开意义就不能解读和认识语言。人们使用语言是为了表达思想、交流感情，语言存在的价值在于它能传达不同的意义。语言中各语言单位的组织最终是为了表达意义，使人了解话语的意思。

1. 生成语言学——语义是次要的附加特征

生成语言学认为，句法是自主的，可以独立于语义而运行；语法就是形式的运算，可以由系统规则来描写，而语义是次要的附加特征。

乔姆斯基对语义在语言研究中的位置这个问题的看法是前后不一致的。最初他把注意力集中在句法上，将语义排除在他的语言体系之外。乔姆斯基在其成名作《句法结构》（1957）中明确指出：“语法是独立发挥作用，不依靠意义的。”他把意义比作头发的颜色，认为研究语法不需要研究意义就像研究语法不需要了解说话人头发的颜色一样。

乔姆斯基在后来出版的《句法理论面面观》（1965）一书中考虑了语义因素，他说：“事实上，我们没有必要作出句法考虑和意义考虑可以截然分开的假设。”乔姆斯基不再坚持语法独立的观点，不再认为先由句法生成深层结构，然后由深层结构进入意义，而是认为语法和意义共同发挥作用。他提出了一套解决语义问题的理论，即标准理论。标准理论分为语法、语音、语义三个部分。

尽管乔姆斯基对其以前过于绝对的观点进行了修正，但他却没有赋予语法、语音、语义这三者以同等的地位。在句法和语义的关系上，乔姆斯基主张句法自主，认为句法研究可以不必依赖语义概念而独立进行。他认为，句子的意义是建筑在其基本成分的意义以及它们的结合方式的基础上的，表面（直接构成成分）结构提供的结

合方式一般跟语义解释几乎全然无关，然而在抽象的深层结构上表达的语法关系在许多情况下却要决定句子的意义。

2. 功能语言学——语义决定句法

韩礼德始终把意义研究看作是语言学的一个十分重要、必不可少的组成部分。他从一开始就认为语义决定句法，认为语法描写应该从意义入手，把语言看作是一种可供选择的，用于表达意义的源泉。

人们通常认为，现代语言学对于意义问题的研究起源于索绪尔关于“能指”和“所指”之间任意性关系的论断。功能语言学选择“所指”即“意义”为其研究对象。由于意义问题主要关注的是语言与世界的关系问题，因此功能语言学超越语言系统的界限，从语言与世界、语言与思维以及语言与文化等关系中探求意义的奥秘。在韩礼德看来，语言系统的形成正是人们在社会发展过程中为了实现各种不同的意义和功能构成系统的结果。因此，韩礼德始终把意义研究看作是语言学的一个十分重要、必不可少的组成部分。他从一开始就认为语义决定句法，认为语法描写应该从意义入手，把语言看作一种可供选择的，用于表达意义的源泉。

3. 认知语言学——语义具有中心地位

语言是人类认知能力的一种体现，语义是认知语言学研究的焦点，这已成为认知语言学家的共识。（文旭，2007）认知语言学的一个基本特征是语义具有中心地位，所有符号单位都有意义（包括语法单位）。“对认知语言学家来讲，所有语言结构都是符号工具，不管是从最小的词素还是到复杂的结构，都可用来传达意义。”（王德春、张辉，2001）

在认知语言学看来，语义是概念化的，是人们关于世界的经验和认识事物的反映，是与人认识事物的方式和规律相吻合的。认知语言学以语言所传达的语义为起点，并以语义贯串始终。语义结构是概念结构，语义是概念化的。

本篇参考文献：

[1] 戴曼纯，康悦．二语习得研究语言学视角的理论思考 [J]. 语言教学与研究，2009（4）：55-63.

[2] 李福印．认知语言学概论 [M]. 北京：北京大学出版社，2008.

[3] 卢植．认知与语言 [M]. 上海：上海外语教育出版社，2006.

[4] 裴文斌，戴卫平．语言学——语言 • 语法 • 语义 [M]. 北京：科学出版社，2012.

[5] 王德春，张辉．认知语言学研究状况 [J]. 外语研究，2001（3）：1-10.

[6] 王寅．认知语言学探索 [M]. 重庆：重庆出版社，2005.

[7] 王寅．认知语言学 [M]. 上海：上海外语教育出版社，2007.

[8] 文旭．语义、认知与识解 [J]. 外语学刊，2007（6）：35-39.

[9] 吴刚．生成语法研究 [M]. 上海：上海外语教育出版社，2006.

[10] 熊学亮．语言学新解 [M]. 上海：复旦大学出版社，2007.

第十篇　普通语法·形式语法

本篇内容提要：普通语法指通常意义上的传统语法。传统语法对外表化语言进行观察、分析、归纳，描述出词与词、词组与词组、分句与分句是什么样的关系，遵循什么样的规则。形式语法的目的是解释，其基本特征在于为科学研究提供认识上的理论模型，从而对科学事实的成因提供理论解释，回答所研究的事实为什么一定是这样而不会是那样的问题，人类语言为什么是这样而不是那样，某句话为什么只能这样说而不能那样说等问题，其最终目的不在于描写语言事实是什么样子。形式语法学家往往批评普通语法不科学，其说明、假设常常无法检验，概念往往用含糊的词句来定义。

语法可分为传统语法和现代语法。现代语法又根据其理论和方法分为形式语法和功能语法。现代语法包括：系统语法、转换生成语法、格语法、关系语法、蒙塔古语法、功能语法、认知语法等。普通语法指通常意义上的传统语法或实质性语法。普通语法和形式语法都是语言学意义上的语法，但是两者却明显不同。普通语法偏重描写语言规则，而形式语法注重解释规则。

一、普通语法

“普通语法”指通常意义上的传统语法或实质性语法。传统语法对外表化语言进行观察、分析、归纳，描述出词与词、词组与词组、分句与分句是什么样的关系，遵循什么样的规则；它是由语言事实抽象出来的语言现象的规则，是同感性经验直接对应的由已有的传统概念组成的体系。可见这种语法研究如何描述语言形式体现出来的结构规律，关注一种语言组词造句的规则，因此有人认为它是学习一门语言的基础。其目的是找出语言的结构规律，提高语言学习效率，所以普通语法曾经广泛作为语言教学和考试的重点内容。（文炳、陈嘉映，2010：14）

普通语法研究的是如何描述语言在形式上展现出来的结构规律，它关注一种语言组词造句的规则。正如黄和斌所描述的那样："传统语法对外表化语言进行观察、分析、归纳，描述出词与词、词组与词组、分句与分句是什么样的关系，遵循什么样的规则；它是由语言事实抽象出来的语言现象的规则，是同感性经验直接对应的由已有的传统概念组成的体系。"（黄和斌，2008：3）

从本质上看，普通语法关注语言表面形式的规律，是一种表层语法，这种语法是显性的。普通语法只关注语言形式上的规律，不大关注意义，普通语法通常离开词语或者句子的意义来谈论语法。普通语法不大关注语言在生活中的具体应用，往往把语言看成某种与人的生活分离开来的东西，研究语言本体。

"人们过去一度误认为，只要掌握语言的这种结构规律——普通语法，学习语言就会事半功倍。今天人们发现，以语法为中心的教学方式收效甚微。"（文炳、陈嘉映，2011：19）普通语法试图通过描述语言事实的方式来尽可能穷尽语言规则。

二、传统语法（普通语法）与生成语法（形式语法）

（一）传统语法

语法可分为传统语法和现代语法。传统语法是应教学之需要而诞生的规定性语法，由一系列语言使用规则组成。它们明确规定怎样使用语言是正确的，怎样使用是错误的，因此是要禁止的。传统语法历史悠久、概念广泛、影响深远。它与结构语法和生成语法形成并列的三大语法，在某种程度上可以说它是后两者的先导和基础。传统语法当今面临许多挑战，但是它的很多语法术语至今仍为各派沿用。它的一些语法分类至今也为各家所采用。

（二）现代语法

现代语法又根据其理论和方法分为形式语法和功能语法两类。现代语法包括：系统语法、生成语法、格语法、关系语法、蒙塔古语法、功能语法、认知语法等。这些语法普遍以英语为语料进行研究，揭示英语语言规则的内部规律，因此我们称这种研究为英语语法的可学性阶段。这一阶段对英语语法的研究完全不同于传统研究。

（三）传统语法与生成语法

“乔姆斯基是二十世纪第一个解开语言系统精密性的人，是语言本能的创始人，也是奠定近代语言学革命与促使认知科学诞生的最有力的人物。他的排名已经超过黑格尔，紧跟在马克思、列宁、莎士比亚、亚里士多德、柏拉图和弗洛伊德之后，是排名前十位中目前唯一还在人世者。”（黄和斌，2007：308）

我们以乔姆斯基创立的生成语法为例，对传统语法与生成语法做一比对。它们的区别是：

（1）传统语法原则上关注所有的事实，但乔姆斯基只对被他称之为“相关的”事实感兴趣，因为它们“对决定潜在的结构和隐含的抽象原则很重要”。

（2）传统语法的主要目标是陈述事实，而不是解释事实存在的理由。而对生成语法而言，描述事实只是提出了需要解决的问题。

乔姆斯基给了这样的例子：① I wonder who the men expected to see them. ② The men expected to see them.

Them 在①中可以指 the men，但在②中不能，这些正是生成语法中约束理论所关注的。传统语法往往对这些情况置之不理，认为没有什么好解释的。

（3）传统语法将自己局限在那些可以被描述的事实上，它可能将 What did she tell you? 作为英语 wh- 问句的一个例子，它不会去解释为什么 What did she tell you something? 是不符合语法的。乔姆斯基批评传统语法不能制定明确的原则来说明他们的例子“符合该语言，因而他能想象出来的结构不符合”。（黄和斌，2007：49-50）

传统语法系统地描述了英语句法结构的特征，使英语外族人靠学习能听、说、读、写英语；但由于传统语法的局限性，有不少特征没有被揭示出来，这又使学了多年英语的外族人仍不知道某些句子结构的正误。

乔姆斯基强调语法是“心智的一部分，以大脑活动的方式或结构表示出来”。生成语法是“用心智主义来解释语言”。生成语法反映了人类语言结构生成的心智模式，用它来思索传统英语语法中的一些问题，能更清楚传统语法的局限性：规定性阐述和表面化解释的不足与缺陷。

“从认识论讲，一个认识客体有其现象和本质之分，对客体的认识有现象认识和本质认识之分。对于前者，是一种归纳、概括的研究方法，即基于客体的事实，然后从中概括出一个普遍规律；对于后者，是一种演绎、推理的研究方法，即从某些基本的概念、科学假设出发，推断出客体的理性认识，从而构成一个认识理论。传统语法的目的就是陈述英语事实，描写英语语言现象，而不去解释事实存在的原因，不去揭示现象的本质。科学认识论认为，如果要深入地理解客体的各种联系，那就必须用另外一些离直接经验较远的概念来代替已有的概念，采用理性认识的方法，理性认识更加远离客观现实现象，具有更大的抽象性，然而却更加接近真理。生成语法理论采用心智模式的方式对语言的描写与解释可以说是这样一种尝试。”（黄和斌，2007：183）

生成语法也有其缺陷，例如生成语法都是对语言进行系统内的研究，把语言看成是一个封闭而又纯一的符号系统，因而剥夺了语言系统的人文社会属性，这是与语言事实不相符的。实际上，语言是社会文化的重要组成部分；语言是人类社会的社会产物，具有社会属性。

（四）生成语法的特点

1. 经济原则

人的认知思维、人利用自然的过程以及一切具有认知能力的存在都有追求经济性的倾向。这是由生物学原理推论出的人类思维遵循的经济原则，其强调的核心是“简单化”，因为“简单的”易于理解、学习、传播和使用。牛顿在强调理论的简要时比拟地说，“自然界喜欢简单化，而不爱用多余的原因以夸耀自己”。简单、经济符合人类认知思维的原则。它被应用到语言研究中，不仅认知语言学家应用“经济”原则，生成语法理论中也充分体现“经济”原则。生成语法理论的简单性至少体现在以下几个方面。

（1）可以用简单的结构模型描写多种复杂的语言现象，例如，[XP[Spec][X' [X][XP]]] 结构可以用来描写多种不同词组 NP，VP，AP，PP 以及各种不同分句 SV，SVC，SVO，SVOO，SVOC，SVA，SVOA。

（2）最短距离移动原则以及最小成分移动原则。

（3）在转移行为的“吸引”中“吸引”占优原则。

（4）特征核查中“最后不得已求助”的手段，避免了助动词 do/does/did 的不必要的使用。

（5）结构生成中符号与步骤的简要。

乔姆斯基在 20 世纪 80 年代后期明确用了“经济原则”的词语，强调“结构的生成与表达应降到最简，不要过多的符号与步骤”（Chomsky, 1989:69），结果带来了结构的简要。比较繁琐的规则系统→数量极少的原则系统→对参数变异范围进行严格限制的词库计算系统即最简方案，并且用极可能简单的原则处理计算系统。（黄和斌，2007：282-283）

2. 解 释 法

人类认知的重要方法是建立因果关系，对现象进行解释、说明，这是人类认知的基本倾向。从这一认识论看理论，“解释”应是评价理论最主要的标准，也应是理论的主要功能。生成语法理论从建立起就十分重视对语言的解释力，它贯串于生成语法理论的一系列著作中。（黄和斌，2007：288-289）

三、普通语法与形式语法

普通语法和形式语法都是语言学意义上的语法，但是两者却明显不同。普通语法偏重描写语言规则，而形式语法注重解释规则。

乔姆斯基等生成语法学家认为，由于传统语法没有看到相同的表层语法之下有着不同的深层语法，因此连一些简单的歧义现象也得不到解释，例如可能产生歧义的句子“I like her cooking.”就潜存着几种不同理解。

“描写”是“知其然”，而“解释”是“知其所以然”。所以，生成语法学家建构出生成语法理论体系，利用一套复杂的操作程序来解释语言、语言的创造性和人脑中的“普遍语法”。（文炳、陈嘉映，2010：14-15）

需要指出，不能误认为形式语法只研究语言形式。实际上，普通语法才是关注语言形式规律的，而形式语法只是采用形式化的研究方法，是“一种类似自然科学中的‘纯科学’的形式公理推导系统，是认识人脑语言系统的科学实践中的必不可少的认识工具”（宁春岩，2000：202）。

形式语法的目的是解释，其基本特征在于为科学研究提供认识上的理论模型，从而对科学事实的成因（etiology）提供理论解释，回答所研究的事实为什么一定是这样而不会是那样的问题，人类语言为什么是这样而不是那样，某句话为什么只能这样说而不能那样说等问题，其最终目的不在于描写语言事实是什么样子。

形式语法学和普通语法学的根本区别是，形式语法学家认为形式语法学是科学研究，其结果可以验证。形式语法学家往往批评普通语法不科学，其说明、假设常常无法检验，概念往往用含糊的词句定义。

形式语法注重语言符号的线性特性。例如，他们经常用 [±N] 或者 [±V] 作为一对区别特征来描写一些句法现象。形式语法学力图把某一实质语法学的论断充分符号化，使其能够进行纯演绎的发展。形式语法采用的数理逻辑符号可以推导，可以把要证明的规则看作定理，设法从其他定理推导出来。这种语法学认为语法规则和化学公式一样需要实验证明。经验检验的结果可以帮助我们判断一个语法学系统的

正误或适当性。（文炳、陈嘉映，2010：15）

就普通语法而言，每一种语言的普通语法不同，例如就连同属于一个语族的德语与英语相比，两种语言动词的时态观念也差别很大。普通语法是规则性的、外显的；普通语法的规则可以从语言形式上观察出来。一个规则可以理解，也可以不理解，不理解也可以照样执行，也就是说，普通语法规则可能不具备普遍性道理。

普通语法是任意的，各种语言的语法各不相同，这就是普通语法任意性的证明之一。所谓“任意”，是说它原本可以是另外一个样子。普通语法学家关注语言的各种组成部分，无论词法分析还是句法分析都以这些组成部分为出发点。

普通语法和形式语法的共同特征是使语言脱离使用的具体场景。（文炳、陈嘉映，2010：16）

从本质上看，普通语法关注语言表面的形式规律，是一种表显性的表层语法。比如，普通语法根据语言的表层语法将语词划分为名词、动词、形容词、副词等类别。深层语法是处于语言之外的生活形式的惯例和习俗，往往被表层语法遮蔽，不能在语言中发现，日常语言的表层语法的相似性或齐一性往往掩盖深层语法的多样性。（文炳、陈嘉映，2010：17）

语言的形式和意义在语言使用中不可割裂。语法是意义和形式、功能和结构的中介，体现两者之间极为复杂的关系。语法结构是显性的，看得见摸得着，而语义关系是潜性的，看不见摸不着。看下面的例子。

[1] 一位外国总统站在珠峰之巅给一位藏民敬献凉白开。

[2] 一位外国总统站在珠峰之巅给一位回民敬献哈达。

[3] 一位外国总统站在珠峰之巅给一位农奴敬献麒麟。

[4] 一位外国总统站在珠峰之巅给一位蒙古王爷敬献空气。

[5] 一位外国总统站在珠峰之巅给一位活佛敬献人权理念。

这些句子合乎语法、有一定的内涵意义，也似乎符合或者说不违背逻辑，但是不合乎现实。表面看来，形式语法有可能解释一些语言现象的规则，但是要想用形式化手段解释语言使用中蕴含的道理却未必行得通。可见，句子正确的方式可能千千万，但其出错的情况也可能会万万千。（文炳、陈嘉映，2010：17）

本篇参考文献：

[1] Chomsky, N. Some notes on economy of derivation and representation[J].MIT Working Papers in Linguistics, Vol. 10, Cambridge, MA, 1989.

[2] Purpura, J. Assessing Grammar [M].Cambridge: CUP, 2004.

[3] 韩礼德 . 论语法（黄国文导读）[M]. 北京：北京大学出版社，2007.

[4] 黄和斌 . 黄和斌语言学选论 [M]. 上海：复旦大学出版社，2007.

[5] 宁春岩 . 关于意义内在论 [J]. 外语教学与研究，2000（4）：241-245.

[6] 文炳，陈嘉映 . 普通语法、形式语法和哲学语法比较 [J]. 外语学刊，2010（1）：14-19.

第十一篇　二语习得的语块观

本篇内容提要：二语的流利性、准确性、地道性取决于学习者大脑中语块存储的多寡。语块是语法、语义和语境的结合体。二语学习者在接触语块后，有内在的能力去发现与解构语块的内在规则，并运用这些内在模式作为模板，逐步发展成一个更系统的语法系统。语块能力对于二语学习与习得起着至关重要的作用，应采用创新的方法将语块法融入二语教学之中。

一、语块的研究

“语块（chunk）是指一个具有一定结构、表达一定意义的预制的多词单位，它以整体形式被心智记忆，并可在即时使用时被整体提取，而不需要运用语法规则进行加工分析。”（刘加英，2006：88）

语言中存在着无数的语块。近年来的多项研究表明（刁琳琳，2006：35），语块在母语者的语言运用中起着举足轻重的作用。母语者正是在掌握了大量语块的基础上才能产出地道的语言。这表明语块可能也是二语习得的一个关键。

我国二语学习者之所以在二语语块组配上容易出错，很大程度上是因为语块的组配受其汉语的影响。单纯地学习单个单词会使得二语学习者不知道词语之间是如何搭配的。如果二语学习者缺少这门目标语词语搭配上的知识时，通常他们会根据汉语的类似说法进行猜测，于是就不难发现我国二语学习者会使用一些不地道的二语语块。

随着认知语言学的兴起，语块在语言研究中的地位日益彰显。语块兼具词汇与语法的特征，具有特定的表达功能，可作为整体被储存和提取。基于使用的语言观认为：母语使用者广泛依赖语块进行交际。二语习得研究发现（黄燕、王海啸，2011：74）：语块能力是二语综合能力的一个重要指标。因此，近年来语块习得已然成为二语习得研究的一个热点领域，研究者们从不同视角对语块的各个层面进行描述和分析。

目前语块研究主要涉及：语块与认知、语块与语用、语块与二语习得、语块与语料库、语块与翻译、语块与口译、语块与教学、语块与商务话语等。语言学研究越来越认识到语块在语言研究、语言习得和使用中的作用。二语习得研究发现，“语言习得沿着两条路径进行：一条基于语言规则，另一条基于语块，后者的习得效率和质量更高”（王立非、陈香兰，2009：91）。

二、对语块的认识

1. 对语法和词汇的认识

“每一项新开辟的研究领域，起初研究者总是认为其理论正确无误，如词汇学研究者声称，语言习得词汇举足轻重，其他问题迎刃而解；语法学家声称，语言习得必须以规则为前提，没有规则的语言交际不可想象。”（李继民，2011：21）

词汇和语法一直是我国外语教学中的两大重点。“一般地说，语法是一个有限的封闭系统，而词汇从理论上说是一个无限的开放系统。语法与词汇之间的关系往往被看作是：语法是骨架，词汇是血肉。基于这一认识，我国外语教学一直很注重语法教学，认为语法学习是学习语言的基础和根本，只要学好语法，打好语法基础，剩下的不过是扩大词汇量的问题。也许是受传统语法和语言教学的影响太深的缘故，这一观点曾一度为多数外语教师和学习者所广泛接受。”（濮建忠、卫乃兴，2000：1）

事实上，仅从语法规则的视角很难全面解释语言运用的复杂现象。根据语言习得研究，语法规则在语言运用中存在着缺陷（Pawley & Syder，1983:192；原萍、郭粉绒，2010：55）：①语法规则的运用需要大量的计算资源，要求使用者特别关注语言形式。在现实交际中，这种情况势必分散使用者对交际内容的注意力，影响交际效果。②实时交际的特点之一是速度快，说话者往往是脱口而出，而语法规则的编码过程需要提前计划，因此很难满足即时交际的速度需要，且过度依赖语法规则会影响即时交际的流畅性。③我们能够掌握语言是因为我们在记忆里存储了大量的词语系列、词汇语法单位和公式。④语法型式和结构所表示的语法意义超出了组成它们的词语和句法规则。

语言不是由传统概念中的语法和词汇构成的，而是由多个词组成的语块所构成的。词汇是语言的基础，语言应被视为语法化的词汇，而不是词汇化的语法。语块应该是语言整体习得并储存在记忆中的范例。语块多以多词组合形式出现，便于学习者展开学习和记忆，更便于学习者需要时及时提取和使用。语块是成串的语言结构，兼有词汇和语法的特征，有特定的话语功能。

2. 对语块的认识

“国内当代英语学习的短板不是语法，也不是词汇量，而是有关基本词和常用词的各个义位、用法和关系深度扩展，尤其是常用词的各种程式表达、低域模式和构式等预制语块。”（章宜华，2012：243）

在我国，以往的词汇和语法教学往往分开进行，而且偏重根据语法规则来使用词汇而缺乏对语块内部结构的分析，在教授短语词块时又往往是整块地直接呈现而不能动态地呈现完整的教学过程，更缺少学生自主观察语言现象并总结语言使用规律的环节。传统的词汇教学以“词义驱动”为主（刁琳琳，2006：38），因此二语学生往往只通过机械记忆单词或固定短语的词形及中文对应意思来扩大词汇量，不了解词汇共现的内部要求，忽视了词汇知识向深度的发展。

众多研究表明（原萍、郭粉绒，2010：55），流利的语言使用很可能并不只是以语法规则为基础，现成的、未被分析的语块与句子生成规则同等重要。流利程度不取决于学习者大脑中储存了多少生成语法规则，而取决于语块储存的多寡，是语块使人们流利地表达自我。“大量操本族语者的语言使用都是程式化的，也就是说他们的大脑中储存有许多关键领域的语言程式（即语块）可供随时提取使用。”（刘晓玲、阳志清，2003：52）

三、母语式语块成因

英国著名诗人 Alexander Pope 曾言过“To err is human”，即人人都会出错，这在学习一门新语言时更是如此。研究表明（章宜华，2012：235），语言迁移对二语习得造成干扰。迁移是指学习者将其母语中的语言规则用于二语学习中。如果母语的语言规则与目的语的语言规则相吻合，迁移对新知识的学习和新技能的掌握就会有正面的影响。然而在大多数情况下，两种语言之间存在着很大的差别，这时如果把一种语言的规则移植到另一种语言中去就会产生错误，从而对目标语学习产生负面影响，这种迁移称为负迁移。

母语（汉语）与二语（英语）的不同之处往往要大于相似之处。母语学习跟二语学习的最大差异是二语学习之前学习者的大脑中就已经存在母语体系，并已固化了一整套联想型式。“二语学习者总是不可避免地要将当前的二语学习任务跟先前的母语学习经历进行类比，因而激活母语中的概率型式，在母语结构类别的基础上

建立二语结构类别。”（王初明，2001：15）

二语学习者在学习目标语所犯的所有错误中，词语搭配所犯的错误比重最大。“研究表明，母语为汉语的学生在学习英语中所犯的错误有51%来自母语干扰”。（束定芳，1996：52）我国学生在二语输出时，母语式语块的出现率很高。在二语使用中，学习者容易出现偏误，原因多是由于对语块知识的存储不足，从而在使用二语时难以摆脱汉语的负面影响，用汉语思维，将想好的语句翻译成英语，或是把英语单词用汉语思维临时组合在一起。例如：I also think， how to say， I should say， as we all know that 等。高频词虚泛化的偏误更具有汉语特色，例如：make（take）measure，make（acquire）knowledge，make（achieve）success，make（establish）good relationship， make（implement）the reform， make（place）focus on，make（do，try）my best，make（draw）a conclusion， make（take）further step，“这些搭配偏误大多是高频词替代或泛化使用所造成的”（章宜华，2012：238）。

英语和汉语这两种语言中的概念系统、隐喻系统、语义和文化象征都有较大差异，借助母语的学习策略势必会对其目的语语感的获得产生干扰作用，从而形成母语特色的语块，例如：talk heart（谈心），learn knowledge（学知识），taste the new feeling（尝试新感觉），teach the theoretical knowledge（教授理论知识），open classes（开班），grasp the spirit（领会精神），extinguish the fake commodities（消灭假货）。

语际迁移所造成的负面影响是最广泛的一种，学习者常常根据语义上的简单对应随心所欲地创造词块，例如：浓茶——heavy tea 或 dense tea，而对地道的表达法“strong tea”知之甚少。显然他们只是简单寻找“浓”的英文对应词，然后按照语法规则将单词组合起来。对目标语语块掌握欠缺不仅表现在产出不合格、不地道的语块上，还表现在很少、甚至不使用他们所不熟悉的词块上。（濮建忠，2003：444）动词 commit 具有贬义，其宾语通常是带有贬义色彩的名词，如 suicide，crime，rape，genocide，corruption 等。而学生却选择 matter 或 responsibility 这样表示中性甚至积极意义的词语。（刁琳琳，2006：38）

Howarth（1998）认为语块的掌握程度是有效的衡量外语学习者语言水平的标准，并可以此衡量其语言程度是否达到该语言母语者的层次。目标语中语块的使用是区别母语者和外语者的最为有效显著的途径。我国二语学习者使用的语块使他们的语言产出像是具有“汉语口音”一样。词汇搭配上的错误还可导致在学术交流上语言的准确度降低，所要表达的内容的清晰度也会大打折扣。

四、语块的特点与优势

1. 创造性使用语言的基础

人类语言具有一定的遗传性，但语言主要还是靠后天习得的。语块是语言习得的对象和核心，语言的掌握是习得一个个的语块。基于儿童习得语块的最新研究表明（陆瑛、蔡芳，2012：52），“语块是创造性使用语言的基础，在语言习得的起始阶段起着主要作用”。儿童在学习语言的初期会不加分析地吸收大量的语块，通过对语块中的词项进行替换，创造性地使用语块。儿童在反复和成功地使用了某些相同的模式后，就会从中概括出一些语块的构造规则，从而形成语法能力，而作为语块的那部分，则作为整体存储在脑词库中。成人的二语习得与儿童语言习得相似，都是先以语块形式接受，然后加以模仿和套用，内化其规则，在掌握了语法规则后，对习得的语块进行加工、拓展，之后进入创造性的使用阶段。

2. 减少编码劳动，节约编码时间

在二语习得研究领域，语块一直是研究的焦点。“语块研究最为重要的成就在于一个普遍接受的科学认知：结构主义语言学的词汇与语法截然二分的观点应该被打破，词汇语法是一个连续体，介于两者之间还存在语块；自然语中并非完全是靠语法生成，这些惯例化的语块，可被整体储存、随时提取以产出话语。”（李继民，2011：18）整体记忆和提取并不等于一个语块必须要整体使用。语言使用者有时可以整体提取一个语块，然后做些改变，如：Every silver lining has a cloud。

语块在二语的产出过程中起着重要作用。它具有稳定的搭配意义和特定的语用环境，融合了语法、语义和语境。二语习得不仅是一个高度系统化的过程，还包含一个语块习得过程。以语块为单位的话语编码方式，可以从大脑记忆库中即时提取现成的或预制的语块，减少编码劳动，节约编码时间。语块的使用被认为是一种产出策略。如果学习者大脑中储存了大量已形成各种产出形式的语块，就可抵制可能出现于心理中的任何不确定模式的干扰，在使用时能轻而易举地检索调用，并且这些产出式的应用也会逐渐自动化。“这样就能快速提取语言知识，减少语言规则，减轻大脑在即时言语产出时的负荷，提高低端信息处理效率，从而使学习者将更多的注意力资源放在语篇层次上。”（原萍、郭粉绒，2010：55）

语块大都是按照一定的语法规则生成的语言单位，使用时不需要有意识地注意语法结构，可以保证语言使用的正确性，从而避免语言错误。如果大脑词库中缺乏语块，二语学习者就不得不根据语法规则生成规范的句子，这需要使用者对所要生成的话语提前计划，对其结构进行分析，这种规则型的编码方式不符合信息加工的

经济节俭原则。

3. 达到本族语者的选词能力

由语块组成的语言结构是整个语言体系的主要组成成分。语块兼有语法和词汇的特征，是一种语言使用的惯例，作为整体被习得、使用，并保留在记忆中。母语者说话滔滔不绝是因为他们在记忆里保存的语块，成千上万，信手拈来。是否掌握本族语者常用的语块直接关系到学习者语言的准确性和地道性。在语言系统中，人们可以做出大量的词汇选择，而其中只有一些是被人们认可的。本族语者对某一语言团体中当前使用的词汇极为敏锐。掌握大量的词汇语块的技能有助于学习者达到本族语者的选词能力。

语块在口头交际中的最大价值体现在：语块的使用能避免因文化差异而带来的语用失误，因为它们是语境和语义的统一体，是经频繁使用而约定俗成的形式。学习和运用一种语言的人，主要关心如何运用语言做事。“掌握了语块，能够使说话者在适当的时候、适当的地点说适当的话语。”（Ellis, 1999；转引自亓文香，2008：59）

4. 避免中介语

中介语是二语习得过程中形成的介于母语和目的语之间的过渡性语言。在整个二语学习过程中，学习者无法摆脱母语的影响，并且伴随着母语规则的迁移和目的语规则的泛化，从而形成一种逐步接近但始终不同于目的语的中间过渡状态的语言。（丰国欣，2008：58）

二语学习者大脑根据母语体系已建立了一整套关于语块的概率型式，如果中介语系统中缺乏能够表达类似意义的地道词块，二语学习者只能依据母语语块，从大脑记忆中提取与单个目的语词块对应的目的语词并加以简单的组合，结果必然是输出一些不地道的，甚至是不被本族语者接受的表达方式，其结果势必会影响交际的顺畅。

为了使二语学习者能够产出更准确、更地道、更接近于目的语的语言，二语词汇教学的一个重点必须放在语块教学上。学生应该养成以语块为基本单位的单词记忆和使用词汇的习惯，而不是停留在孤立的单词上，这样可以有效地避免母语式语块。

五、语块是语法、语义和语境的结合体

语块是语言使用中形成的习惯性语言构块，使用者在交际时可以整体快速地提取使用。人们使用语言的流利程度取决于学习者大脑中语块存储的多寡。

语块是语法、语义和语境的结合体。“语块有其内部结构和意义的制约性，其中一部分可以帮助回忆起另一部分，比脱离语境的单词更容易记忆。”（于秀莲，2008: 60）二语学习者在接触到语块后，有内在的能力去发现与解构语块的内在规则，并运用这些内在模式作为模板，逐步发展成一个更系统的语法系统。

语块能力对于二语学习与习得起着至关重要的作用，然而实际上在我国的二语教学中，语块学习的力度远远低于单个单词的学习或教学的力度。本篇的研究表明，应采用创新的方法将语块教学融入二语教学中。

本篇参考文献：

[1] Pawley, A. & Syder, F. Two Puzzles for Linguistic Theory: Native-like Selection and Native-like Fluency[C].//J. Richards & R. Schmit. Language and Communication. London: Longman, 1983.

[2] 刁琳琳 . 英语本科生词块能力调查 [J]. 解放军外国语学院学报，2004（4）：35-38.

[3] 丰国欣 . 论二语习得的认知学科取向 [J]. 中国外语，2008（4）：57-62.

[4] 黄燕，王海啸 . 二语语块研究的中国图景：语块研究的现状与前瞻 [J]. 外语界，2011（3）：74-81.

[5] 李继民 . 国内外语块研究述评 [J]. 山东外语教学，2011（5）：17-23.

[6] 刘加英 . 词块与大学英语口语教学 [J]. 山东外语教学，2006（4）：88-90.

[7] 刘晓玲，阳志清 . 词汇组块教学——二语教学的一种新趋势 [J]. 外语教学，2003（6）：51-54.

[8] 陆瑛，蔡芳 . 框架语块与话语的创造性研究 [J]. 西安外国语大学学报，2012（2）：52-55.

[9] 濮建忠 . 英语词汇教学中的类联接、搭配及词块 [J]. 外语教学与研究，2003（6）：438-445.

[10] 濮建忠，卫乃兴 . 词汇和语法 [J]. 解放军外国语学院学报，2000（2）：1-5.

[11] 亓文香 . 语块理论在对外汉语教学中的应用 [J]. 语言教学与研究，2008（4）：54-61.

[12] 束定芳 . 现代外语教学 [M]. 上海：上海外语教育出版社，1996.

[13] 王初明 . 解释二语习得，连接论优于普遍语法 [J]. 外国语，2001（5）：11-17.

[14] 王立非，陈香兰 . 语言语块教学与研究在中国的进展 [J]. 外国语，2009（6）：90-94.

[15] 于秀莲 . 语块教学法与提高英语应用能力的实验研究 [J]. 外语界，2008（3）：54-61.

[16] 原萍，郭粉绒 . 语块与二语口语流利性的相关性研究 [J]. 外语界，2010（1）：54-62.

[17] 曾欣悦，刘正光 . 认知语言学对语法教学的启示 [J]. 外国语文，2009（4）：111-117.

[18] 章宜华 . 中介语偏误特点与学习词典理想作用机制探讨 [J]. 外语教学与研究，2012（2）：233-245.

第十二篇　语块理论与语块教学

本篇内容提要：语块融合了语法、语义和语境的优势，具有特定的表达功能，可作为整体储存和提取。语块的掌握有助于言语产出的流利性和选词的地道性。二语习得研究发现，语块能力是二语综合能力的一个重要指标。把语块理论应用于目标语教学，能丰富应用语言学的学科理论。在实施语块教学法的课堂上，可通过输入、内化和输出等一系列教与学的活动，引导学生辨认、学习、使用语块，从而使学生掌握并熟练运用语块，提高应用目标语的能力。

语言中存在着大量的语块，目前学术界对语块越来越给予关注。在二语习得研究领域，语块一直是研究的焦点。心理语言学和认知语言学认为，语块在二语的产出过程中起着重要作用。语块融合了语法、语义和语境的优势，具有特定的表达功能，可作为整体储存和提取。语块的掌握有助于言语产出的流利性和选词的地道性。“基于使用的语言观认为：母语使用者广泛依赖语块进行交际。二语习得研究也发现：语块能力是二语综合能力的一个重要指标。”（段士平，2008：63）

一、语块的术语与定义

“语块”是以整体形式储存在大脑记忆库中，并可以作为预制板块供人们提取使用的多词单位，这就把名称为词块、搭配、类联接和预制语块等多词单位统统包括在内。也就是说，语块的概念淡化了原有的词汇与语法之间的界限，它不仅包括多词的搭配、句子框架，还可以扩大到句子甚至语篇。（段士平，2008：64）

“语块”这一概念最早源于美国心理学家、认知学家的奠基者之一George A. Miller，她于1956年首次提出了记忆中的“组块”，后被语言学家移植到语言领域，提出了语块的概念。（李继民，2011：17）作为语块理论的创始人之一的英国卡迪夫大学的 Alison Wray 教授认为："语块是一个存储在大脑中的整体预制块，在使用时从记忆中被整块调用，而不是按照语法规则产出或分析的连续或非连续的由词汇构成的语串。"（Wray, 2002:9）

可见，"同其他热点研究课题一样，语块研究也存在术语不一"（许家金、许宗瑞，2007：437）。国外学界各个时期的语块研究内容各有所侧重，如词级结构、短语结构、句子框架及句级结构。研究的视角不同，有的从心理学角度出发，有的从语法学角度出发，还有的从形式的角度出发。研究的范式不同，如语料库驱动的研究方式。涉及的领域不断扩展，如从语块本身的研究不断向相关领域渗透。（李继民，2011：18）

按照 Nattinger & Decarrico（1992:1）所给的定义，语块就是指：multi-word lexical phenomena that exist somewhat between the traditional poles of lexicon and syntax, conventionalized form/function composites that occur more frequently and have more idiomatically determined meaning than language that is put together each time.

二、语块记忆、提取、语用、交际特点

1. 记忆特点

关于记忆的早期研究表明，人的记忆中保留有大量的语块语料信息。Nattinger & Decarrico（1992）认为，这种存在于人大脑中的语块数量会随着人们对所记忆材料的熟悉程度而不断增加，而不断增加的语块有助于人们在大脑中存储更多的相关信息。语言不是由传统概念中的语法和词汇构成的，而是由多个词组成的语块所构成的。语块应该是语言整体习得并储存在记忆中的范例，它们多以多词组合形式出现，便于学习者展开学习和记忆。

2. 提取特点

语块是语言使用中形成的习惯性语言构块，在交际时可以整体快速提取使用。当组织句子需要语块时就会率先从人脑记忆库中提取出来，以帮助人们完成语言组织。（亓文香，2008：54）人们根据自己想要表达的信息，从大脑的词汇库中调出那些预制短语，经过细微加工，就可组合成比较符合语法的句子，并使它们变成流利的语言来填充我们概念上的某些空白。（杨玉晨，1999：24）

3. 语用特点

"每个预制语块都有语用功能，表示同一功能的预制语块以语义场的形式存储

在大脑中，提取使用时根据交际语境、交际对象等具体情况，选取最适合的语块，这样，预制语块可以使学生获得一定的语用能力，提高交际的得体性。”（王立非、张大凤，2006：20）

4. 交际特点

人们的某些语言交际策略是通过预制的语言板块来实现的，因此，预制语块可以使学习者获得一定的交际策略能力，以保证交际的成功完成。预制语块可以使学习者用还不能创造性地说出的惯例化的表达方式来进行交际，从而提高语言交际策略的能力。

语块的特点可以概括为以下几点：①准确率的提高，学习者学到的是组合起来的大词组和句型。②学习任务难度的降低，学习者学到了一个固定的结构后就可以在语义上进行替换，创造出无数新内容，使语言有了生成力。③迎合了认知学习技能“旧瓶装新酒”的习得特点，学习建立在已知的基础上，学起来会比较轻松，并有机会不断调节，重建学习者中介语的语法体系。④有意识的学习为无意识的习得打下基础。

学习者有意识地掌握了大量的语言形式，有助于对目的语的语言规则进行有意识和无意识的假设，不断地调整自己的中介语系统，使之逐步趋于目的语。中介语是目标语习得过程中形成的介于母语和目的语之间的过渡性语言，它是一个不断发展、完善，并且越来越接近目的语，渐进的独立语言系统。

积累预制语块，提升思辨能力，构建语篇结构正迁移，注重信息交流，淡化语法规则，能够有效缓解学习者的认知压力，降低其情感焦虑，促进和强化其语篇思维的整体性和连贯性。这种类似于自己母语习得过程的学习，有助于学习者目标语水平的发展，也有助于提高目标语在内容和形式两方面的认知加工能力，避免“僵化”现象，这正是目标语学习的理想境界。

三、语块教学法

语块教学法是指教师在教学过程中，运用语块理论，对目标语中的语块加大教学力度，使学生掌握其语法、语境和语篇意义，然后通过对大量语块的反复讲授和练习，充分调用学生已有的语言知识和认知能力，把词汇学习和语法学习结合起来，从而提高他们语言综合运用能力的一种教学方法。（亓文香，2008：55）语块教学法的提出不是凭空杜撰的，而是有一定的理论基础和可行性。语块教学是在语块理论指导下的实践活动，把语块理论应用于目标语教学，能丰富应用语言学的学科理论。

传统的语法教学重语法轻语境，交际法教学重语境轻语法。语块教学法的引进，并不是否定语法教学法和交际教学法，而是将二者有机地结合起来，增强学生的词汇掌握能力，提高学生的语法能力和语用能力。语块教学法是对目前的外语教学方法的补充，它可使教学和研究的目的更加集中和有所侧重。（亓文香，2008：58）

在实施语块教学法的课堂上，可通过输入、内化和输出等一系列教与学的活动，引导学生辨认、学习、使用语块，从而使学生掌握并熟练运用语块，提高应用目标语的能力。课堂教学要求学生在做练习时自己先找出语块，培养他们辨认和识别语块的能力。语块教学法不仅要求学生积累课文中的语块，而且要求他们积累练习中的语块。在大量真实语言输入的基础上，教师再创造相应的语境，引导学生使用语块构成完整的句子和语篇，完成预设的交际任务、交际活动。（刘加英，2006：90）

语言中包含成千上万的语块，所以并不是每个语块都需要教师去教。Lewis（1993）主张观察—假设—验证的学习模式，学生通过自主学习来掌握语块，而不单纯依靠教师的教。语块主要来自于大量的语言材料，因此，通过多听多读，提高语言的语块意识，是学生积累语块，提高语言水平的重要途径。（刘加英，2006：90）

四、语块的教学

语块引起语言学界的重视，许多学者开始研究如何将真实语言中的语块现象与语言学习与语言教学联系起来，出现了 Nattinger & Decarrico（1992）的《词汇短语与语言教学》（*Lexical Phrases and Language Teaching*），Lewis（1993）的《词汇法》（*Lexical Approach*）等研究成果及著作。他们研究认为，发现、使用语块是学习者的需要，是语言习得必经的过程（刘加英，2006：89），即以语块为单位来学习语言。这样，语言学习者即可将语言结构语块内化为知识，又可同时习得语法规则。

1. 聚焦语块

在传统的外语课堂上，词汇和语法教学往往分开进行，而且偏重根据语法规则来使用词汇而缺乏对词块内部结构的分析。教师在教短语时又往往是整块地直接呈现而不能动态地呈现完整的教学过程，更缺少学生自主观察语言现象并总结语言使用规律的环节。

语言教学是一种创造性的建构活动，教师不仅要教语言的语法，还要引导学生关注那些融合了语法、语义和语境的形式较为固定的语块，通过观察、理解和运用等环节帮助学生掌握有关词项的搭配和组合使用的知识。促使学生在真实语境交际中激活并提取那些积累并储存在大脑中的语块，形成一定的条件反射并在适当的语境中采用口语或书面语的形式完整且自由地表达个人思维。

2. 凸显核心词

教学对象不应是单个词汇，而是要考虑到词与词的搭配。词汇与语法不应是语言里的两个独立的系统。学生在接触到语块后，有内在的能力去发现与解构语块的内在规则，并运用这些内在模式作为模板，逐步发展成一个更系统的语法系统。然而，语块的切分并不是任意的。实际教学中需要学习的语块不一定就是高频词块。频率不是挑选有效的教学用词汇组块的唯一标准。教师在对句子进行切分时，更多时候应该考虑如何更好地凸显核心词，并适当弱化核心词之外的其他词块。（黄丹丹、林静，2011：44）为了准确凸显目标词及其语法规律，要优先考虑那些形式和意义 / 功能较为固定的语块组合。

3. 语篇整合的训练

语块是语篇功能和语篇意义的结合。要想正确理解或生成语篇，必须掌握固定、半固定词块。易言之，学习、理解、生成语篇并不是对孤立的词和句子的学习，而是学习如何将这些语言的预制结构有机地结合起来，形成流利的、适合交际场合的话语。通过语篇整合的训练方式，学生既可联系语块的活的运用，又可熟悉了解语篇的特点，这样就可既见树木又见森林，避免用词不当、搭配不当的错误，提高语篇理解、生成的感性认识。（李太志，2006：38）

事实上，语言交际更多是建立在长短不一的词汇成分上，语言使用者更多是使用大量储存在大脑记忆系统中的语块。语言习得和文本输出的计算表明（严维华，2003：59），“词汇短语（lexical phrases）是语言教学中的理想单位。这种多词（multi-word）的词汇现象存在于传统的词汇和句法之间，通常是较短的、相对固定的短语。”日常套语和多种多样预制的语块在语言习得和语言行为中起着至关重要的作用。

五、语块能力

语言中的习语或成语所占比例很高，甚至还在某种程度上代表了一个人的语言水平。语块的形式和功能超越了语法和句法的描述功能，因此对语块的使用情况在很大程度上反映了一个人的语言运用能力。二语习得研究发现：语块能力是目标语综合能力的一个重要指标（黄炎、王海啸，2011）。语言学习者对语言中的语块能否使用恰当决定了其语言表述是否流畅、地道、多样和丰富。

本篇参考文献：

[1] Lewis, M. The Lexical Approach[M].Hove. England: LTP, 1993.

[2] Nattinger, J. & Decarrico, J. Lexical Phrases and Language Teaching[M].Oxford: Oxford University Press, 1992.

[3] Wray, A. Formulaic Language and the Lexicon[M].Cambridge: Cambridge University Press，2002.

[4] 段士平 . 国内二语语块教学研究述评 [J]. 中国外语，2008（4）：63-67.

[5] 黄丹丹，林静 . 语料库＋多媒体词汇的认知基础探究 [J]. 中国外语教育，2011（3）：39-45.

[6] 黄燕，王海啸 . 二语语块研究的中国图景：语块研究的现状与前瞻 [J]. 外语界，2011（3）：74-81.

[7] 李继民 . 国内外语块研究述评 [J]. 山东外语教学，2011（5）：17-23.

[8] 李太志 . 词块在外贸英语写作教学中的优势及产出性训练法 [J]. 外语界，2006（1）：34-39.

[9] 刘加英 . 词块与大学英语口语教学 [J]. 山东外语教学，2006（4）：88-90.

[10] 亓文香 . 语块理论在对外汉语教学中的应用 [J]. 语言教学与研究，2008（4）：54-61.

[11] 王立非，张大凤 . 国外二语预制语块习得研究的方法进展与启示 [J]. 外语与外语教学，2006（5）：17-21.

[12] 许家金，许宗瑞 . 中国大学生英语口语中的互动话语词块研究 [J]. 外语与外语教学，2007（6）：437-443.

[13] 严维华 . 语块对基本词汇习得的作用 [J]. 解放军外国语学院学报，2003（6）：58-62.

[14] 杨玉晨 . 英语词汇的“板块”性及其对英语教学的启示 [J]. 外语界，1999（3）：24-26.

第十三篇　语块与二语教学

本篇内容提要：本篇在解读构式语法理论中语块的意义和特点的基础上，探讨语块理论对二语教学的启示，及二语教学中融入语块教学法的意义和方法。构式语法理论将语块看作语言的核心，打破了词汇/语法二分的传统认识，认为语言的习得即语块的习得。语块教学法充分利用语块在习得过程中的优势特点，有效提高习得效率和效果，促进创造性语言产出，是对语法教学法和交际教学法的有力补充。

一、语块是语言结构的核心

近些年，构式语法理论成为二语教学研究领域的一个研究焦点，许多学者研究了如何将其与二语教学和二语习得联系起来。构式语法理论认为语言应被视作语法化的语块，而非语块化的语法；语言是由大量兼具形式、意义/功能的连续词语片段即语块组成的系统；语法也是由于人们的重复使用而逐步建构起来的一系列的语块。（章宜华，2012：234）语块是语言结构的核心，是人类语言交际的最小单位，语言的习得就是语块的习得。语块作为一个语法、语义和语境的结合体存储于人的记忆中，能够直接提取使用，减少了资源信息处理的难度。语块的习得可以减少说者和听者的认知负荷，加快认知速度，提高认知能力。语块的这些特点对二语教学具有积极的意义和启示。语块教学法是对传统教学法以及交际教学法的有力补充。二语教学中输入与输出的过程，都可融入语块教学法，这不仅可提高学习者的习得效能，还可使习得者获得创造性产出语言的能力。

二、语块是整体预制块

“语块有特殊含义的编码程序，有弹性化空间，可以加载新的信息，可用于支撑话语拓展。”（陆瑛、蔡芳，2012：52）语块有较固定的语法结构限制，稳定的搭配意义和特定的语用环境。语块以整体形式储存在大脑记忆库中。目前对语言处理和产出的研究都指出，“母语使用者往往不断重复使用大脑中已有的语块来流利并准确地表达自己。”（刁琳琳，2006：36）

作为语块理论的创始人之一的英国卡迪夫大学的 Alison Wray 教授认为：“语块是一个存储在大脑中的整体预制块，在使用时从记忆中被整块调用，而不是按照语法规则产出或分析的连续或非连续的由词汇构成的语串。”（Wray，2002:9）

国外学术界关于“语块”这一概念有很多不同的术语，如：prefabricated patterns， formulaic speech/chunks/patterns， semifixed patterns， prefabs，lexicalized sentence stems，(productive speech) formula， lexical phrases/chunks， multiword units， formulaic sequences， collocations， fixed expressions，formulaic language， formulas/formulae， fossilized forms，frozen phrases， idioms， ready-made utterances， routine formulae， semi-preconstructed phrases， sentence builders， unanalyzed chunks of speech， lexical or patterned phrases， language lexical chunks， prefabricated language expressions， routinized expression， multiple word unit， lexical formulae， lexicalized sentence stems， ready-made complex units， cluster， lexical bundle， multi-word expression， recurring word combination 等。

国外的学者从各自的研究背景、研究目的和研究方法出发创造和使用“语块”术语，但事实上他们所讨论的都是本质相同的现象中或大或小的部分。国内文献对语块的翻译和描述的术语有 57 个（黄燕、王海啸，2011：75），其中比较常用的有：语块、词块、组块、构式块、构块、程式化语言、预制语块等。“如此大量的术语说明了语块研究的重要意义和语块现象的多面性和复杂性。”（段士平，2008：64）

三、语块是语法、语义和语境的结合体

作为语法、语义和语境的集合体，语块具有以下几个特点：

1. 语块对语言认知能力的影响

语块作为学习者语言习得后的既成规则和模式储存在人的记忆中，并随着人对记忆材料的熟悉程度而增加。语块数量的增加可使大脑存储和回忆更多的信息。

（Nattinger & Decarrico, 1992）语块的记忆属于长期记忆，语块的习得可以使短期记忆的不足得到弥补。Pawley & Syder（1983）发现在说一些明显由语块组成的句子时，说话者可连续说超过 10 个词以上的句子。这说明语块已作为一个整体在说话者的脑记忆库中形成，而不是现场临时拼凑的。由于人的短期记忆、认知速度、认知能力具有局限性，现成的语块就减少了说话者的认知负荷。由于认知的负荷的减少，就使得说话者更注重话语内容和组织；而对于听者而言，由于听到的内容是已熟知的语块的组合，便可以立刻领会其意思。

2. 语块能够直接提取使用

语块是记忆中由许多已经形成的成分所构建的更大的记忆单位，是较大的词汇结合，所以一次性记住的单词量大大增加。然而，记忆容量的增大并不意味着记忆的难度就加大，因为语块的意义是置于特定的语境的，因此比脱离语境单独背词汇更易记，且不易忘。“语块是语法、语义和语境的结合体，有其内部结构和意义的制约性，其中一部分可以帮助回忆起另一部分，比脱离语境的单词更容易记忆，而且能够直接提取使用。”（于秀莲，2008：60）说话者的词汇不是以单个词储存在记忆里，而是以语块的形式储存在记忆里，在使用的时候能够作为整体提取出来，无需语法生成和分析，从而减少了资源信息处理的困难。语块是使语言输出变得方便、快捷和流利的关键。

3. 语块是语言结构的核心

语块是人与世界交往中对生活经历和行为方式的高度浓缩。语块是人类语言交际的最小单位。语块在语言交际中大量存在，是语言结构的核心。“语块是结构相对完整，使用达到一定频率，能表达某种意义的连续词语片段。”（许家金、许宗瑞，2007：437-438）语块是成串的语言结构，兼有词汇和语法的特征，有特定的话语功能。语言不是由传统概念中的词汇和语法所构成，而是由多个词组成的语块所构成。语块是语言的基础，语言应被视为语法化的语块，而不是语块化的语法。

四、语块对二语教学的启示

1. 创造性使用语言

语块因与功能用法联系起来，因此可在原有习得知识的基础上进行创造性拓展。例如，“I'm sorry”这一表达方式就可以扩展到 I'm（very/terribly/awfully）sorry。“词语的价值在于在语言交际中与其他词语的搭配使用，如果没有词语的创造性使用所体现出来的言语词语与语言词语的差异性，那么人类的语言将大打折扣。”（魏在江，2011：7）语块是创造性使用语言的基础，“在二语习得的初始阶段起着主要作用，能够创造性地大量使用语言的二语学习者同时也掌握了大量语块。”（王立非、张大凤，2006：19）语块的能产性特点使之能够成批地生产一系列的同类短语，这些短语能共享一个语块结构。学习者如记住了这个语块，就等于记住了这一语块群。语块生成与创造技能的掌握有助于二语学习者达到一语使用者的选词用词能力。

2. 降低语言习得的难度

语块可降低二语习得的难度，这主要基于：语块在语言交际中出现频率高，而高频又使这类语块能自然循环；语块为语境依附型，具有与之相连的情景意义。由于语块经常与某一特定语境相联，在类似情境下学习者能产生联想。“出现的高频率与语境的依附性使语块易于学会。”（刘晓玲、阳志清，2003：53）

3. 加快语言反应速度

语块有助于语言分析、简化分析语言的过程、加快语言反应速度、减轻大脑在实施语言产出时的负荷。Conklin & Schmit（1998）的试验表明，无论是母语者还是外语者，对语块的反应速度都比非语块快。对语块的比喻义和字面义的反应速度也均快于非语块。语块是语法、语义和语境的结合体，形式比较固定。由于结构框架已知，也就省去了一个字一个字或一个词一个词的从头分析的过程。

4. 提高语篇理解

学习理解、生成语篇并不是对孤立的词和句子的学习，而是学习如何将语块有机地结合起来，形成流利的、适合交际场合的话语。“通过语篇整合的训练方式，学生既可联系语块的活的运用，又可熟悉了解语篇的特点，这样就可既见树木又见森林，避免用词不当、搭配不当的错误，提高语篇理解、生成的感性认识。要想正确理解或生成语篇，必须掌握语块。”（李太志，2006：38）

五、语块的输入与输出教学

“目前语块理论在国外获得了很大发展，形成了系统的研究方法，在教学实践上多用于二语教学。”（刘晓玲、阳志清，2003）语块是语言体系中重要的构成部分。然而在我国二语教学中，语块教学的力度远远低于单个单词的教学力度。语块教学的重要性常常被忽略。语块教学已成为国内外语言教学和研究的一个热点，我们可采用创新的方法将语块教学融入进二语教学中。

1. 语块教学法

“一般地说，语法是一个有限的封闭系统，而词汇从理论上说是一个无限的开放系统。它们之间的关系往往被看作是：语法是骨架，词汇是血肉。基于这一认识，传统语言教学非常注重语法教学，认为语法学习是习得语言的基础和根本，只要学好语法，打好这一基础，剩下的不过是扩大词汇量的问题。”（濮建忠、卫乃兴，2000：1）在我国的二语课堂上，传统的语法和词汇教学往往是分开进行的，而且偏重依据语法规则来使用词汇而缺乏对词块内部结构的分析，即使在教授语块时也只是整块地直接呈现而不是动态地呈现完整的教学过程。

语块教学法，是指在教学过程中，运用语块理论，对二语中的语块加大教学力度，使学生掌握其语法、语境和语篇意义，然后通过对大量语块的反复讲授和习练，充分调用学习者已有的语言知识和认知能力，把词汇学习和语法学习结合起来，从而提高学习者语言综合运用能力的一种教学方法。语块教学是在语块理论指导下的实践活动，是把语块理论应用于二语教学并能丰富应用语言学的学科理论。语块教学法实施的基本原则和途径与其他教学法相似，总体流程也是包括语块输入和语块输出两个环节。

2. 语块的输入

语言的流利程度不取决于说话者大脑记忆库中储存了多少生成语法规则，而取决于语块储存的多寡。近年来语言习得研究表明（原萍、郭粉绒，2010：55），无论是书面语还是口语中都有大量语块。语言的记忆、储存、输出和使用并不是以孤立的词为单位，而是以语块为最小单位。要获得语言使用能力不仅需要学会能衍生出无限句子的语法规则，更需要掌握大量的语块。语言使用中很大一部分语言并非依靠大脑中的词库和语法规则临时构建，而是使用了大量的语块。

语块的积累主要来自于大量的语言材料。多听多读多看，提高语言的语块意识，是学生累积语块，提高语言交际能力的重要途径。从语言习得的角度来看，学习者的语块知识不是天生的，而是后天逐步积累的，是从单个的个体中逐步抽象出来的。由于使用的频率高，语块能逐步形成一个固定的结构储存在大脑词库中。“给学生提供大量的语块语料，可使学生在掌握语块的基础上，通过大量句子和语篇的生成，把相关的词汇和语法规则串联起来，从而在具体的语言运作中学习更多的词汇和语法。”（亓文香，2008：56）

语块的习得始于含有相关词汇的语言输入。“输入可以是有意识、有规划地给予的，输入也可以是被动地来自外界。”（陈新仁，2002：28）语言习得是一个从理解输入语言的内容并吸收到产出语言即把自己的意思表达输出的过程。语言输入是二语习得中最为重要的概念，没有哪一个人可以在没有接受任何语言输入的情况下学得一门外语。事实上，也没有哪一个二语习得模式在试图解释学习者如何创造二语语法的过程中不充分利用语言输入。

所谓二语教学中的语块输入，就是教师充分发挥能动性，在制订教学方案和计划以及备课时要对二语教学中的语块知识点进行总结归纳，通过系统地课堂讲授帮助学生来识别各种语块，对各种语块的功能、语法特点和使用环境进行详细分解，完成学生对知识的接受程度。

学习者语言系统的习得虽然是无意识的，但有意识的教学可以使有意识的学习活动转化为无意识的习得。二语习得中的语块习得，应该是一种指导下的习得。我国是以英语为外语的学习环境，学习者的二语输入主要来自课堂教学。我国的二语教学以往强调语法和单词的教学与习得，忽视语块的作用，影响了教学效果。要提高二语学习者语言的流利度、准确度和地道性，就必须输入大量的语块。课堂内外输入材料的选择，语块的输入方式、输入频率、输入形式，输入语块加工的深度，以及如何获得最佳的语块输入效果，这些都须教师在输入语块时认真思考。

3. 语块的输出

众多研究表明（肖武云，2011：54），输出是二语习得的一个重要组成部分，输出能促使语言运用的自动化和内在化，加快知识向运用层面的转化。在大量真实语块输入的基础上，教师应该创造相应的语境，引导学生利用语块构成完整的句子和语篇。在语块输入完成后，语块的输出则要发挥师生间的互动。教师要组织和提供大量的范例，对学过的语块知识进行针对性的练习，而且在大量的训练过程中，语块材料要有适当的重复率，复现的形式要新颖。教师的有向导出以巩固学生学过的知识并为己所用。

课文教学可采用以语块教学为主线，通过输入、内化和输出等一系列的教学活动，引导学生辨认、学习、使用语块，从而使学生具有掌握并熟练运用语块，提高学生应用语块的能力。课堂上可要求学生在做练习时自己先挑出语块，以培养他们辨认和识别语块的能力。语块教学不仅要求学生积累课文中的语块，而且要求他们积累练习中的语块。教师不仅在课堂上提供、讲授语块知识，在平时的课后练习和成绩测评中也要有针对性地加强对语块知识的灌输，让学生养成语块学习的惯性。

4. 创造性语言的产出

语言中包含成千上万的语块，但这并不意味着每个语块都需要教师去教。

Lewis（1993）主张学生通过自主学习来掌握语块，而不单纯依靠教师的教。语言教学中心应由教语言向帮助学生学会自主学习转移。学生可通过自主学习来掌握更多的语块。

语块的产出性特点很适合学生的自主学习。当教师交给学生一个语块时，学生就可根据不同情境造出一批类似的表达。比如，在 a...ago 的结构里可以填充表示时间的名词，如 moment，day，week，month，year，long time 等。这些短语共享一个语块结构，即 a ＋ N[＋ time] ＋ ago，这个语块构型就可生成一批表示时间功能的语块。

学习者只要将语块与新的语境结合，将新的信息植入语架内或进行语块间嫁接，就可以产出连续关联的创造性语块。例如，以 white/blue collar 为原型编造出 gray/pink/iron/open collar，由 software/hardware 产生出 soft/hard drug（软 / 硬毒品），soft/hard land（软 / 硬着陆）等。二语教学中，教师应帮助学生找出语言材料中的语块结构，并给学生提供环境对这些语块结构进行大量的练习。例如，以“-oriented”为支架，学生可模仿并产出 product/process. -oriented research；export/market-oriented economy；test-oriented teaching；family-oriented program/enterprise；kid-oriented sites 等语块。习语性语块的活用可以创造出新的语块，为实现交际目的服务。

“正是语言本身的创造性功能和变异性传播促进了语言的发展，并使语言的创新性运用成为可能。”（陆瑛、蔡芳，2012：54）“只有习得到的语言知识才导致语言的运用。”（王初明，2001：15）语言的创造性是二语习得所追求的较高层次的目标。习得语块就意味着向创造性语言的产出过渡。二语学习者多为成人，成人已具备成熟的元认知以及分析能力。二语学习者在接触到语块后，有内在的能力去发现与解构语块的内在规则，并运用这些内在模式作为模板，逐步发展成一个更系统的语法系统。二语学习者最终将获得语言生成规则并能创造性地产出语言。

六、语块是理想的词汇教学单位

语块在二语习得中的优点可概括为：①学习者学到的是一个集语法、语义、语境为一体的结合体。②学习者学到了一个语块后就可以在语义上进行替换，创造出无数新内容，使语言有了生成力。③迎合了认知学习技能“旧的形式，新的内容”的习得特点。④有意识的学习为无意识的习得打下基础。⑤融合了各组成部分之间的语义、句法和语用关系，能够促进词汇深度知识的习得。词汇教学历来是二语教学的重要内容。“词汇习得研究已成为二语习得研究领域的一个热点。无论是教师还是学生都非常清楚词汇在语言学习中的重要性。”（濮建忠，2003：438）“语块教学法是一条切实可行的、能有效提高学生英语应用能力的新路子。”（于秀莲，2008：61）

语块是理想的词汇教学单位。语块教学从一个全新的角度为词汇教学指出了一条路子。语块教学法提倡在教学中注意记忆和积累大量的语块，从而极大地提高语言输入。运用语块教学，可以将词汇的语法意义和语境意义作为一个整体传授给学生。“运用语块教学，能够使说话者在适当的时候、适当的地点说适当的话语。”（Ellis, 1999；转引自亓文香，2008：59）“语言知识的获得和交际能力的提高是通过扩大学生的词汇组块、搭配能力和有效掌握最基本词汇和语言结构实现的。”（刘晓玲、阳志清，2003：52）

本篇参考文献：

[1] Wray, A. Formulaic Language and the Lexicon[M].Cambridge: Cambridge University Press，2002.

[2] 陈新仁 . 外语词汇习得过程探析 [J]. 外语教学，2002（4）：27-31.

[3] 刁琳琳 . 英语本科生词块能力调查 [J]. 解放军外国语学院学报，2004（4）：35-38.

[4] 段士平 . 国内二语语块教学研究述评 [J]. 中国外语，2008（4）：63-67.

[5] 黄燕，王海啸 . 二语语块研究的中国图景：语块研究的现状与前瞻 [J]. 外语界，2011（3）：74-81.

[6] 李太志 . 词块在外贸英语写作教学中的优势及产出性训练法 [J]. 外语界，2006（1）：34-39.

[7] 刘晓玲，阳志清 . 词汇组块教学——二语教学的一种新趋势 [J]. 外语教学，2003（6）：51-54.

[8] 陆瑛，蔡芳 . 框架语块与话语的创造性研究 [J]. 西安外国语大学学报，2012（2）：52-55.

[9] 濮建忠，卫乃兴 . 词汇和语法 [J]. 解放军外国语学院学报，2000（2）：1-5.

[10] 濮建忠 . 英语词汇教学中的类联接、搭配及词块 [J]. 外语教学与研究，2003（6）：438-445.

[11] 亓文香 . 语块理论在对外汉语教学中的应用 [J]. 语言教学与研究，2008（4）：54-61.

[12] 王初明 . 解释二语习得，连接论优于普遍语法 [J]. 外国语，2001（5）：11-17.

[13] 王立非，张大凤 . 国外二语预制语块习得研究的方法进展与启示 [J]. 外语与外语教学，2006（5）：17-21.

[14] 魏在江 . 英汉拈连辞格预设意义的构式研究 [J]. 外语与外语教学，2011（5）：5-8.

[15] 肖武云 . 基于语块的以写促说的教学模式实证研究 [J]. 外语教学，2011（5）：52-55.

[16] 许家金，许宗瑞 . 中国大学生英语口语中的互动话语词块研究 [J]. 外语与外语教学，2007（6）：437-443.

[17] 于秀莲 . 语块教学法与提高英语应用能力的实验研究 [J]. 外语界，2008（3）：54-61.

第十四篇　功能语法理论与功能语法教学

本篇内容提要：功能语法是一种从应用的角度来看待语法的教学方法。功能语法教学的目的是使学生更清楚地认识语法的功能资源。功能语法理论认为，语言主要包括意义、词汇语法和音系这三个主要层次。意义是受情景支配的；语法和词汇是体现意义的；音系则是联系词汇语法和实体的中介层次，是体现词汇语法的。语法教学应把注重点放在实现交际的目的上，通过语法来表达意义。

外语学习者在学习中受到两个方面的制约：①在学习另一种语言时要表达自己所不熟悉的意义，但表达各种不同意义的语法手段却相当有限。这就造成了选择意义上的不正确，从而说出目标语讲话者听不懂的语言。②用一种结构来表达多种本来不用这个结构来表达的意义。这是外语学习者所必须面临的问题。由于缺乏目标语的自然语言环境，外语学习者除了在课堂上学习外语外，没有其他的机会来练习外语。仅仅依靠课堂来进行交际和训练是难以掌握整个语言的，所以借助语法来掌握语言的实体、形式和意义的基本规律，可以说是个捷径。

一、功能语法与语法功能

1. 语言功能体现于语义功能

功能（即传统意义上的语义）在语言形式描写中应处于何等地位一直是语言研究中的一个十分棘手和有争议的问题。传统语法的处理方法表现为只重视语言形式，而未能把它与语义结合起来。传统语法没有形成完备的理论体系，其句子成分分析法只对语言结构进行形式分析。这种方法必须在开始分析之前先知道这个语句的全部意义，分析过程只不过是对全句意义的各部分安上专门名称而已，因而无助于描写语言的意义系统及其体现形式。

功能语法认为语言的功能首先体现于语义功能。功能语法的语言三大功能并非游离于语言结构之外，相反，它们分别与语言层次的各个系统紧密联系并得以体现。由于这些功能同时并存于语言的句法结构中，因而对某一语句的分析必须将这些融为一体的功能一一还原，才能看清它们之间的体现关系。这种分析方法完全不同于传统语法仅局限于静态句子平面的切分法。功能语法强调必须以语言的功能为基础来描写结构系统，因为语言形式就是语义的体现形式，是将意义形式化的机制，语言的每个基本意义成分都能从它在整个语言系统中的功能中做出说明。

2. 语法学习与语篇学习相结合

语言是交流思想的系统，句子是构成这个系统的元件。每句话都载有某种已知的或新的信息，只有把这些信息按照一定的次序有机地连在一起才能准确地表达完整的意思。不仅如此，人们在说任何一段话，写任何一篇文章时都脱离不了当时的环境。这就要求语法不能孤立地研究形式结构的意义，而必须在更大的范围内考虑同社会和文化密切相关的情景意义。功能语法打破传统的纯语法和句本位的研究，指出语法研究不能与语篇研究截然地区分开来。传统语法对语言的研究只限于句子本身，不研究句子与句子之间的联系，不讨论句子在比其更大的语言单位中的地位和功能，也不讨论句子在具体语言情景中的恰当使用。

语法理论既应传授关于语法结构的知识，又要帮助学习者在具体交际场合中恰当地使用语法。要做到这一点，就不能为语法而语法，把研究范围仅仅局限于词法和句法的范围内。功能语法认为，语篇思想对确定句子成分的结构层次、句子的结构意义、语法关系、交际功能及其恰当使用有举足轻重的影响，对判断句子结构在实际运用中的适合性亦能有所帮助。

3. 语法现实反映民族思维

不同民族文化结构和特定民族间的不同思维模式造成语言内部结构的多样性。思维反映现实的不同角度是各民族所共有的，它可引发基本句型的变化，可产生同一思想用多种结构表达的可能性。民族思维反映社会文化现实要素的不同顺序造成语言之间结构的差异性。例如，英语民族思维反映现实要素的顺序是：行为主体→行为过程→行为客体→行为环境。这一思维习惯反映在英语句法结构上便是：主语＋谓语＋宾语＋状语。汉语民族思维反映现实的结构顺序为：行为主体→行为环境→行为过程→行为客体。这一思维模式反映在汉语句法结构上便是：主语＋状语＋谓语＋宾语。

二、功能语法与语法知识运用

1. 语法翻译法

教学大纲是为课堂在教学内容、教学程序甚至教学方法上提供教学计划。所以，教学大纲是教学的先导，设计什么样的教学大纲就决定用什么样的教学方法和教学程序。传统语法大纲把目的语分为不同的部分，教学按部分分步进行，直到最后把所有部分都学完，使学生学到目的语的所有语法。以这种方式教授目的语语法虽然可以让学生学到系统的语法知识，但不能使学生学到这些语法知识的真正含义，也不能学会运用这些语法知识，即学生学会怎样描述一个句子不能保证他们会在实际的交际中运用这个句子。

传统语法教学主要是语法翻译法，即教学的重点是语法，掌握目的语语法的方法是把外语翻译成母语。语法翻译法在很大程度上依赖语言形式。运用翻译法的优势是，通过母语的形式和意义来引入目标语的形式和意义，即用母语来学习外语。但运用翻译法教学的一大缺点是，在教学中学生所接触的通常是单个句子，没有语境和交际的目标。

由于缺乏自然习得目的语的必要环境，从启蒙开始，作为目的语学习拐杖的语法就备受重视。在我国，小学、初中、高中以至于大学都有对目的语语法、句型的操练。各类应考练习中，语法练习占据绝对数的分量。但是，单纯语法教学又被认为是落后的、无效的教学方法。许多教师对传统语法教学产生反感，原因是：①传统语法教学是对规则的训练。②语法能力只是一种表层能力，只是能够提高准确性的一种手段。在许多人的印象中，语法或语法教学似乎只是关注句子的正确性问题，甚至有些人把语法教学看作是对纯粹的语法规则的灌输和机械的句型操练。

2. 语法知识的运用

语法是语言的三要素之一，是语言学家通过对语言实际的观察而总结出来的语言规则，它赋予语言条理性和可理解性，是提高语言水平和准确表达思想的基础。但语法教学如果仅仅把语法限制在句子范围之内，仅仅从形式上进行解释，而不考虑语言的功能和意义，不把语法结构与语篇整体联系起来，与语言产生的文化语境和情景语境联系起来，语言学习者是不能把所学的语法知识运用到语言交际当中去的。

功能语法把语言看作一个资源，一个系统网络，讲话者在语言交际中从这个系统中进行选择。对语言的选择要和语言产生的环境结合起来，与语言的文化语境和情景语境结合起来，从而产生适合于语境和交际目的的语言。功能语法虽然以小句为基本单位，但是着眼点是对语篇整体的分析；功能语法同时还把语法与不同的意义与语境和文化等因素结合起。因此，教授功能语法可以最大限度地将语法教学与学习者交际能力的提高结合起来，促使学生把所学的语法知识尽快转化为语言能力。

根据功能语法，语言的意义系统是由语言的词汇语法系统来体现的。所以，语言的词汇语法系统要适合于语言的意义系统。语法系统不是自主系统，所以语法学习必须与语法所适用的社会语境和情景语境联系起来，即和语言的运用结合起来。功能语法把语法知识与语言运用结合起来，在学习语法的同时提高语言的交际能力，用交际的方法来学习语法，使语言交际能力大大提高，特别是可同时提高语言的流利性和准确性。

从实践的角度来讲，功能语法公开宣称其研究的实用目的：语言学研究的生命在于其应用。功能语法从社会符号的角度研究语言是针对其所关心的主要问题，特别是教育问题，具体地讲，是语言的学习和教学问题。正是由于这个原因，许多学者都在力图用功能语法的理论研究教学改革问题，包括研究整体的教学理念改革和具体的教学方法改革，例如语法教学，利用教授功能语法来进行语法教学。

三、功能语法理论与功能语法教学

功能语法认为意义包括三个组成部分：概念意义、人际意义和语篇意义。语法通过不同的级阶表达不同的意义。例如，语法的及物性结构体现概念意义。语言交际活动的一个重要方面是描述或表达自己和他人的所作所为以及身边所发生的事件或事物所处的状态。功能语法认为，语言的及物系统为各种过程的表达提供了丰富的资源。在外语教学中，为培养学习者使用外语对各种过程进行编码的能力，教师需要将语言的及物系统的教学放到重要的位置。传统语法教学只注意语法结构的教学，而忽视了语言的功能和意义。功能语法的语言的及物系统的教学不但将功能和意义放在首位，而且注重功能跟结构的结合。从功能的角度进行语法教学的目的之一就是使外语学习者能够运用适当的语法来准确表达意义。这就要求语法教学尽量做到结构与功能的统一：讲语言结构时能够得到功能方面的验证，讲语义功能时能够得到结构方面的验证。

功能语法将语法分为不同的级阶，其中最基本的级阶是小句。语言交流的基本单位是小句，说话者可以通过小句语法结构的变化来实施特定的语言功能。也就是说，语法结构的变化会引起言语功能的变化。这种通过语法结构的变化来表达言语功能的语法系统称为语气，语法的语气结构体现人际意义。言语功能的教学与语气系统的教学密不可分，因为言语功能的表达离不开语气（例如：陈述、疑问、祈使、感叹）

的选择。传统语法教学只是把语气看作句子的类型，而很少将这些类型跟言语功能结合在一起。

语言是在语境中产生的，也是在语境中运用的。语境可以分为两个类别：文化语境和情景语境。文化语境是整个语言系统的语境，决定整个语言系统中的意义系统。情景语境是具体的语言运用的语境，是文化语境的具体体现。文化语境是由无数的情景语境表现出来的，而情景语境是通过文化语境来决定具体的交际事件中的交流意义。在外语教学中，我们通常只需要参照语篇的情景语境即可。从语篇与语境的关系上讲，语篇是表现一个人的思想和意图的，而语境表现一个言语社团的知识和期待。语境通过语篇在外语教学中起作用。

功能语法所讲的语篇不是大于句子的语法单位，而是一个语义单位。概念意义和人际意义只有通过语篇才能成为现实的意义。语言交际不是通过孤立的句子来实现的，而是通过语篇而实现的。传统语法教学只注重句子结构的教学，很少从信息传递的角度考察句子结构的信息组织功能。在交际过程中，语言使用者并不是随意地从语法系统中选择语言表达式来实现交际目的。相反，说话者需要根据组织的规律使语言结构的选择服务于不断展开的整个交际过程，并将所有表达的内容组织成结构紧凑、意义连贯的语篇。

四、结　　语

学习语法知识，记住语法规则不是学习外语的最终目的，而是为了有效地交际，为了准确、自由地表达思想。只是教授语法的形式结构，不与其在语篇中所起的功能联系起来，语法就成了无源之水，无本之木，这样就与语言的用途和社会交际没有了关系。

语法知识不等于语法能力。语言教学的目标是培养语言学习者的交际能力。交际能力的一个重要方面是语言表达要合乎语法。在教学中，教师应当抛弃那些单纯以结构为纲、脱离语境和语言运用的实际而进行的句型操练的做法，不能仅以教授语法知识为己任，还应注意提高学生运用语言的实际能力。教授语法的终极目标是自动化的语法能力。

本篇参考文献：

[1] Halliday, M. A. K. Language as Social Semiotic[M].London: Edward Arnold, 1978.

[2] 封宗信 . 现代语言学流派概论 [M]. 北京：北京大学出版社，2005.

[3] 黄国文 . 作为普通语言学的系统功能语言学 [J]. 中国外语，2007（4）：14-19.

[4] 李风琴 . 中国现代语法学研究论文精选 [M]. 上海：上海外语教育出版社，2005.

[5] 牛强，马文影 . 论语法知识和语法能力 [J]. 山东外语教学，2008（5）：13-18.

[6] 向明友 . 换个方法教语法 [J]. 中国外语，2008（6）：58-61.

[7] 张德禄 . 功能语言学与外语教学 [M]. 北京：外语教学与研究出版社，2005.

[8] 朱永生 . 语言 • 语篇 • 语境 [M]. 北京：清华大学出版社，1993.

第三部分：生成语法与语言教学

第十五篇　生成语法“生成”研究

本篇内容提要：乔姆斯基认为语法形式形成的机制是生成的，因此他的学说又称为生成语法。乔姆斯基主要理论建设大都是围绕着语法的生成假说展开的，并提出了很多详细的概念和假设。乔姆斯基理论虽几经大的变动，但是在“生成”这一点上始终是一致的，可以说这代表了乔姆斯基的基本语法观。

一、“生成”的含义

“一种语法，如果含有一套清晰规定的句法、语义和音系规则，能用来阐述语句如何形成、解释和发音的过程，就是生成语法。”（熊学亮，2007：83）

乔姆斯基生成语法所要回答的理论问题集中表现在：①什么是人类语言知识；②如何获得语言知识；③语言知识如何运用；④语言知识是怎样进化来的；⑤语言系统和其他生物系统所具有的共同属性。

生成语法中的“生成”一词，既表示心智 / 大脑中语言认知系统的运算工作特征，同时也指语言学家对这一系统的明确的形式化的描写和解释。（吴刚，2006：4）

“生成”有两层含义：①语法可以生成从未用过的正确的语句。②规定句法描写涉及两种表达式或结构描写之间的运算或投射。例如将下面的 N1 V N2 语式转换成 N2 is V-ed by N1 语式：N1 V N2（John loves Mary.）→ N2 is V-ed by N1（Mary is loved by John.）。

“生成”的第一定义与传统语法的区别不大。传统语法具有预测性特点，也能通过规则来预测尚未出现的正确的语言用法或语句。比如“吃了饭没有”是汉语的规范句式，而“了饭吃有没”就很不规范。掌握了这一条汉语语法规则，我们就可以预测类似"赢了球没有"的句子是对的，而类似"了球赢有没"的句子是错的。

就"生成"的第二定义而言，生成语法和传统语法的差别就相当明显。"生成"表示的是在描述句法过程中两种表达式之间的转换，与数学运算有相似之处，具有操作上的简单、描写上的雅致、数学上的严格和逻辑上的清晰等形式化特点。

生成语法是形式语言学理论，而形式语言学的宗旨就是仅参考词语的分布等，就像数学决策程序一样，依靠演绎、形式、符号、公式等与内容相对的手段来分析语言。生成语法因不依赖智力而具有精确性，因易于检验而具有明确性，这些特点是传统语法所不具备的。（熊学亮，2007：56-57）

二、"生成"语法说

生成语法是指这样的一种语法：它对句子合格性的判断依赖于语法规则本身，可不依赖于语言使用者的知识；规则的说明用符号而不用文字。举例说明，假定：①中的符列都是某一语言中合格的句子；②③④中为可描写该语言的3种不同语法（方立，2005：122-123）：① ab，aabb，abab，baab... ② a 和 b 等量的符列都是合格的句子。③ A. ab 是句子；B. 设 X 是任意一个符列，如果 X 是句子，那么 aXb 也是句子；C. 设 X 是任意一个符列，如果 X 是句子，那么 Y 也是句子，此处的 Y 是对 X 中的 a 和 b 重新组合的结果。④ A. S → ab；B. S → aSb；C. ab → ba。

根据所给定义，只有④才是生成语；②不是生成语法，因为语言使用者必须借助数学知识才能对句子的合格性做出判断；③也不符合生成语法的条件，因为它对规则的解释使用了文字。

三、语法"生成"说

乔姆斯基"语法生成说"的主要内容为：①人类的大脑中存在一个专司语言的器官。人的内在认知能力中存在着普遍性和规则性的东西，据此可以理解和生成无限新的、合乎语法的句子。②生成说指语法能够确立一种语言的全部合乎语法的句子的性能。③生成语法是由一套有限的形式规则构成的，能够生成无限的合乎语法的句子。④语法是由不同的层级构成的，诸如表层结构和深层结构之别，逻辑层面和语音层面之别。借自数学术语的生成在几何学上的定义为：点、线、面通过移动而生成曲线、面、图形。语法单位的移动是产生语法表层形式的最重要的操作手段，语法形式是由与表层形式不一样的东西一步一步生成出来的。

乔姆斯基语法生成观是建立在语法结构的高度能产性的假设之上的，该学派的学者通常以基本的语法范畴 NP（名词短语），VP（动词短语），Aux（助动词），

Det（有定标记）等为出发点，来刻画各种“规律”。（石毓智，2004：30）

乔姆斯基提出，生成语法模式所展现的句法规则，应该提到人类语言共性的角度加以认知。尽管自然语言中的词语从单纯排列组合的观点来看可以有无数的可能性，但只有其中的一部分是合语法句，如果成功地建立一个生成一切合语法句而将不合语法句排除在外的生成语法模式，那将有力地证明人类语言在句法结构方面具有共性，合语法句都可以由某种生成语法模式加以描写和说明。（陈平，2005：115）语法包括几个各不相同的组合模块，它是一种能“生成”所有的仅是语法上正确的句子的机制。

四、生成语法数理语言学基础

数理语言学中有4种人工语法（方立，2005：123-124）：0类语法，1类语法，2类语法，3类语法。鉴于乔姆斯基在提出生成语法转换层次的过程中在不同程度上都涉及后三种语法，而生成语法在本质上属第一种语法，因此有必要较为详细地考察这四种语法，分析它们的数学特征、内在联系及其生成能力。（大写字母为非终端符号，小写字母为终端符号，S为符列。）

0	1	2	3
1. S → ABC	1. S → ABC	1. S → ABC	1. S → bA
2. A → aA	2. A → aA	2. A → aA	2. A → bA
3. A → a	3. A → a	3. A → a	3. A → aB
4. B → Bb	4. B → Bb	4. B → Bb	4. B → aB
5. B → b	5. B → b	5. B → b	5. B → cC
6. BC → Bcc	6. BC → Bcc		6. C → c
7. ab → ba			

把这四种语法做一比较可以看出，0类比1类多了规则7；1类比2类多了规则6；3类中箭头右侧可改写的非终端符号都出现在右端（也可全部靠左端）。规则的类型越多，可描写的句子格式和语言种类越多，描写能力也就越强。

因此可以推出，0类的生成能力大于1类；1类又大于2类。虽然2类的规则在数目上少于3类，但箭头右端可改写的非终端符号可出现在任何一种位置上，其生成能力还是大于3类。3类语法常被称为右向线性语法，或有限状态语法。2类语法对箭头右端非终端符号的改写不受语境制约，故名上下自由语法。1类语法除包含2类语法的规则系统外，还具有一条特殊的规则，即规则6，它规定在一定的语境中，也可对某一非终端符号进行改写，因而得名上下文制约语法。0类语法不仅具有其他一切语法的性质，而且还有能改变整个句子成分符列的规则7。这类语法由于在形式上不受任何限制，常被称为无限制改写系统。

总括一下它们的关系，可以说，3 类语法是 2 类语法的一个子集；2 类语法是 1 类语法的一个子集；1 类语法又是 0 类语法的子集。也就是说，是 3 类语法必是 2、1 和 0 类语法；是 2 类语法必是 1 和 0 类语法；是 1 类语法必是 0 类语法；反之亦然。

五、“生成”与数学

“生成”是一个数学领域中的概念。举例说明。有函数式 X^2+1，X 可以在自然数集合 {1，2，3，4，5…} 中任意取值，得到一个相应的自然数集合 {2，5，10，17，26…}，在这种情况下，公式 X^2+1 生成自然数 {2，5，10，17，26…}。X^2+1 所能生成的自然数是无穷无尽的，因为 X 取值为任何自然数 n，都存在着另一个自然数 n^2+1。但是，并非所有的自然数都在 X^2+1 生成的自然数集合中，如 {3，4，6，7，8，9，11…} 就不属 X^2+1 生成的自然数之列。所有由 X^2+1 生成的自然数构成一个完美定义的类。就 X^2+1 而言，某个自然数如果能由该公式生成，就称之为完美形式成分，如果不能由该公式生成，则称之为非完美形式成分。上述例子中的“2，5，10…”是完美形式成分，“3，4，6…”则是非完美形式成分。

乔姆斯基为代表的生成语法认为，生成这个数学概念正好可以借用来描写人们在语言能力方面表现出来的创造性。人们能说的句子是无穷无尽的，但是并非所有的语素排列都是合语法的句子，有的排列能说，有的排列不能说。乔姆斯基提出，合乎语法的句子是一个完美定义的类，与上述由 X^2+1 生成的自然数集合相似。语言学家的任务，就是找出类似函数式 X^2+1 这样的规则系统，生成所有合语法的句子，而将不合语法的句子排除在外。（陈平，2005：115）

六、“生成”与经济

人的认知思维、人利用自然的过程以及一切具有认知能力的存在都有追求经济性的倾向。这是由生物学原理推论出的人类思维遵循的经济原则，其强调的核心是简单化，因为简单的易于理解、学习、传播和使用。简单、经济符合人类认知思维的原则。它被应用到语言研究中，而生成语法理论则充分体现了“经济”。

生成语法理论的简单性至少体现在：①可以用简单的结构模型描写多种复杂的语言现象，例如，[XP[Spec][X' [X][XP]]] 结构可以用来描写多种不同词组 NP，VP，AP，PP，以及各种不同分句 SV，SVC，SVO，SVOO，SVOC，SVA，SVOA。②最短距离移动原则以及最小成分移动原则。③结构生成中符号与步骤的简要。

乔姆斯基在 20 世纪 80 年代后期强调结构的生成与表达应降到最简，不要过多的符号与步骤（黄和斌，2007：282-283），结果带来了结构的简要。比较繁琐的规则系统→数量极少的原则系统→对参数变异范围进行严格限制的词库计算系统即最简方案，并且用极可能简单的原则处理计算系统。

本篇参考文献：

[1] 陈平 . 句法分析：从美国结构主义学派到转换生成语法学派 [C].// 李风琴 . 中国现代语法学研究论文精选 . 上海：上海外语教育出版社，2005.

[2] 方立 . 乔姆斯基的早期句法理论与当前语言学界的争鸣 [C].// 李风琴 . 中国现代语法学研究论文精选 . 上海：上海外语教育出版社，2005.

[3] 黄和斌 . 黄和斌语言学选论 [M]. 上海：复旦大学出版社，2007.

[4] 石毓智 . 语法的概念基础 [M]. 上海：上海外语教育出版社，2006.

[5] 吴刚 . 生成语法研究 [M]. 上海：上海外语教育出版社，2006.

[6] 熊学亮 . 语言学新解 [M]. 上海：复旦大学出版社，2007.

第十六篇　生成语法“语法”研究

本篇内容提要：生成语法研究重点是“语法”。它认为语言是一种外在化的事物，而语法是一种内在化的事物，语法决定语言。生成语法理论目标是寻找人类所有语言的“普遍语法”。

一、“语法”定义与含义

语法是一个大众化的、人们对世界的经验和体验的理论。语法总是在变化、演变。语法可以用来描述人们日常生活中的各种体验，体现各种社会关系，促进知识与行为的结合和互动。在语言学研究中，“语法”这个术语常常是有歧义的，因为它既可指语法本身（如语言系统中的一个层次），也可指语法研究。

过去语法学家们给语法的定义是（黄和斌，2007）：①语法是正确运用语词的艺术。②语法是用语词正确表达思想的艺术。③语法是说、写英语语言的艺术，这艺术与最得到社会公认的说话者与写作者对语言的使用一致。④语法是用语言得体而敏捷地交流思想的艺术。⑤语法是合适地（包括正确性和可接受性）说、写英语语言的艺术。⑥语法教人们怎样使用词语。

英语 grammar（语法）一词源于希腊语 grammatike，意为“与书写文字有关的艺术”。语法是一个很复杂的概念。

语法一词有 3 层含义：①语法，指语言所固有的遣词造句以达意的规则。②语法学，指研究这些规则的学问。③语法书，指说明这些规则的著作。

作为一个含义非常广泛的术语，语法应当包括音素学、词法、句法和语义学。下面 7 个步骤可以看作划分语法流派（包括生成语法）的标准：①引起概念的刺激；

②语言使用者表达概念的语言形式的形成；③语言使用者的说或写；④空气中的声波；⑤语言使用者的听或谈；⑥语言使用者对接受到的语言形式的归类；⑦语言使用者对接受到的语言形式的理解。

生成语法认为交际步骤②和⑥有许多共同之处。否则，人们无法进行交流。它提出一种既能说明英语的复杂性又能说明英语的创造性的系统。生成语法强调句法。生成语法是对语言进行系统内的研究，它把语言看成是一个封闭而又纯一的符号系统。（张丽丽、戴卫平，2010：161-162）

二、“语法”为第一性

语言学研究是一种科学研究。语言学研究要探索的是世界上还没有人能解答的问题，至少是研究者认为还没有完全解决的问题。语言学与其他科学的主要区别在于研究的对象不同。在生成语法学家看来，语言学所研究的对象就是人的“语法知识”，包括人类语言共有的普遍语法和某种具体语言所特有的特殊语法知识。

过去的语言学家认为语言是第一性的，语法是第二性的，因为语法是从语言中归纳出来的。在乔姆斯基看来却恰恰相反，语言是一切可能生成的句子组成的无限集合，是举不穷、说不尽的，根本不可能是现实世界中存在的客体。语法知识倒是客观存在于人的大脑中的，是在大脑物质基础上产生的心理能力。乔姆斯基认为，语法“是由能把声音、意义和抽象结构的特定形态赋予句子无限集合中每一个句子的规则和原则所构成的明晰系统”（马跃，1999：8）。因此，在乔姆斯基看来，语法是第一性的，语言反倒是第二性的。乔姆斯基认为语言学研究的重点不是语音、语调等语言的物理属性，而应该是人脑的心理状态。乔姆斯基早期生成语法理论中的“语法”有两重意思：①它指语言能力，即存在于大脑中的内在化的语言系统本身。②“语法”指语言学家对语言使用者语言能力的描述。20世纪80年代后，乔姆斯基将重点研究个别语言的语法规则转入重点研究普遍语法的原则，不再逐条研究具体的转换规则及其使用条件，而是致力于探讨哪些总原则限制着规则的使用。乔姆斯基有关这类总原则的理论统称为管辖与约束理论，简称“管约论”。乔姆斯基建立的管约论概括出少数高度抽象的原则，可以用来解释许多表面上看来并无联系的语言现象。

三、“语法”的内涵与外延

生成语法中“语法”的内涵有内在知识与命题知识之别。“语法”的外延不仅包括句法，也包括音系和一部分语义。

生成语法学家认为，每个人的头脑中都有一部其本族语的生成语法。大脑中有了这样一个装置，就能知道哪些是合乎语法的句子，哪些是不合乎语法的句子。人们凭直觉的知识所做的判断称为语感或直觉。能凭直觉分辨正确句子与不正确句子、能分辨句子的构成单位，就表明他具有内在的语法知识（即默会知识）。乔姆斯基等生成语法学家的任务是把人们头脑中内在的语感或者说内在的语法知识通过某种方式表达出来，构拟出生成语法学。语法学家掌握的生成语法知识不再是潜在的内在知识，而是明确的命题知识。

语法学家使用语法规则来描写语言。规则构成规则系统，生成语法学家构拟生成语法规则系统用来模拟人们内在的生成语法知识。生成语法规则系统是人们内在的生成语法知识的模式。人脑中的内在语法知识分 3 部分：句法、音系、语义。三部分组合成完整的语法系统，每部分构成一个子系统。人们潜意识地掌握了各套规则，就能鉴别句子在句法、音系和语义方面是否正确，就能造出在句法、音系和语义方面都正确的句子。生成语法学的 3 个分支（句法学、音系学、语义学）既有联系，又有分工，合起来称为一个整体，分开来各司其职。（袁晓红、戴卫平，2009：47-49）

四、“语法”模块化

所谓模块，日常常用义为标准尺寸的建筑部件，家具组件；单位，单元，尤指计算机或计算机程序的单元。模块假说的观点是，语言由几个功能上各自独立的次级模块组成，每个次级模块有自己的运作方式，并有一定的分析和加工语言信息的范围。这些次级模块就是词汇、句法、语义、信息等层次，它们只以特定的方式互相联络；也就是说，一个模块如在功能上是自主的，它必然只能接受较低层次的系统或模块的输出，而不可能受较高层次的其他模块输出的影响。语言的次级模块并不直接与大脑的特定部位一一对应。（卢植，2006：123）

语言研究中乔姆斯基学派主张语法模块化，即语法要分一部分、一部分来研究。生成语法认为语言理论系统是由几个相互独立又相互关联的子系统有机构成的模块系统。生成语法持“模块论”，即在结构上高度分化，不同的子系统尽管相互之间有关联，但却分工明确，彼此独立。其中一个独立的、自主自足的子系统便是“语法”，其运作不依赖于人脑中其他的子系统。

乔姆斯基认为：①人们都有一种独立于意义之外的关于某种语言句法结构的语言直觉，即句法自治性。②能够传达意义的句子必须合乎语法，而合乎语法的句子不一定有意义。③合乎语法的句子比既合乎语法又有意义的句子多。④不合乎语法的句子肯定不会传达任何意义。乔姆斯基因此认为在人的认知系统中有一个独立于意义之外的语法或句子系统。

乔姆斯基语言理论主要建立在这样两个假设之上，一个是自治论，另一个就是模块论。乔姆斯基把语言看成是独立模块。语言表达的是心理结构中的一个独立的“模块”。这便是“模块论”中的一个独立层面。乔姆斯基学说中的模块理论是模仿数理逻辑的结构而得出的，由4个“模块”构成：①一个独立存在的“句法”；②独立的模型结构；③把句法映射到模型结构的原则；④由模型结构和映射规则组成的语义。（石毓智，2006：63）

就语言系统而言，乔姆斯基认为，人类的认知系统可划分一些子系统，而语言系统只是其中的一种。语言系统有别于人类的其他符号系统，因而，它是自立的，对它的描写无需借助于其他认知系统。对语法的看法，生成语法也是借助模块论来自圆其说。它认为“语法”是语言结构中的一个独立层面。语法系统是由若干子系统构成的，每个子系统相对独立，结构相对简单。因此，句法不同于词汇和语义。语法范畴是以形式特征而不是以语义特征为基础。说话者可以不顾语义，而仅仅靠语法结构就能判断某个句子是否合格。

语法是语言的规则或法规，而句法规则就是其中的核心研究对象。乔姆斯基的成名大作即冠名为《句法结构》。乔姆斯基认为，人类的大脑先天就有自治的句法模块，“句法”是人类心智的生成部分，创造了语言的结构。人的语言能力是天赋的，是与其他认知能力平行独立的一个模块，在语言能力这个总模块中还可以细分出若干个子模块。每个子模块都包括高度概括的规则和限制，仅描写了句子特征的某一维度，如音位子模块控制着句子的声音结构；句法子模块控制着句中词语的组合；语义子模块控制着句子的意义。

为了保证模块理论的有效实施，生成语法学派认为在各子模块中还应包括具有概括性的规则和限制，而把其他独特的性质置于词库中。人们通过各子模块中的规则和限制以及子模块之间的连接界面，就可对语言中所有句法特征做出合理的描写和解释。

五、生成语法的总体目标

生成语法的一个总体目标是解释说明人脑的形式属性，研究人脑的语言产物，从语言出发研究人脑的形式属性；另一个总体目标是解决人类认识起源问题。

生成语法的直接理论目标是厘清人类语言获得机制，回答为什么只有人才能学得语言，以及人是怎样学得语言的问题；另一个直接理论目标是揭示人类的语言能力包含哪些具体内容的问题；远期理论目标是描写人是怎样使用语言的语用问题。生成语法认为只有充分解释了语言能力方面的问题才能充分缜密地解决语言运用方面的问题。

本篇参考文献：

[1] 黄和斌 . 黄和斌语言学选论 [M]. 上海：复旦大学出版社，2007.

[2] 张丽丽，戴卫平 . 生成语法对教学研究的启示 [J]. 长春师范学院学报，2010（6）：161-164.

[3] 马跃 . Chomsky 的语义哲学观 [J]. 山东师范大学外国语学院学报，1999（1）：7-12.

[4] 袁晓红，戴卫平 . 乔姆斯基“语法”解读 [J]. 外语学刊，2009（4）：47-50.

[5] 卢植 . 认知与语言 [M]. 上海：上海外语教育出版社，2006.

[6] 石毓智 . 语法的概念基础 [M]. 上海：上海外语教育出版社，2006.

第十七篇　乔姆斯基“语言”研究

本篇内容提要：乔姆斯基把语言研究的目标直指人类的心智和大脑，试图发现一个适用于所有人类语言的普遍规律。他认为研究语言的最终目的是揭示人脑的实质、人的知识的本质和人的本质。

“以往的语言研究，关心的是怎样通过某种发现程序对某个具体语言进行切分、等同、分类、组合等一系列的描写、分析。把一种语言的语音、词汇、语法、构词等等的内在规律描写、分析清楚了，就算完成了研究任务。”（陆剑明，2002：9）乔姆斯基关心的不是对某种具体语言内在规律的描写和分析，他关心的是整个人类语言，特别是人的语言机制，即人脑中的语言能力本身，以及语言的习得。乔姆斯基研究语言的目的是要揭开这样一个秘密：人的语言机制是一种什么样的机制？人脑所具有的语言能力是一种什么样的语言能力？

一、什么是“语言”

在乔姆斯基看来，无论是传统语法还是结构主义语法，都只满足于描写语言，都没有回答一个最根本的问题：“语言是什么？”关于什么是语言，乔姆斯基一贯的、根本的主张是：语言是位于人类心智 / 大脑中的语言认知系统，是一种心智器官。（吴刚，1998：87）人类与生俱来的“语言器官”就如同我们天生有一颗心、两只手、两条腿一样，都是进化的产物。它跟其他器官的主要区别在于它并不是一种有形的“硬件”，而是一种无形的“软件”。（石毓智，2005：9）对语言的研究就是对心智的研究，这是生成语法理论一贯的主张。

乔姆斯基把语言研究的对象定位于语言能力或内在性语言，即人脑中的语言知识。语言的研究，是关于心智、关于大脑的研究。对语言本质的认识最终要归结到对大脑结构的认识。因此乔姆斯基认为，语言学的任务就是揭示人大脑的初始状态和内化了的语法规则。语言学之所以有意义，是因为语言研究是一座最有希望通向人的心智奥秘的桥梁。

二、"语言"的本质

乔姆斯基认为人类语言的本质就是这一知识是如何构成的问题，他将其称作"洪堡特问题"，因为德国著名学者洪堡特曾经对这个问题做过认真的思考和分析并提出了非常有启发性的见解。洪堡特（1836）认为："语言实际上不是产品，而是一种创造性活动"；"语言实际上是心智不断重复的活动"（吴刚，2006：3）；语言的本质就是"有限手段的无限使用"。（吴刚，2003：367）与此相类似，丹麦著名语言学家叶斯帕森主张，语言学最基本的目标是发现存在于说话人心智中的"结构概念"，这些结构概念使人们能够生成和理解语言的"自由表达式"。

基于上述概念，乔姆斯基认为，人类语言的本质就是一个语言知识是如何构成的问题。就当代认知心理学的理论概念而言，语言知识的本质在于人的心智 / 大脑中，存在着一个语言认知系统，表现为某种数量有限的原则和规则系统。人一旦拥有这个系统，就能产生和理解数量无限的新的语言表达式。

乔姆斯基生成语法在其发展过程中涉及许多具体规则、假设、机制、理论模型等的产生、修改、取消。但是，其生成语法研究的宗旨始终没变，那就是对人类语言知识的本质、来源和使用的研究和探索。乔姆斯基希望通过研究作为知识一部分的语言知识的获得问题来揭示人类如何获得知识，进而揭示人的心智和人的本质。

三、"语言"知识的来源

乔姆斯基认为语言知识的来源问题，是西方哲学中的"柏拉图问题"的变体。所谓"柏拉图问题"是指：我们可以得到的经验证明是那样贫乏，我们是如何具有如此丰富和具体明确的知识，如此复杂的信念和理智系统的？这里的关键问题在于"刺激的贫乏"和所获知识之间存在的巨大差距。

为了探索这个奥秘，乔姆斯基（Chomsky, 1988:4）提出了以下 4 个问题：

（1）（语言）知识系统是什么？操自然语言者的心智 / 大脑中有何知识？

（2）（语言）知识系统是如何出现在心智 / 大脑中的？

（3）（语言）知识是如何用于口头表达或书写的？

（4）（语言）知识系统及其运用有何物理机制作为基础？

柏拉图认为人之所以能够从相对贫乏的经验中获取丰富的语言知识，是因为“前世”的缘故。而生成语言学家则认为人的语言能力是通过遗传先天地获得的。在乔姆斯基看来，语言知识是以某种在目前来说几乎还不为人们所了解的方式存在于人的大脑之中。人的心智 / 大脑中，存在着由生物遗传而天赋决定的认知机制系统。虽然儿童在习得语言过程中所接触到的语言输入残缺、不足，但他们最终却能掌握一套丰富而又复杂的语言知识系统。这种最终获得的语言知识与语言输入间的差异使乔姆斯基相信语言习得的成功得益于天生的语言机制。正是与生俱来的语言机制使得儿童克服语言输入的缺陷，顺利掌握语言。

四、“语言”禀赋

美国传统的结构主义语言学派认为人脑生来是白板一块，这块白板在后天经验中通过机械的“刺激—反应”方式，学会了说话，即人们常说的“行为主义”。行为主义心理学的基本思想是：①只有行为，没有精神，心理、意识之类的精神因素最终也都应归结为行为。②一切行为都是由物理原因造成的，都可以看作是有机体对环境造成的刺激所做的反应。③环境决定一切，遗传不起作用。

乔姆斯基认为“行为主义”不对，理论似乎也很简单：①如果生下来的时候人脑是白板一块，那么狗的脑袋也应该是白板一块，这样人和其他动物就没有任何先天的差别。②同样是白板，同样是“刺激—反应”，为什么小孩自然而然就会说话，而其他动物则不能。他在批判行为主义时指出，“人类的语言行为与实验室里的动物行为有着根本的不同。人脑有推理、概括等功能，这是与生俱来的，是遗传决定的”（刘润清，1995：209）。小孩在生下来之前，大脑就具有遗传下来的人种属性，其中包括一个可以使人在后天环境作用下学会使用人类语言的生物属性，人天生的语言禀赋，就像鸟具有会飞的禀赋一样，不需要很多学习。因此人的语言能力的获得和形成是人脑固有属性和后天经验相互作用的结果。乔姆斯基之前的语言学研究不承认或不理会人脑在语言能力获得中的作用，否认人类语言的生物属性，而乔姆斯基的生成语法学思想正是在承认并研究人类语言生物学属性的基础上同传统语言学分道扬镳的。

五、“语言”机能

在最简方案中，乔姆斯基认为，人类的心智和大脑提供了一组认知特征和能力用来参与语言的使用和理解。他把这部分称作语言机能，并且坚持认为语言机能的初始阶段是由类属决定的，它在很大程度上专为实现上述功能而存在。有理由相信语言机能的初始状态在一些关键方面显示出人类特有的属性，在生物中是不寻常的。（龚放，1999：3）

乔姆斯基所说的语言机能其实就是人心智的一部分，与人体其他生理结构一样是人在长期进化的过程中形成的，是一种生理和物理状态。语言材料是人脑所感受的外部刺激，是感性经验，人类学会某种具体的语言主要是因为他们具有语言机能。乔姆斯基将语言机能等同于普遍语法。普遍语法是一种抽象的结构体系，是生成各种具体语言的基础体系，但在乔姆斯基看来，它就是语言机能，即语言的初始状态，同时也是人脑的一部分。

六、“语言”与内在主义

语言研究主要有内在主义立场和外在主义立场两种。内在主义的研究范围是说话人 / 听话人的大脑内部，而不是人脑和外部世界的关系。（程芳，2007：364）内在主义的研究方式主要关注人类心智 / 大脑的语言机能或者说语言器官及其状态。

生成语法对语言的科学认识是内在主义的。这里的“内在”是指内在于人类的心智 / 大脑。在生成语法创立之前，在语言学界占统治地位的是各种形式的结构主义语法。结构主义语法对语言的认识是外在主义的。结构主义语言学家认为，语言是一个言语社团所能产生的全部话语。根据这一语言观，结构主义语法研究所使用的方法是在广泛搜集语料的基础上，通过切分、归类、替换等程序分析概括出有关语言的语法规则。这些结构规则存在于外部世界，外在于人类的心智 / 大脑。个体通过言语活动反映这些结构规则。乔姆斯基指出，根据结构主义语法的外在主义的语言观，人们不能正确地认识和揭示人类语言的本质特征，不能解释人类语言知识的获得过程。在他看来，只有内在主义的语言观才能全面正确地认识和解释人类语言知识的本质、来源和使用问题。（吴刚，2006：15）

乔姆斯基的语言学理论一直都是建立在内在主义的原则基础之上的，特别是从原则和参数方式以来的研究，在理论原则上一直建立在内在主义的语言概念和研究方法之上，对此不难理解。人类语言机制内在于大脑之中，对此的研究和描写也必然是内在主义的。英语中 internal 一词，既有“内在”的意思，也表示“固有的”的意思。语言机制既是内在于大脑的，也是大脑中固有的。（吴刚，1998：96）说语言是内在的是指语言仅与人的心智和大脑的内部状态有关，与客观世界的其他事物无关。内在主义语言学研究从根本上不同于其他方式的语言研究，对语言本质的认识不同，立论的原则不同，理论追求也不同。

七、乔姆斯基“语言”研究的意义

乔姆斯基的生成语法学对于传统语言学的一个重大的科学进步就是把研究对象从外在语言转移到内在语言，从语言行为转移到语言能力，从人类语言是什么样子转移到人类语言为什么是这个样子，从研究语言转移到研究人脑。

人脑这个研究对象同自然科学研究范围中引力、磁场、原子、太阳内核、黑洞、DNA 等一样都是直觉、经验和实证所不及的。生成语法学家试图通过语言研究人脑这个“黑洞”和天文学家研究天体中的那个黑洞有许多相似之处。就像人们无法完全用经验的或实证的方法认识黑洞一样，人们也无法完全用经验或实证方法认识人脑；就像科学家成功地运用牛顿万有引力公式和爱因斯坦相对论公式认识了黑洞，生成语法学家也希望能找到一种形式系统去认识人脑。如同认识黑洞的目的不是为了改造黑洞一样，认识人脑的语言系统目的也不是去改造人脑，其全部的科学价值在于这些科学理论的解释意义。

语言反映思想，思想怎么遗传？既然思想依赖于大脑物质，当然通过大脑物质遗传。人类大脑的物质结构限制着人类语言。至于怎么限制，凭目前科学对人脑的知识无法解答。“就目前的理解而言，生物学和大脑科学并没有给已经确立的有关语言理论提供任何基础。”（吴刚，2006：12）所以，乔姆斯基认为，对语言这类认知系统或心智结构的抽象研究就是对大脑的研究，或者说是大脑科学的准备工作，可以为大脑研究提供理论和概念基础。

总之，乔姆斯基生成语法理论是用形式方法逼近对人脑认识的理论过程，是对人类心智的研究，是在抽象的水平上对人类大脑的研究，它可以为大脑科学提供指导和帮助，并为二者的最终统一做出贡献。

本篇参考文献：

[1] Chomsky, N. Language and Problems of Knowledge: The Managua Lectures [M]. Cambridge, Mass: The MIT Press, 1988.

[2] 程芳 . 乔姆斯基语言学哲学思想解读 [J]. 现代外语，2007（4）：359-367.

[3] 龚放．乔姆斯基最简方案中的一些基本假设 [J]. 外语教学，1999（2）：3-7.

[4] 刘润清．西方语言学流派 [M]. 北京：外语教学与研究出版社，1995.

[5] 陆剑明．乔姆斯基句法理论与汉语研究 [J]. 外国语，2002（4）：1-5.

[6] 石毓智．乔姆斯基语言学的哲学基础及其缺陷 [J]. 外国语，2005（3）：2-13.

[7] 吴刚．Chomsky 的《语言与自然》述评 [J]. 现代外语，1998（4）：86-101.

[8] 吴刚．《语言与心智：对古典问题的当今思考》述评 [J]. 当代语言学，2003（4）：367-374.

[9] 吴刚．生成语法研究 [M]. 上海：上海外语教育出版社，2006.

第十八篇　乔姆斯基：语言·心智·大脑

本篇内容提要：乔姆斯基认为，对语言或语言结构的研究能够揭示人类思想的本质。他一贯主张在自然科学的框架内研究人类大脑的内部运作机制。语言机能内在于心智 / 大脑，对语言的研究是对心智的研究，最终是在抽象的水平上对大脑结构的研究。

一、语言与心智

乔姆斯基在 20 世纪 50 年代提出了要从心智角度研究语言的观点，1968 年他出版了《语言与心智》。20 世纪 70 年代后期许多学者逐步接受了他的这一观点，认为语言存在于人们的头脑里，应该从认知视角加以研究。他们认为当前语言研究的一个总趋势是认知研究，即认为语言是心智（认知）的现象。（王寅，2007：8）

认知语言学与生成语言学都主张研究人的心智，研究人的思维过程和认知策略，都认为可通过研究语言来了解人类的心智，但对于心智的来源、表征的方法、研究的内容等方面存在一系列根本的分歧，两者的哲学基础、心理学基础也不同。以乔姆斯基为代表的生成语法的哲学基础是基于笛卡尔哲学（主要是二元论、天赋论）和形式主义哲学之上的一种混合哲学，心理学基础是心智主义。而认知语言学的哲学基础是体验哲学，其心理学基础是基于涉身经验的心智主义和建构论。认知语言学反对把语言视为自治的系统、天赋的能力。认知语言学认为语言不是一个自治的系统，它是客观现实、涉身经验、人类认知、生理基础等多种因素综合的结果，对语言的描写必须参照人的一般认知规律，才具有较大的解释力和说服力。

在乔姆斯基之前，统治美国语言学界的主要流派是结构主义，其主要代表人物是布龙菲尔德（Bloomfield），1993年他出版了其代表作《语言论》。这本书是以行为主义的刺激—反应的模式为理论依据的。他认为，语言学理论与心理学无关。乔姆斯基的立场则相反。乔姆斯基认为语言学是心理学，最终是生理学的一个部分。这意味着语言学理论必须反映语言的心理、生理特性，也就是“心理现实性”（psychological reality）。按照乔姆斯基的观点，对语言或语言结构的研究能够揭示人类思想的本质，这种语言研究方法使语言学成为心理学的一个分支。生成语言学研究在学科上属于认知心理学，最终属于人类生物学。（吴刚，2006：8）这就从根本上使生成语言学区别于其他任何传统的语言学研究。

二、心智与大脑

何谓“心智”？心智相对于大脑和身体，主要属于心理学的范畴。心智泛指人的知觉、注意、记忆、学习、思维、理解、创新等各种心理能力。心智与智能是有区别的，后者是指判断、推理、想象等利用知识去解决问题的心理能力，专指在新情况下做出恰当反应的能力。

生成语言学主张，对语言和心智的研究是在抽象的水平上对人大脑结构的研究和探索。生成语言学最终是人类生物学的组成部分。这就是为什么乔姆斯基一贯将心智与大脑相提并论的原因。“乔姆斯基认为，对语言、心智的研究是在抽象的水平上对大脑特性的研究，但不等同于对神经网络的研究。乔姆斯基追求的是统一：把对语言、心智的研究认识和对大脑的研究认识统一在一个共同的理论原则之下，最终将其纳入自然科学的总体研究之中。”（吴刚，2006：11）

生成语言学注重考察人类语言能力的心智，其主要观点可以简述如下（石毓智，2008）：

（1）人们可以自发地判断哪些句子是合乎语法而且是有意义的，这种能力的获得始于婴儿。

（2）人们对于从来未听过的句子也拥有这样的判断力。

（3）人们必然是依赖大脑中存在的规律，而不是靠记忆。

（4）生成语法可以理解成一组存在于大脑中规律的模型。

（5）使用这种规律的能力是人类心智（区别于其他动物）的重要特征。

三、心智/人脑与普遍语法

过去的语言学家认为语言是第一性的，语法是第二性的，因为语法是从语言中归纳出来的。在乔姆斯基看来却恰恰相反，语言是一切可能生成的句子组成的无限集合，是举不穷、说不尽的，根本不可能是现实世界中存在的客体。语法知识倒是客观存在于人脑中。因此，语法是第一性的，语言反倒是第二性的。他认为研究的重点不是语音、语调等语言的物理属性，而应该是人脑的心理状态。

普遍语法假说是乔姆斯基理论系统的基石，乔姆斯基理论后来的各种发展都是建立在普遍语法假说之上的，诸如“管约论”、“原则—参数语法”、“最简方案”等，都是从这一假说派生出来的。乔姆斯基主张从语言的角度研究人类的心智。集中体现他这种思想的就是其普遍语法。（石毓智，2005：2）普遍语法是人心智的一部分，而人的心智就是人脑的一部分，研究人的心智就是研究人脑。研究普遍语法可以帮助人们达到对人的认知能力的理解，也可以达到对人脑的认识。

洛克（John Locke）的“白板说”（tabula rasa）是传统语言理论和结构主义语言理论的一个哲学和心理基础。这个“白板说”的主要内容是：心灵的原来状态是一块白板、一个暗室、一个空箱或一张白纸，其中没有任何字样、任何观念，而一个人的知识和观念是由后天经验涂抹在这块白板的心灵（大脑）之上的。从这个理论主张出发，一个人的语言知识是白板状的大脑按照“模仿—记忆”或“刺激—反应”的公式对经验中语言材料的贮存和记录。而一个人的语言能力则是白板状的大脑经过学习、训练的习惯形成的结果。因而，以语言为描写对象的语法，要么像传统语法那样依靠直觉的心理感觉描写经验中的语言事实，要么像结构主义语法那样不顾人的心理过程，对语言事实做表面的分类和陈列。

乔姆斯基则认为，人脑在经验以前不是白板一块，而是有着一种先天遗传下来的特定的结构或属性，成为人类学会使用语言的内因根据，称作普遍语法。普遍语法是人生下来的初始状态，它是先于语言经验的心智状态。普遍语法其实指的就是人脑遗传规定下来的属性，没有这些属性，人脑的语言系统就不可能发育成长。普遍语法具有“遗传规定的属性”。（宁春岩，2000：F16）一个人的具体语法知识就是人脑的普遍语法与后天经验相互作用的结果。

乔姆斯基把语言能力的最后实现看成是由人的大脑来完成的。一切语法规则，一切语言活动中的心理运算（mental computation）最终也要表现为相应的人脑的物质机制。在乔姆斯基看来，人生下来的时候，也就是说在接触到任何后天经验之前，就有一个有特定结构的大脑，这个特定的结构对于获得一种语言能力是有着决定性意义的。

四、心智与语言

结构主义和功能主义注重外在环境对语言的作用，生成语言学却向来注重内在因素的作用，它认为语言的主要功能是思维而不是交际。“语言是心灵的窗口”，透过语言这一窗口，人们可以认识和了解心灵。语言是人类特有的心智活动。我们可以首先通过研究语言这一专门的认知系统的本质特征，进而探索和了解人类整个心智活动的本质和过程。

“语言与心智关系的问题是一个非常复杂的问题。过去的语言学研究是从语言开始完全回到语言的结构和规则里去，就语言谈语言。认知语言学的研究要从语言现象开始，既要谈语言，又要从语言谈心智和从心智谈语言。”（徐盛桓、陈兰香，2009：27）“以往的语言研究，特别是后期的美国描写语言学，关心的是怎样通过某种发现程序对某个具体语言进行切分、等同、分类、组合等一系列的描写、分析。能把一种语言的语音、词汇、语法、构词等等的内在规律描写、分析清楚了，就算完成了研究任务。”（陆剑明，2002：3）

乔姆斯基所关心的不是对某种具体语言内在规律的描写和分析，他关心的是整个人类语言，特别是人的语言机制，即人脑中的语言能力本身，以及语言的习得。乔姆斯基研究语言的目的是要揭开这样一个秘密：一个人的语言机制是一种什么样的机制？人的大脑所具有的语言能力是一种什么样的语言能力？

语言是心智的功能和组成部分，对语言的研究就是对心智的研究，这是生成语法理论的一贯主张。乔姆斯基认为心智不是抽象的东西，而是人脑的一部分，与人体其他生理结构一样，是实实在在的物质实体，研究语言就可以达到对心智的认识，也可以对人脑达到一定的认识。反过来说，对人脑的认识也可以达到对心智和语言的认识。

乔姆斯基在20世纪80年代指出（封宗信，2006：140），每个人都懂自己的母语，这种知识在某种程度上与其同胞共享，并在他们的心智中得到体现，最终体现在他们的大脑里，因为心智是依赖大脑物质的。乔姆斯基认为，认知结构和语言能力是通过人脑实现的，所有的语法规则，所有的心理运算都最终体现在与人的心智相对的物质机制上。

乔姆斯基坚持认为，语言机能内在于心智/大脑，对语言的研究是对心智的研究，最终是在抽象的水平上对大脑结构的研究。乔姆斯基认为，语言学研究是一切研究中最适宜揭示心智的本质的。首先，语言是唯独人类才具有的唯一的认知机能。其次，语言是理性思维的工具，而思维又是一种唯独人类才具有的能力。最后，与认知的其他方面相比，人们对语言和语言机能了解得更多。毕竟，2 000多年的语法研究已给人们描绘出语言结构的详细图形，远远胜过为弄清视觉、记忆及概念形成等认知机能的性质所做的仅百余年的研究。（Newmeyer, 1998:33）

五、心智主义认知观——“身心分离”

生成语言学的认识论基础是哲学中的心智主义（mentalism）。根据这一思想，语言是人类所独具的一种种属属性，人之所以会说话是因为人生下来时，人脑就呈现为一种特定的物质状态。这种特定的物质状态和结构是人类生物遗传的结果，是由遗传基因预先规定好了的。语言是后天经验作用于人脑遗传属性的结果，是先天属性与后天经验相互作用的结果。基于这种心智主义的认识论思想，生成语言学研究的兴趣不只是语言事实本身，而是人脑的遗传属性，是语言的共性，是关于什么可成为人类可能语言的限制，进而从这些限制中找出人脑究竟有着什么样的特殊结构致使人具有学会任何一种语言的可能。（韩景泉，2000：4-5）

乔姆斯基持“身心分离”二元论的心智主义认知观，他的这种认知观认为心智和思维独立于人与外部世界的相互作用，是通过逻辑规则操纵一些抽象的符号，就像计算机操纵抽象的符号一样。二元论认为：心智与身体分离，精神和物质是两个独立的本原，不能由一个决定另一个。（王寅，2007：3）

乔姆斯基的语言研究也是心智主义的，即旨在了解人类心智的本质和特征。心智主义的特征被乔姆斯基（Chomsky, 1972:103）概括为 3 个“基本”问题：

（1）语言知识由什么构成？（What constitutes knowledge?）

（2）语言知识是如何被习得的？（How is knowledge of language acquired?）

（3）语言知识是如何被应用的？（How is knowledge put to use?）

这三个基本问题所关注的分别是语言知识的本质、起源和运用。其中第二个最为重要，乔姆斯基认为它是生成语法的根本问题。（刘宇红，2006：103）

乔姆斯基持心智主义认知观是因为他一贯主张在自然科学的框架内研究人类大脑的内部运作机制。心智主义的立场是个体心理学的立场，它注重的是研究人的心智 / 大脑在语言中的作用。它注重人体内部的过程，强调基因可能性的展现。（程工，1999：45）

认知语言学家则持“心寓于身”的认知观，即心智和思维产生于人跟外部世界相互作用的过程中通过自己的身体得到的经验。认知语言学认为，心智是体验的产物。人的整个概念系统都根植于知觉、身体运动和人在物质和社会环境中的体验。“心寓于身”还有一层意思是概念和概念系统的形成要受人类身体构造的制约，例如人对各种颜色的分辨很大程度上是由人体视网膜的生理构造决定的。

认知语言学特别反对“身心分离”这种认知观，批评这一假说将人降格为计算机这样的机器，没有切身的体验，没有想象力，思维和推理只是客观世界在头脑中的反映。认知语言学的心智体验观彻底批判了笛卡尔和乔姆斯基的“心智与身体分离”

的二元论，认为心智和推理具有体验性，概念是通过体验获得意义的。

六、语言 · 心智 · 大脑研究的意义

人脑这个研究对象同自然科学研究范围中引力、磁场、原子、太阳内核、黑洞、DNA 等一样都是直觉、经验和实证所不及的。生成语言学家通过语言研究人脑这个“黑洞”和天文学家研究天体中的那个黑洞有许多相似之处。就像人们无法完全用经验的或实证的方法认识黑洞一样，人们无法完全用经验或实证的方法认识人脑。就像科学家成功地运用牛顿万有引力公式和爱因斯坦相对论公式认识了黑洞，生成语法学派也希望能找到一种形式系统去认识人脑。如同认识黑洞的目的不是为了改造黑洞一样，认识人脑语言系统的目的也不是去改造人脑，其全部的科学价值在于这些科学理论的解释意义。（宁春岩，2000：F16）

语言反映思想，思想怎么遗传？既然思想依赖于大脑物质，当然通过大脑物质遗传。人类大脑的物质结构限制着人类语言。至于怎么限制，凭目前科学对人脑的知识无法解答。“就目前的理解而言，生物学和大脑科学并没有给已确立的有关语言的理论提供任何基础。”（吴刚，2006：12）所以，乔姆斯基认为，对语言这类认知系统或心智结构的抽象研究就是对大脑的研究，或者说是大脑科学的准备工作，可以为大脑研究提供理论和概念基础。

总之，乔姆斯基是第一位详细地从语言性质去阐明大脑性质的人。乔姆斯基生成语言学理论是用形式方法逼近对人脑认识的理论过程，是对人类心智的研究，是在抽象的水平上对人类大脑的研究，它可以为大脑科学提供指导和帮助，并为二者的最终统一做出贡献。

本篇参考文献：

[1] Chomsky, N. Language and Mind (enlarged edition) [M].New York：Harcourt Brace Jovanovich, 1972.

[2] Newmeyer, J. 乔姆斯基语言哲学略述 [J]. 柯飞译 . 外语与翻译，1998（4）：33-38.

[3] 程工 . 语言共性论 [M]. 上海：上海外语教育出版社，1999.

[4] 封宗信 . 现代语言学流派概论 [M]. 北京：北京大学出版社，2006.

[5] 韩景泉 . 生成语法中的语义研究 [J]. 外语与翻译，2000（3）：1-8.

[6] 刘宇红 . 认知语言学：理论与应用 [M]. 北京：中国社会科学出版社，2006.

[7] 陆剑明 . 乔姆斯基句法理论与汉语研究 [J]. 外国语，2002（4）：1-5.

[8] 宁春岩．乔姆斯基的普遍语法教程（导读）[M]. 北京：外语教学与研究出版社，2000.

[9] 石毓智．乔姆斯基“普遍语法”假说的反证 [J]. 解放军外国语学院学报，2005（1）：1-9.

[10] 石毓智．认知能力与语言学理论 [M]. 北京：学林出版社，2008.

[11] 王寅．认知语言学 [M]. 上海：上海外语教育出版社，2007.

[12] 吴刚．生成语法研究 [M]. 上海：上海外语教育出版社，2006.

[13] 徐盛桓，陈兰香．认知语言学研究面临思维方式和认识工具的巨大变革 [J]. 中国外语，2009（5）：21-28.

第十九篇　生成语法的语块观

本篇内容提要：在生成语法中，对语言单位意义的分析无独立的地位，因此语块就无法成为生成语法系统中既有的单位，即类似句式这样的语块，无独立的实体地位，它们是在原则支配下派生的产物。因为语块不是一个原始性单位，而仅是从基本单位中生成出来的，所以具有无足轻重的地位。

一、语块在语言研究中的地位

日常所使用的语言中，存在着大量重复使用、重复出现的语块（chunk）。“语块”是指介于语法和词汇之间的经常被同时使用的具有独立意义 / 功能的词汇群体。语块为固定或半固定、程式化了的块状结构，构成相对恒定，语义约定俗成。语块兼具词汇与语法的特征，具有特定的表达功能，可整存整取。母语使用者广泛使用语块进行语言交际。“研究发现，语块通常会占到语篇的三分之一至二分之一。”（戚淼、丁言红，2011：52）

随着认知语言学研究的进一步深入，语块在语言研究中的地位日益凸显。描述语块现象的术语很多，国外文献中所使用的术语达 50 多个（Wray, 2002），国内文献中常使用的术语有“语块”、“板块”、“词块”、“组块”、“搭配”、“惯用语”、“公式语言”、“程式化语言”、“类联结”、“多词单位”、“词束”、“词丛”等。

二、生成语法与语块

生成语法在过去半个多世纪里一直是主流语言学理论之一，但是基于生成语法的语块习得研究却是门可罗雀。这与生成语法研究的范式有关。在生成语法中，对语言单位意义的分析无独立的地位，因此语块就无法成为生成语法系统中既有的单位，即类似句式这样的语块或构式，无独立的实体地位，它们是在原则支配下派生的产物。因此，将语块看作以形式—意义 / 功能为一体的整体观与生成语法的还原观并不协调。“基于生成语法的语块习得研究，主要是在普遍语法观念指导下所做的实证性研究，大多围绕普遍语法在二语习得中是否具有可及性（accessibility，即在二语习得中普遍语法仍然制约着语法的形成）的问题和习得特定语言时参数值的设置（parameters-setting）问题而展开。”（施春宏，2011：100）

三、构式语法与语块

语块是人脑记忆中由许多已经形成的元素所构建的更大的记忆单位。在认知语言学理论中，语块即构式。语言是由若干构式组成的，它们结合而成一个构式网络，语言的认知体系就可用这个构式网络来描写。构式是将特定型式与特定意义结合在一起的复杂语言符号。符号两极对应形式和意义 / 功能。“形式可以包括任何句法、构词或韵律模式，而意义则广至词汇、语用和语篇意义等。”（高波、石敏，2010：58）“构式是语言在心智中的基本表征方式，构式网络可以建构所有的语言知识。”（崔雅丽，2011：59）通过研究象征单位和象征单位的整合（构式），我们就能对语言做出较为详尽的心智描写和认知解释。“人的一切语法知识基本上是以构式的形式来表征的，因此构式可以概括人们全部的语法知识。这就为我们研究语言开辟了一条全新的道路。”（王寅，2011：20）

语块 / 构式概念在语言学中的位置源远流长。传统语法学家发现特定构式的特征在语言研究中起着重要作用。语法中存在构式被认为是不证自明的事实。在转换语法的早期发展阶段，构式在语法中占据中心地位，与具体构式有关的规则和限制是当时的规范。然而在过去的 20 多年里，前理论（pretheoretical）概念“构式”却受到了生成语法学家的质疑。生成语法学家认为唯一的研究方法是重视普遍原则而排斥构式的存在。（Goldberg, 2007:1）

虽然构式语法和生成语法都是关于语言知识的理论，但构式语法和语言的习得与使用有更密切的关系。“由于构式语法研究一个个具体的构式在形式和意义 / 功能上的匹配，而形式和意义 / 功能的匹配也是语言习得领域的一个重要问题，是语言使用过程中的一个重要问题，所以语言习得与使用的研究都可以从构式语法的研究中受益。”（董燕萍、梁君英，2002：150）“语言研究中乔姆斯基学派主张语法模块化，即语法要分一部分、一部分来研究，句法即是一个模块。构式语法则不同，认为每个语法构式都是形式与意义 / 用法的结合。”（纪云霞、林书武，2002：18）构式语法认为，构式独立存在于构成它的具体单词之外。每个构式都有一个特定的句法结构，与特定的语义特征甚至与某些语用特征对应起来。“每个构式都指定了在不同句法位置的语义角色及其各个语义角色之间的关系，而且构式中出现的单词的语义和构式本身的意义相融合。”（马道山，2003：61）

四、语言是由语块组成的系统

乔姆斯基是天赋论的主要代表人物，天赋论认为人类生来就具有学习语言的能力，在人的语言能力范围内，有的能力（或规则）是全人类共有的，这种全人类所共有的语言能力（或规则）被称作“语言普遍现象”或“普遍语法”。普遍语法包括一系列的语言限定规则或参数。二语习得就是在已有语言参数的基础上习得另一种语言。在乔姆斯基看来，人的大脑天生就不是一块白板，而是具有天生的知识结构和天性的思维能力。一个小孩可以凭借先天的语言获得机制和知识结构，创造性地听懂并说出之前并未听过的句子。

“构式存在于语言的各个层面，代表着语言的概括性和本质，因此语言习得就是习得各种各样的构式，构式是语言习得（包括二语习得）的对象和核心。”（王寅，2011：197）构式是基于频繁重复使用逐步构建的语言结构，是形式与意义的配对；其形式具有习语性，其意义脱离了语法规则和语境限制。“惯用语和低域模式都是某种程度的构式，其特点都是以记忆为基础的程式语体系（memory-based formulaic system）。”（章宜华，2012：234）

语言是由构式 / 语块组成的系统，所以语言习得（不管是一语还是二语）就是构式 / 语块的习得。语块是在后天习得的。研究表明（章宜华，2012：234），母语的习得遵循“程式→低域模式→构式”（formula → low-scope pattern → construction）这样一个发展路径展开，而自然的二语习得与一语习得的路径应该是相同的。程式是一些预制的习惯用语，是通过记忆那些经常搭配在一起的字符串而产生的语块；低域模式通常是基于两个以上的词或短语以“空格—框架模式”构成的语块，儿童习得这个模式后可以用各种词来填充空位，以扩展其语言能力。“儿童通过习得预制语块（即构式）习得语言，特别是在早期阶段。儿童在反复和成功地使用某些相同的模式后，就会从中概括出一些语块的构造规则，从而形成语法能力，而作为语块的那部分，则作为整体存储在心理词库中。”（袁野、李丹，2010：3）

五、乔姆斯基：语块是语言规则的例外

自索绪尔提出语言和言语的区分以来，语言研究中的一个重要倾向是把语言使用和语言结构割裂开来。乔姆斯基主要从母语角度研究语言学，不是应用语言学，对二语、外语学习针对性不强。他认为内在语言决定外在语言，而内在语言所形成的语言素养主要是掌握语法等语言属性，并通过大脑加工成语言能力。

乔姆斯基认为，语言是rule-governed而不是law-governed，意思就是，语言是受“规则”支配，而不是受“规律”支配的。“规则”是可以具体地、甚至精细地加以描写的，而“规律”只能是一个总的倾向或趋势。把语法看作一套“规则”，就会采取自然科学的方法，进行量化，做出假设，提出公式，以及一套非此即彼的处理模式；把语法只看作“规律”，就会采取人文社会科学的方法，态度比较灵活，话不会讲得非常绝对，允许有反常、有例外，也不主张非此即彼的尖锐对立。（潘文国，2005：29）

乔姆斯基的生成语法一直认为在语言使用中只有很少一部分语言是从记忆中调出的，相当一部分是依照语法规则即时生成的。在他看来，说话者只要掌握了语法规则，就能按照语法规则把单词建成句子，流畅地表达思想或传递信息。

生成语法运用数量有限的句法规则生成结构、语音、句法和语义不通的句子，语义仅对句法进行解释，无法解释语块现象，如“pull NP's leg”的意义无法从其中的组构成分那里严格推得，在形式上“leg”不能用于复数形式，不能被句法或语义理论模块单独解释，属于“超组构”语块，不能用选择限制规则来描述。生成语法把不能解释的统统扔进词库。（王立非、陈香兰，2009：92）根据乔姆斯基的理论，“语块”不能进入词库，因为原子词库（atomic lexicon）中只存放最小的语言单位——词素，语块是在词素的基础上根据规则生成的。（黄四宏、詹宏伟，2011：64）

乔姆斯基一直认为，人脑中有两套机制用来学习语言，一套是学习符合规则的核心语法，另一套是为了学习诸如词汇和特殊构式这些复杂的边缘知识。乔姆斯基对于语言习得一直没有讲得很具体，只是举例说明了核心语法中的参数设定，而对于边缘语法（如词汇和习语）的重要性及习得过程却很缄默。（袁野，2010：54）

生成语法重视语言的结构，它只把“语块”视作是语言规则的例外。生成语法的主要兴趣在句法的基本单位和生成规则上，故而认为语块不是一个原始性单位，它仅是从基本单位中生成出来，可被视为一种语法结构的类型，不在主要研究范围之内。因此，语块具有无足轻重的地位。在语法研究中不需要这一整体性的较大单位，它可根据“词汇”和“规则”被生成或预测出来。（王寅，2011：28）

六、针对乔姆斯基语法规则的批评

语法就是指词汇语法（lexico-grammar），也就是说语法包括词汇。“语法和词汇之间没有明确的界限；词汇是开放的，是最精细的语法。”（任绍曾，2002：12）

说语法就是规则，有两点站不住脚：①我们能够掌握语言是因为我们在记忆里存储了大量的词语系列、词汇语法单位和公式。②语法型式和结构所表示的语法意义超出了组成它们的词语和句法规则。

语法规则在整个语言习得中只占很小的一部分，仅仅从语法规则的角度很难全面阐释语言运用的复杂现象。根据语言习得研究，语法规则在语言运用中存在缺陷：“其一，语法规则的运用需要大量的计算资源，要求说话者特别注意语言形式。在实际交际中，这种情况势必分散交际者对交际内容的注意力，影响交际效果；其二，即时交际的特点之一是速度快，说话者往往是脱口而出，而语法规则的编码过程需要提前计划，很难满足即时交际的速度需要，过度依赖语法规则会影响即时交际的流畅性。”（Pawley & Syder, 1983:192；原萍、郭粉绒，2010：55）

构式语法的一个重要假设就是语法的基本单位是语法构式而非句法单位和规则，而且语法知识是基于构式的。“构式才是语言研究的首要对象，而不是规则。构式语法学家认为合乎语法的表达，就应能同时满足构式的限制条件，昔日所讨论的规则和类型实际上主要是以构式的形式出现的，构式更为基础，因为能包容独特构式的框架系统也就能包容规则性类型，但反之不然。所以只有用构式才可为语言知识做出更合理的、更具解释力的、更为统一的表征。语言学家就应当集中精力研究构式。”（王寅，2011：239-240）

“构式语法主张语法结构的学习观，不论是高度能产的结构，还是高度限制的结构，人们只有通过模仿和记忆才能掌握其形式和意义之间的关系，而不是靠一些规则就可以推出。”（邓云华、石毓智，2007：326）有意识地通过学习语言的规则和形式去获取语言知识是“学得”。“学得”的语言知识只能帮助人们有意识地监察说出来的话语是否正确。“学得”的规则若无组构的语言数据支持（即没有大量的语言接触），光懂得一些语法规则，是难以建立起概率型式的。（王初明，2001：15）

“众多研究表明，流利的语言使用很可能并不只是以语法规则为基础，现成的、未被分析的语块与句子生成规则同等重要。”（原萍、郭粉绒，2010：55）

我们的语法知识是逐一学会的众多构式或语块。构式语法学家认为，这些构式/语块在大脑中并不是杂乱无章堆砌的，它们是按照一定的规律组织起来的。构式在记忆中是真实存在的，是有意义和形式的。“人脑中的语言知识的绝大部分并非是乔姆斯基语法学家所相信的最大抽象和完美的，为人的意识所不可及的推导原则和参数。”（袁野、李丹，2010：4）“人的语言流利程度不取决于学习者大脑中储存了多少生成语法规则，而取决于语块储存的多少，是语块使人们流利地表达自我。”（原萍、郭粉绒，2010：55）

语法是人们频繁重复一些用法而逐步构建和积累起来的。构式语法采用基于用法的模式，强调语法来自语言的实际使用。语法被看作是一个动态的复杂系统，处于持续的变化之中。这一思路的一个中心思想是语言表达式的使用对语言知识的表征产生直接影响。“在基于用法的模式中，语法不再是一套自足的、没有任何例外的一般规则，而是由一个约定俗成的语言单位构成的巨大的、高度冗余的清单。”（高航、张凤，2008：3）

本篇参考文献：

[1] Goldberg, Adele E. 构式——论元结构的构式语言研究 [M]. 北京：北京大学出版社，2007.

[2] Pawley, A. & Syder, F.Two Puzzles for Linguistic Theory: Nativelike Selection and Nativelike Fluency[C].//J. Richards & R. Schmit. Language and Communication. London: Longman, 1983:191-225.

[3] Wray, A. Formulaic Language and the Lexicon[M].Cambridge: Cambridge University Press, 2002.

[4] 崔雅丽 . 构式压制对语言异质现象的阐释 [J]. 外国语文，2011（3）：59-62.

[5] 邓云华，石毓智 . 论构式语法理论的进步与局限 [J]. 外语教学与研究，2007（5）：323-330.

[6] 董燕萍，梁君英 . 走近构式语法 [J]. 现代外语，2002（2）：142-152.

[7] 高航，张凤 . 词类的构式语法视角 [J]. 天津外国语学院学报，2008（3）：1-8.

[8] 高波，石敏 . 构式语法家族概览 [J]. 外语学刊，2010（1）：57-61.

[9] 黄四宏，詹宏伟 . 语块认知加工研究的最新进展 [J]. 外国语，2011（2）：64-71.

[10] 纪云霞，林书武 . 一种新的语言理论：构块式语法 [J]. 外国语，2002（5）：16-22.

[11] 马道山 . 句式语法与生成语法对比刍议 [J]. 外语与外语教学，2003（12）：57-61.

[12] 潘文国 . 谈语法研究的几个问题 [J]. 中国外语，2005（1）：29-36.

[13] 戚淼，丁言红 . 中美大学生口语中词块使用特点对比分析 [J]. 外语界，2011（3）：52-59.

[14] 任绍曾 . 语法与词汇 [J]. 外语研究，2002（2）：11-15.

[15] 施春宏 . 面向第二语言教学汉语构式研究的基本状况和研究取向 [J]. 语言教学与研究，2011（6）：98-108.

[16] 王初明 . 解释二语习得，连接论优于普遍语法 [J]. 外国语，2001（5）：11-17.

[17] 王立非，陈香兰 . 语言语块教学与研究在中国的进展 [J]. 外国语，2009（6）：90-94.

[18] 王寅 . 构式语法研究（上卷）：理论探索 [M]. 上海：上海外语教育出版社，2011.

[19] 袁野 . 语言习得的构式语法解释 [J]. 外语与外语教学，2010（5）：54-56.

[20] 袁野，李丹 . 语言习得的构式观 [J]. 西安外国语大学学报，2010（2）：1-5.

[21] 原萍，郭粉绒 . 语块与二语口语流利性的相关性研究 [J]. 外语界，2010（1）：54-62.

[22] 章宜华 . 中介语偏误特点与学习词典理想作用机制探讨 [J]. 外语教学与研究，2012（2）：233-245.

第二十篇　生成语法·构式语法·差异对比

本篇内容提要：生成语法把语言切分成最小的特征，然后解释它如何按照一定的规则生成大的结构；构式语法则是采取完型观念，认为整体特性大于部分之和。生成语法认为语法是多层次的，构式语法则认为语法是单层的。生成语法重点关注语言现象的核心部分；构式语法研究的一般都是边缘现象。天赋共性与构式共性、规则与图式、常规语法规则与非常规语法规则、模块与非模块、是否以使用为基础则是它们之间存在的另外一些明显差异。

构式语法与长期占主流地位的生成语法在一些基本立场上是一致的。二者都认为有必要将语言看作是一个认知或心理体系；承认必然存在一种方法使各结构相结合创造出新的话语，并且认识到创建一种语言学习理论的必要性。在研究对象上，构式语法也与生成语法形成互补，生成语法一般只关注那些最常见、最一般的语法结构，而构式语法则认为语法结构不论常见与否，都有相同的理论价值和研究价值。然而在一些方面，构式语法与生成语法之间则存在着巨大的差别。

一、“生成”与“完型”

“生成”借自数学的概念，指一个点如何通过运动生成一条线，一条线又如何生成一个面，如此等等。乔姆斯基的生成语法也是沿着这个分析路线，先把语言切分成最小的特征，然后解释它如何按照一定的规则生成大的结构。然而构式语法则是采取“完型”观念，认为整体特性大于部分之和。

“完型”意谓组织结构或整体。基本范畴是作为一个“完型”来感知的，一个“完型”就是一个单一的心理“意象”。对事物做“完型”感知，是不做“区别特征”

分析的感知，只要在整体特点上得以保持，部分的变异无关紧要。“完型是人类认识世界的现象或产物。当人对某个事物的组成成分、构造、步骤、过程非常熟悉的时候，该事物在人的记忆中是一个简化了的、囫囵的整体。当它再次出现的时候，人们处理时所付出的心力必然是最小的。这一事物的任何细节，即组成成分或步骤，都会激活它的其他成分或步骤乃至整体。与该事物相近的事物也有可能激活它。”（严辰松，2008：3）

二、“多层”与“单层”

生成语法强调语言生成的“多样性”，强调表层结构是由各种看不见的层次按照一定规则生成的。语言的层次观是乔姆斯基理论的灵魂，他的理论的各种发展，都是由这一观点派生出来的。乔姆斯基语言学理论的中心是关于“表层结构”和“深层结构”的理论。这种理论认为，人类每一种语言系统都具有表层结构和深层结构这两个层次。表层结构是人们可以“说出、写出、听到、看到的”，而深层结构是“存在于说话者、写作者、听者或读者的心里的”。深层结构是表层结构的基础，深层结构经过转换规则生成表层结构。（龚晓斌，2002：32）乔姆斯基一贯认为语言学的任务是描述和解释人的内在语法系统。他主张对内在的语法知识应该分不同的层次进行描述，先把语音从句法中分出来，再把句法分成表层和深层两种。每一个描写层次都构成一个组成部分，每个组成部分都由一套规则构成。

构式语法是单层的，不存在各种形式的转化。构式语法（董燕萍、梁君英，2002：149）认为一个具体的句子被语法所认可当且仅当这个语言中存在这样的一套构式或规则，它们能够产生那个句子表面形式和语义的确切表征。一般说来，一个具体句子往往同时是多个构式共同作用的结果。构式语法将词素、词、合成词及全固定式习语称作实体构式，这些构式在词汇上是固定的，即其组成分子不可替换。构式是形式—意义的结合体，是非转换的，即单层的。（赵彦春、王娟，2008：47）

结构是直陈式表征的，任何不相冲突的结构都可能相结合产生新的语法表达，从而保证了语言无止境的创造潜力。构式语法认为语言中一个候补的句子之所以是一个句子，那是因为如果并且仅当该语言中的语法中存在一套构式，它们结合起来，产生那个句子的表征，即表层结构的表述，以及那个句子的语义的表述，因而是单层的。这一点不同于乔姆斯基学派的生成语法，后者的一个基本观点是说语法规则管推导机制，句子的表征要通过种种复杂的推导获得。一个简单的例子是：被动句是由主动句推导得到的。（纪云霞、林书武，2002：18）

由于构式是语义和形式的配对，因此构式语法不存在形式和意义（如：表层和深层）的转换。主动句和被动句在语言中平等存在，都有其存在的理由，表达了一定的不同意义。构式语法主张从大量的经验事实上归纳结构，概括其语义值。构式语法认为语法形式就是表层所看到的，不存在隐含形式，也不承认零形式（即没有语音形式的语法标记）的存在。而乔姆斯基学派则认为，表层形式背后还有各种隐含形式，而且还存在着各种零形式。

三、“核心”与“边缘”

所有的语言学家承认在每种语言中都存在着大量的半规则结构，这些结构不能由一般的、普遍的或是固有的规则来解释。生成语法学家认为这些半规则和跨语言的非正常结构只存在于语言的边缘部分——它们不是语言学研究的焦点。乔姆斯基学派认为语法是一个演绎系统，可以靠少数几条规则推演出无数合乎语法的句子，他们所感兴趣的一般是各个语言使用频率最高的结构，认为它们是语言的核心，而把其他比较少见的结构看作边缘性的（peripheral）而加以忽略。

乔姆斯基生成语法重点关注语言现象的核心部分，寻找所有语言的共性。但是构式语法对乔姆斯基语法的研究对象提出质疑，认为我们没有能力在对普遍语法知之甚少的情况下就将语言现象划分为核心部分和边缘部分，认为所有的语言现象都值得关注。构式语法选择的切入点就是形式和意义的配对即构式，对所有构式的研究也许最终能够使我们对语言的共性和特性有一个新的了解。构式语法认为，从原则上讲，语法理论必须解释所有的语言事实，不能首先假设某些语言现象是核心的而另外一些则是边缘性的，甚至是可以被排除在理论语言学关注之外的。（董燕萍、梁君英，2002：149）

构式语法认为，结构不分核心和边缘，具有同样的理论价值，都值得认真研究，而且也把研究的重点放在较偏僻的结构上。构式语法强调语义和特定单词，语法词素和跨语言非正常构式的分布；这一方法论背后的假设是对这些构式丰富的语义/语用和复杂的形式上的约束可以轻松地推广到更普遍、更简单或更规则的构式。构式语法的研究者承诺：语法理论原则上必须解释所有的语言事实，不能先验地认为语言现象有核心和边缘之分。

构式语法理论的创始人之一Goldberg在其代表性的著作和近年来发表的论文中，研究得比较深入系统的结构都是英语中使用频率比较低的结构。比如她详细探讨了致使移动、双宾结构、路径结构/way结构、结果结构等。（邓云华、石毓智，2007：325）。

构式语法研究意义的“特异”一般都是“边缘现象”，出现频率通常不会很高。只要是语言形式和意义按照惯例联系起来形成的构式，就是构式语法研究的对象。像英语疑问句中助词置于主语之前这种一般的、常见的格式和像kick the bucket这样的习语都具有同等的地位，都是语法研究和概括的对象。Kay和Fillmore（谢应光，2007：96）指出，在语法中，对习惯用法的研究和对一般用法的研究都是一样的，对边缘成分的研究就是对核心成分的研究，反之亦然。

四、“天赋共性”与“构式共性”

乔姆斯基学派承认语言的共性的存在，但是采用了一种“天赋说”，认为人类具有一种与生俱来的普遍语法，给各种语言先验地设立了原则。构式语法则认为，语法是一个开放的系统，可以用可观察到的经验事实来说明语言的共性，一些语言之外的因素起着重要的作用，诸如交际功能上的要求、临摹性原则、学习和理解的限制等，都是导致语言共性的因素。比如不同语言都有双宾结构的原因，物体传递是每个民族经常进行的日常活动之一，这种事件结构反映到语言中就成了双宾结构。

构式语法自认为是一个高度统一的体系。构式与构式之间一般来说存在着紧密的联系，构式之间的共同点构成这些构式的共性，这些共性本身也是一个构式，该构式的特性通过遗传关系传给更加具体的构式，这就是所谓的共性—遗传等级模式。比如：一个抽象的左偏离构式可以通过遗传将其特性传给多种具体的不同的构式：

[1] the woman who she met yesterday（限定性定语从句）

[2]Abby, who she met yesterday（非限定性定语从句）

[3] Bagels, I like.（主题句）

[4]What do you think she did?（特殊疑问句）

以上任何一种句型，都要求自己的特殊构式，原因是它们的形式和语用功能各不相同。但是，它们又都继承了抽象的左偏离构式的特征：左偏离构式由两个姐妹结组成，左结须满足右结述位的配价要求；右结是一个有/没有主目的动词词组。（赵彦春、王娟，2008：46- 47）

五、“规则”与“图式”

生成语法使用规则来描写语法结构，例如短语结构规则和转换规则。构式语法在语法结构的描写中使用图式（schema）而不是规则。构式语法使用的图式是从实际出现的语言表达式中抽象出来的，是复杂的象征结构，在构成上与具体的表达式平行。图式是抽象能力的产物。人们在日常生活中遇到反复出现的类似体验时会把其中没有重复出现的方面过滤出去，使得它们之间的共同之处浮现出来。通过对不同语言表达式的观察和比较，过滤掉它们之间的差别而抽象出共同点，这一点就是图式。图式是新的语言表达式产生和理解的模板，其作用相当于生成语法中的规则，但在性质上与规则存在本质的差别。（高航、张凤，2008：3）

六、“常规语法规则”与“非常规语法规则”

有关语言的构造，过去一直认为是从底层的分子开始、通过组合规则向上逐级构成，如此组成的语言结构都可以通过常规的语法规则加以分析。有关语言结构的意义，应是其组成分子意义的合成。如果掌握了上述原则，人们就可借此推演出语言结构的意义。这种有关语言结构的原子观（atomist）和组合观（compositional）目前仍为生成语法所推崇。

然而，构式语法则认为，并不是所有的语言结构都是通过常规的语法规则形成的，语言结构的意义并不都是其组成分子意义的合成。构式语法认为，语言中存在大量并非通过常规语法规则组合而成的结构，这些结构并非通过掌握规则就能推演出来，而是必须经过专门的学习才能掌握。（严辰松，2006：7）英语在词汇和句法层面都有一些不规则的表达式，例如 by and large，all of a sudden，let alone 等，它们的构造、意义和功能都有各自的特点，都不能从一般的语法规则推得。

七、“模块”与“非模块”

模块论的观点是，语言由几个功能上各自独立的次级模块组成，每个次级模块有自己的运作方式，并有一定的分析和加工语言信息的范围。乔姆斯基学派主张语法模块化，即语法要分一部分、一部分来研究，提出用管辖与约束原则及参数理论研究句法。

构式语法是非模块性的，强调形式和意义都是语法中每个具体构式或规则的组成部分，不是语言中的不同模块。构式语法认为每个语法构式都是形式与意义 / 功能的结合，都要统一起来研究。构式语法的非模块性还表现在一个构式本身就是一个整体，构式的意义常常不等于其各个部分的意义的相加，最明显的例子是习语。

构式语法认为，人类通过认知能力把反复感知到的现象概念化、范畴化、图式化并用一定的构式表达出来，因此一个构式就是一个概念。在此意义上，短语和句子作为语言单位，和词汇一样，都是对一个概念的直接表征，所以它们是平行的基础生成而非转化关系。形式—意义作为一个结合体可以是词也可以是短语甚至是句子，因此语言不是模块与模块的组合，而是构式与概念的直接映射。据此，语言中其实不存在词、短语和句子的区别，它们都以形式—意义这样的配对式存在，可以将短语、句子都看作分别对应不同的具体概念的词条。

构式语法还强调任何一种“语用”的信息都有可能约定俗成地和某一具体的语言形式联系在一起，语用信息和语言形式因此共同构成语法构式。如：Sit down! 这句的形式表示祈使作用。Him be a doctor？！这句的形式表示说话者的不信任。上述两句的表述所产生的语用效果是语言形式本身所具有的，并不是通过会话过程的推理而产生的，因此而成为这些语法构式的一个不可分离的部分。构式是语法、语义和语用的一体，因此是非模块性的。

八、“理想化话语”与“常规构式”

研究语言的目的，是为了揭示语言本身的规律。真正的语言规律，面对语言事实应该是左右逢源的，而不是捉襟见肘的；真正的语言规律，也应该是符合我们的语感，可以揭示我们日常语言的应用。构式语法所依据的例证都是活生生的自然语言。构式语法的这一特色跟生成语法学派形成了鲜明的对立。生成语法所依据的例子，有不少是为了使自己的理论自圆其说而造出来的，或者是根据自己的理论推出来而从来没有人说过的。

生成语法不依赖语料，也不依赖语料库。生成语法主要使用直觉来判断句子是否符合语法，用演绎的方法来验证语法原则。生成语法认为，人脑的语法表征只有一种，用于内省的语法表征和用于交际的语法表征没有区别。由于语料的信度和效度还会受到语料采集方法的很大限制，而且语料是语言行为的记录，但语言行为受到多种认知和语用等因素的影响，因此语料并不能真实反映人们的语言能力。语言能力独立于语言行为之外，没人讲过的句子不见得就是不能讲，可以讲的句子不见得一定就会有人讲。（马道山，2003：60）

构式语法研究具体的语言现象，例如助词、条件句等等。研究的材料基本上都采用经过证实为能成立的构式，也就是常规构式，强调语料中收集的被证实的数据的重要性。这一点跟乔姆斯基学派主要研究理想化的人的话语恰成鲜明的对照。

九、“从上到下”与“从下到上”

以使用为基础研究语言知识内容的角度是构式语法的一个突出特点，也是同主流生成语法的一个重要差别。因此构式语法中语言知识的范围比传统看法要广。以使用为基础的思路决定了语言系统的动态性，也打破了语义与语用的界限。在此角度下，一个语义结构是同其符号形式一道从语言使用领域进入语言认知系统的，因

此语义结构和语用意义没有本质区别，只有规约化程度的不同。（董燕萍、梁君英，2002：150）

虽然构式语法和乔姆斯基语法都是关于语言知识的理论，但构式语法和语言的习得与使用有更密切的关系。由于构式语法研究一个个具体的构式在形式和意义上的配对，而形式和意义的配对也是语言习得领域的一个重要问题，是语言使用过程中的一个重要问题，所以语言习得与使用的研究都可以从构式语法的研究中受益。（董燕萍、梁君英，2002：150）

生成语法具有极强的演绎性，是一种“从上到下”的句子生成模式。与此相反，构式语法从语言单位中抽象出结构图式，并将低层次图式概括为高层次图式，所以构式语法具有“从下到上”的特征。语法结构基于用法的模型是构式语法的基本特征，是在抛弃生成语法基本理论原则的基础上形成的。

十、“语言心智观”与“体验心智观”

宏观上，构式语法与生成语法都以揭示语言的“知”、“获”、“用”为其理论目标，试图阐释“何为语言知识”、“何以习得语言知识”、“何以解释语言知识的使用”等问题。但构式语法与生成语法对语言心智观的阐释有着本质的区别，反映着大相径庭的语言哲学观。

生成语法的语言心智观是在批判语言行为论的基础上提出的，旨在从认知和语言的关系出发来解释语言运作的机制。该观点冲破了结构主义语言封闭系统的藩篱，实现了语言研究的认知转向。从本质上讲，生成语法的语言心智观反映了客观主义语言哲学观：心智独立于身体与大脑，与体验无关；认知运算是形式与符号的运算；心智表征是符号性的，意义表征通过符号之间的运算关系获得。

构式语法接受了认知语言学的基本观点，主张将构式观视为语言知识在心智中的基本表征方式。构式语法鲜明地指出：构式是语言概括性的本质，是语法系统在心智中的基本表征形式。构式语法的语言心智观与生成语法有着本质之别。作为对语法研究的新范式，构式语法的语言心智观遵循着“现实—认知—语言”这种三元关系：语言根植于人类的一般认知能力，认知又以现实感知为基础，因此，语言是人们对现实进行互动体验和认知加工的结果。

构式语法理论认为，构式这个形义配对体是语言在心智中的基本表征方式，体现了人类通过互动体验和认知加工对基本经验的概括和组织方式。据此，在构式语法的范式下，语言心智观是体验心智观，语言之本质是其概括性，并以构式的形式在心智中得到表征，无论是否可以从其他事实中预测，构式都必须通过习得来获取，而非源自天赋或生成。从本质上讲，构式语法的语言心智观反映了非客观主义的语言哲学观：心智具有体验性，认知活动离不开我们的身体及其与外界的互动；语法形式具有理据性；语言系统建立在人们的概念结构、语义系统和认知方式之上。体验心智观彰显了认知语言学将“人本性”融到语言研究之中的重要思想。（刘玉梅，2010：202-203）

本篇参考文献：

[1] 邓云华，石毓智．论构式语法理论的进步与局限 [J]. 外语教学与研究，2007（5）：323-330.

[2] 董燕萍，梁君英．走进构式语法 [J]. 现代外语，2002（2）：142-152.

[3] 高航，张凤．词类的构式语法视角 [J]. 天津外国语学院学报，2008（3）：1-7.

[4] 龚晓斌．结构主义的语言学基础 [J]. 福建外语，2002（1）：31-34.

[5] 纪云霞，林书武．一种新的语言理论：构块式语法 [J]. 外国语，2002（5）：16-22.

[6] 刘玉梅．Goldberg 认知构式语法的基本观点——反思与前瞻 [J]. 现代外语，2010（2）：202-209.

[7] 马道山．句式语法与生成语法对比刍议 [J]. 外语与外语教学，2003（12）：57-61.

[8] 谢应光．构式语法与英语体义研究 [J]. 四川外语学院学报，2007（1）：96-101.

[9] 严辰松．构式语法论要 [J]. 解放军外国语学院学报，2006（4）：6-11.

[10] 严辰松．从“年方八十”说起再谈构式 [J]. 解放军外国语学院学报，2008（6）：1-5.

[11] 赵彦春，王娟．评构式语法的理论取向与局限 [J]. 中国外语，2008（3）：42-50.

第二十一篇　生成语言学·认知语言学·模块观

本篇内容提要：乔姆斯基的生成语言学语言理论主要建立在两个假设之上，其中之一就是模块论。就语言系统而言，乔姆斯基认为，人类的认知系统可划分一些子系统，而语言系统只是其中一种。语言知识和语言外知识在人脑中是分模块贮存的。认知语言学的一个核心假说认为，语言不是一个自主的认知器官，语言能力是人的认知能力的一部分，是一个结构有序的由有意义的语言构式组成的大仓库，与社会、文化、心理、交际、功能相互作用。认知语言学对模块论持否定态度，认为语言涉及其他认知系统，因此，应将它视作整个心理组织的一个有机的组成部分来加以描写。

一、模块假说

所谓模块，日常常用义为标准尺寸的建筑部件，家具组件；单位，单元，尤指计算机或计算机程序的单元。

模块假说的观点是，语言由几个功能上各自独立的次级模块组成，每个次级模块有自己的运作方式，并有一定的分析和加工语言信息的范围。这些次级模块就是词汇、句法、语义、信息等层次，它们只以特定的方式互相联络。也就是说，一个模块如在功能上是自主的，它必然只能接受较低层次的系统或模块的输出，而不可能受较高层次的其他模块输出的影响。语言的次级模块并不直接与大脑的特定部位一一对应。（卢植，2006：123）

模块假说认为，研究语言形式即可揭示语言的本质，对形式构造的研究可独立于它们的语义和功能；语法研究的对象应是可用规则推导得出的所谓的“核心”部分，

而习语、熟语等半规则和不规则的语言结构是“边缘”现象，可不予理会。（严辰松，2006：6）

二、乔姆斯基持“模块论”

语言研究中乔姆斯基生成语法学派主张语法模块化，即语法要分一部分、一部分来研究，句法即是一个模块。例如，乔姆斯基提出管辖与约束原则与参数理论研究句法。

生成语法认为语言理论系统是由几个相互独立但又相互关联的子系统有机构成的模块系统。生成语法持“模块论”，即在结构上高度分化，不同的子系统尽管相互之间有关联，但却分工明确，彼此独立。其中一个独立的、自主自足的子系统便是语法，其运作不依赖于人脑中其他的子系统。乔姆斯基认为：

（1）人有一种独立于意义之外的关于某种语言句法结构的语言直觉，即句法自治性。

（2）能够传达意义的句子必须合乎语法，而合乎语法的句子不一定有意义。

（3）合乎语法的句子比既合乎语法又有意义的句子多。

（4）不合乎语法的句子肯定不会传达任何意义。

乔姆斯基因此认为在人的认知系统中有一个独立于意义之外的语法或句子系统。乔姆斯基的语言理论主要建立在这样两个假设之上，一个是自治论，另一个就是模块论。乔姆斯基把语言看成是独立模块。语言表达的是心理结构中的一个独立的“模块”。这便是“模块论”中的一个独立层面。乔姆斯基生成语法学说中的“模块理论”是模仿数理逻辑的结构而得出的，由4个“模块”构成：

（1）一个独立存在的“句法”；

（2）独立的模型结构；

（3）把句法映射到模型结构的原则；

（4）由模型结构和映射规则组成的语义。（石毓智，2006：63）

就语言系统而言，乔姆斯基认为，人类的认知系统可划分一些子系统，而语言系统只是其中一种。语言系统有别于人类的其他符号系统，因而，它是自立的，对它的描写无需借助于其他认知系统。对语法的看法，生成语法也是借助“模块论”来自圆其说的。它认为语法是语言结构中的一个独立层面。语法系统是由若干子系统构成的，每个子系统相对独立，结构相对简单。因此，句法不同于词汇和语义。语法范畴是以形式特征而不是以语义特征为基础的。说话者可以不顾语义，而仅仅靠语法结构就能判断某个句子是否合格。

乔姆斯基认为，从本质而言，心智具有模块性：①人类的各个认知能力相对独立，就像一个个心理器官系统。②各个认知系统密切交互作用，表现出复杂的、综合的认知能力。语言机制是人脑中一个独立的认知构件，与其他认知构件如色彩感知、空间位置感知是互不相干的，也就是说，语言机制在大脑中是独立运行的。他们认为语言知识和语言外知识在人脑中是分模块贮存的。在乔姆斯基看来，尽管语言能力可与其他心智模块相互作用，但它主要独立于其他心智的模块，语言知识是自治的模块系统。句法是自治的，独立于音位和语义，因为句法规则是在缺乏音位和语义内容的线性符号之上运作的。（王寅，2006：4）

在乔姆斯基看来，人类的大脑先天就有自治的“句法模块”，句法是人类心智的生成部分，创造了语言的结构。人的语言能力是天赋的，是与其他认知能力平行独立的一个模块，在语言能力这个总模块中还可以细分出若干个子模块。每个子模块都包括高度概括的规则和限制。每个子模块仅描写了句子特征的某一维度，如音位子模块控制着句子的声音结构；句法子模块控制着句中词语的组合；语义子模块控制着句子的意义。

为了保证模块理论的有效实施，乔姆斯基认为在各子模块中还应包括具有概括性的规则和限制，而把其他独特的性质置于词库中。人们通过各子模块中的规则和限制以及子模块之间的连接界面，就可对语言中所有句法特征做出合理的描写和解释。

三、认知语言学否定“模块论”

认知语言学发端于乔姆斯基旗下的生成语义学，但却走向了它的反面，可以说实现了从生成到认知的范式转变。如果说生成语义学是对语言机制的纵深挖掘，那么认知语言学则基本上是在语言使用这一平面向度上的扩展，从词素到语篇，从心理到语境，从功能到起源，几乎无所不包。

认知语言学有时被称为认知语法，有时又被称为认知语义学。一般认为，认知语言学主要包括认知语义学和认知语法，它们构成了认知语言学的核心内容。认知语言学的基本假设认为，语言不是一个自足的认知系统，对语言的描写必须参照人的一般的认知规律；句法不是一个自足的形式系统，句法在本质上跟词汇一样是一个约定俗成的象征系统，句法分析不能脱离语义。

在认知语言学家看来，语言不是一个自主的认知器官，语言能力是人的认知能力的一部分，是一个结构有序的由有意义的语言构式组成的大仓库，与社会、文化、心理、交际、功能相互作用。语言知识的表征与其他概念结构的表征没有什么差别，语言知识运用的认知能力在本质上与其他知识运用的认知能力没有两样。语言不是一个独立的认知器官，而是通用认知能力的一部分。

鉴于此，认知语言学对“模块论”持否定态度。它认为语言涉及其他认知系统，因此，应将它视作整个心理组织的一个有机的组成部分来加以描写。不仅语言不是一个独立的模块，语言内部的构造也不是模块结构，不是由词法、句法、语义、语用等各自独立的模块组成的。同样，语法本质上来说是象征的，不能独立于语义和心理结构。人们只能借助象征单位来描写语法，而词汇、语素和句法一起构成了象征结构的连续体。所谓“合格”往往是一个程度上的问题，反映了语义因素和语用因素合力的结果。（龚放，2001：22）.

认知语言学认为语言知识（包括范畴、概念等）都源于前概念时期的最基本的活动，并在此基础上形成内外、上下、前后等感知，复杂概念的形成都是这些初始概念映射的结果。认知语言学对知识模块论学说予以否定，认为人脑中庞大的知识网络的一部分在语言单位激活下成为当前的现实。

认知语言学家认为语言能力是一般认知能力的反映，并由一般的神经过程所控制。根据这一观点，各种认知之间是一个连续体，而语言不是人的心智和大脑中独立的“模块”。语言的形成和运用与人们对外界的经验和感知密切相关，对其描写必须参照人们对客观世界的体验过程，以及基于其上形成的认知策略和规律。既然概念系统来自对客观世界的感知，那么在大脑中就不可能有不受输入影响的模块，语言不是自治的。（王寅，2006：5）

认知语言学派认为语言不是天赋的，主要是后天习得的，语言能力是人们总认知能力的一个不可分离的部分，语言来自认知加工，体现认知方式，是一种基本的认知现象。对语言知识的表征与对其他概念结构的表征基本相同。语言知识不可能被明确地切分成各自独立的模块，词素、词汇、词法和句法是一个连续体。

在认知语法学家看来，语义是人整个概念系统的一部分，而不像生成语法学派所说的那样，是独立的模块部分。意义很重要，语法本质上是有意义的；认知语法所做的一切，就是从意义的角度观察语言结构：语言结构不同，意义也不相同，这跟模块论形成鲜明的对照。模块论认为：语言结构（例如句法）是一个模块，意义是另一个模块，不同的句法结构，可以只跟一种意义相联系。

四、针对乔姆斯基“模块论”的批评

乔姆斯基在创立自己的学说之前，曾经潜心研读过数理逻辑，他的学说在很大程度上是受这门基础数学的启发而创立的。乔姆斯基的很多学术主张和理论的表达方式，诸如句法的自主性和追求形式化的表达法等，并不是基于对语言的观察和分析的要求，而是根据与数理逻辑的类比得出的。数学中，数理逻辑被看成是一种“形式句法”或者“模型理论”。乔姆斯基学说中的“模块理论”就是模仿数理逻辑的结构而得出的。石毓智教授认为（2006：63）拿数理逻辑与自然语言简单比附是不合理的，因为两者是性质完全不同的东西。

首先，数理逻辑是数学家个人根据自己的科学理念构造的一个系统，它的结构和规则都是人为规定的；而自然语言是一个民族在长期的历史过程中形成的，任何个人都无法凭空创造或为其制定规则。

其次，两者的用途不同，数理逻辑是为了数学证明的方便而设立的，而自然语言主要是为了交际而创建的。

最后，它们在复杂程度上也差别悬殊，数理逻辑自身的概念和规则是非常有限的，而且是一个完全封闭的系统；然而自然语言的概念和规则是十分复杂的，同时是一个开放的系统。

本篇参考文献：

[1] 龚放．认知语法的特点及与生成语法之比较 [J]. 外语学刊，2001（4）：21-30.

[2] 卢植．认知与语言 [M]. 上海：上海外语教育出版社，2006.

[3] 石毓智．语法的概念基础 [M]. 上海：上海外语教育出版社，2006.

[4] 王寅．认知语法概论 [M]. 上海：上海外语教育出版社，2006.

[5] 严辰松．构式语法论要 [J]. 解放军外国语学院学报，2006（4）：6-11.

第二十二篇　生成语言学·认知语言学·任意性·象似性

本篇内容提要：索绪尔明确指出所指和能指的关系是任意的，高度强调任意性原则的重要性，明确指出这项原则"支配着整个语言学研究"。乔姆斯基的"句法自主论"更是把语言现象的任意性（包括语言结构的任意性）推到了极点。认知语言学则认为，语言结构是人类认知的一部分，与人类的生理结构、文化经验和物质基础有着深刻的对应关系。人类语言中的普遍现象说明了人类语言与客观世界的关系并非绝对任意的。象似性是当今认知语言学讨论句法时的一个热门话题，它对了解语言和认知的关系有着重要的意义。认知语言学家一般认为：就整体而言，语言符号的象似性是主要现象。

语言是人类不可或缺的交际工具。作为整个符号系统中的一个重要组成部分，它比其他所有符号系统都要复杂。任意性和象似性只是这个复杂系统中的复杂问题之一。任意性和象似性都是客观存在的，这是不争的事实。

象似性与任意性既互相对立，又互有联系，是一个对立统一体，这对矛盾伴随在整个语言发展过程中。处于两极的语言是不存在的，一定位于两者之间，因此语言符号既有象似性的一面，又有任意性的一面。当今认知语言学家一般认为：就整体而言，语言符号的象似性是主要现象。

一、生成语言学基本假设与认知语言学基本假设

生成语言学与认知语言学有着很大的不同。这些差别不仅表现在一些细节上，

更重要的是表现在基本假设上。生成语言学是建立在下述3个基本假设之上的：

（1）语言是一个自足的认知系统，语言能力独立于人的其他认知能力（即语言是具有算法特征的自足系统，有着独立于其他认知系统的高度自主性）。

（2）句法是一个自足的形式系统，独立于语言结构的词汇和语义部分（即语法尤其是句法是与词汇和语义不同的独立的语言结构层面）。

（3）描写语义的手段是以真值条件为基础的某种形式逻辑（即对语义的描写必须采取基于真值条件的形式逻辑方法）。（吴刚，2006）

而认知语言学则提出了3个针锋相对的假设：

（1）语义不是一个自足的认知系统，对语言的描写必须参照人的一般认知规律。

（2）句法不是一个自足的形式系统，句法在本质上跟词汇一样是一个约定俗成的象征系统，句法分析不能脱离语义。

（3）基于真值条件的形式逻辑用来描写语义是不够用的，因为语义描写必须参照开放的、无限度的知识系统。一个词语的意义不仅是这个词语在人脑中形成的一个“情景”（situation），而且是这一情景形成的具体方式，称为意象（imagery）。

在对语言的基本看法上，认知语言学持这样一些假设：

（1）语言能力是人的一般认知能力的一部分，因此语言不是一个自足的系统。

（2）句法不是语言的一个自足的组成部分，而是跟语义、词汇密不可分的。

（3）语义不仅仅是客观的真值条件，还跟人的主观认识密切相关。显然，这些基本假设跟生成语言学的基本假设是对立的。

认知语言学的理论基础，也就是它不同于生成语言学的关键之处，在于下列3点：

（1）语言单位的象征性特征。

（2）语法结构“基于用法”模型（usage-based model）的特征。这两个特征决定了认知语言学关于句法、语义与音系的总体理论框架。

（3）语法结构具有网络模型的特征，该特征是对认知语法结构形式的概括。

认知语言学认为：语言是客观现实、生理基础、身体经验、认知加工等多种因素综合的结果。语法结构不是自主的形式系统或表征层面，它在本质上是象征的，即音系层（语言形式）象征语义层（概念内容）。（王寅，2005）

二、任意性·象似性·理据性

索绪尔在其《普通语言学教程》中认为，能指和所指的关系是任意的，人们所说的符号是能指和所指的结合体，语言符号是任意的。他还进一步解释说，任意性就是能指和所指之间“没有任何自然的联系”，两者的结合是“不可论证的”或“无理据的”（immotivated）。

象似性（iconicity）这一术语源自符号学中的象似符（icon）概念。象似性是指语言形式与意义之间具有相似关系。象似性是说语言的结构和形式直接映照所表达的概念和经验结构。象似性简略地讲就是“语言结构象似于人的经验结构”，或者说“语言结构是经验结构的模型”（沈家煊，1999：6）。象似论认为，语言结构与所指之间存在联系或理据，也就是说，语言符号与其所表达的意义之间普遍存在着象似性——意义与形式之间有对应关系。

象似性是语言形式与意义之间更为具体的理据关系，即两者在关系或结构上“相似”（李福印，2008：45）。象似性不等于更为广义的非任意性，它是理据性的表现形式之一。如果语言在形式上反映了表达的意义，就表现为理据性；如果语言形式通过模拟意义来反映后者，从而造成两者相似，那就表现为象似性。象似性现象一定是有理据的；但有理据的不一定就是象似的。比如，语言中的概念转喻现象都是有理据的，如用 hands 指“船员”，但语言形式 hands 和所表达的“人”的意义就并不相像。

理据性表现在语言的各个方面（李福印，2008：44）：

（1）在词形层面，复合词表现了突出的理据性。例如，英语中 screw-driver 一词是有理据的，其成分 screw 和 driver 就分别反映了使用螺丝刀时“螺丝”被“驱动”的经验结构。汉语中大部分词语是复合词，具有较高的理据性，如“看到”是动作与结果的结合；“林立”中“林”表达了“立”的动作情态，形式和意义之间都是有理据的。

（2）在语义层面，概念转喻是理据性的一个表现，如习语中 All hands on deck 用 hands 指代全体船员，汉语用“一把手”指代“首长”，都是在语言形式（部分，“手”）和语言意义（整体，“船员”/“人”）之间建立了转喻关系，是有理据的。

关于语言符号的任意性和象似性问题的探讨可以追溯至古希腊的唯名论与唯识论之争。这种争论直至 20 世纪初索绪尔《普通语言学教程》的出版使得语言符号的任意性得以确立才稍事平息。

导致语言符号任意说的原因有很多，从哲学上讲主要是基于心智与身体相分离的二元论，这就势必要得出意义与身体相脱离（disembodiment）的结论。意义一旦与身体经验无关，也就与符号无关，符号丧失了理据性，任意说也就在所难免。

尽管几乎就在同时符号象似性学说已经提出，但是，由于当时乃至以后很长一段时间里，结构主义语言学统治着语言学界，象似性理论没有受到学界的重视。随着对语言本质研究的发展，特别是认知科学的发展以及它与语言学结合而形成的一个新的科学领域——认知语言学的发展，人们开始动摇对“任意性”的迷信。根植于认知语言学经验现实主义土壤的象似性学说近年来有了迅猛的发展，形成了对任意说的强烈挑战。

三、索绪尔与任意性

自索绪尔于1916年发表《普通语言学教程》以来，任意说几乎一统天下，许多语言学家一直将这条原则视为语言学的基石。索绪尔明确指出了语言符号的任意性，说“所指和能指的关系是任意的”。索绪尔高度强调任意性原则的重要性，明确指出这项原则“支配着整个语言学研究”。他把任意性视为语言的基本特性之一。

任意性被索绪尔作为第一原则提出来，并在《普通语言学教程》中多次提到。其中有三次对其进行了直接论证：第一次是把它作为第一原则提出来；第二次是在论述语言的普遍性时对其进行论证；第三次是在论述绝对任意性和相对任意性时对其再次论证。

《普通语言学教程》对任意性有多处表述。概括地说，索绪尔认为构成语言符号的两个方面——能指和所指之间的关系是任意的，并解释道，“任意的”意思是“不可论证的”（unmotivated），即能指和所指之间“事实上没有自然的联系”。

索绪尔称“任意性”为语言符号的两个头等重要的特征之一，是第一原则或基本真理。然而，就是对这个有关语言特征的重要观点，在人们似乎普遍接受的同时，也不乏质疑甚至挑战。语言符号象似性就是对流行了一个多世纪的“任意说”的最大挑战。说是挑战，是因为索绪尔过分强调任意性，将其视为头等重要的第一个原则，支配着整个语言的语言学。

四、乔姆斯基与任意性

索绪尔的“任意性”被看作是语言的特性之一，因为在他看来，语言符号的能指和所指之间没有任何自然的逻辑上的联系，或者联系是不可论证的，即符号对现实中跟它没有自然联系的所指来说是任意的，约定俗成的。

从索绪尔到布龙菲尔德，再到乔姆斯基，语言结构的象似性基本上被忽视或否定。任意性的主张占了绝对优势。乔姆斯基提出语言自治论，认为语言是独立于人类其他认知系统之外的天赋的自治的认知能力，更将绝对任意性推到了极致。尽管乔姆斯基并不提任意性，但他代表的生成语言学把索绪尔的任意说发挥到了极致，认为语言是独立于其他认知能力之外的一种任意的、自治的形式系统，语言的能指与所指之间毫无联系可言。

乔姆斯基的理论认为不仅单个符号所指和能指之间的关系是任意的，其排列组合构成的语言结构与意义之间的关系也是任意的。自然语言是独立于人类其他认知系统之外的一种天赋、自治的形式系统。乔姆斯基所认为的语言具有自治特征，就是认为语言具有任意性和约定俗成的特征，语言的能指和所指毫无直接关系。

乔姆斯基在《语言与心智》（1968）中拿人类语言跟动物“语言”做比较，认为两者的根本区别在于动物“语言”都“利用固定的、有限的几个语言平面，每个平面与一个特定的非语言平面相对应；在语言平面上选取一点就能在非语言平面上找到相应的一点”。他的意思就是象似性是动物“语言”，而不是人类语言的特性。

五、认知语言学与象似性

Langacker 认为，索绪尔过分强调了语言符号的任意性，例如由多词素构成的语言符号就是非任意性的例证，其间的理据是可被分析的，即使单个词素的任意性也须大加限制。暂且不说拟声词这一显而易见的现象，语言中普遍存在类比和语言象征的现象，这在词汇的进化过程中不断起着许多理据性作用。语法本身（把词素结合成较大的、复杂的语法构造）具有象征性，因此论断语法与语义相分离，句法具有自治性是毫无意义的。（王寅，2006：16）

认知语言学认为，语言形式反映人们对世界的认知方式和内在的认知机制。语言形式相对于人们的经验结构、认知方式、概念框架、语义系统以及客观世界来说，应是有理据的。这些形式有生理、心理、认知等诸多方面的动因，因此认知语言学强调深入探索符号形式与所指意义之间的象似性联系，努力解释语言交际过程中的一般认知机制和规律。这就形成了认知语言学中的象似性理论。（王寅，2005：11）

20 世纪 80 年代以来，认知语言学的一个任务就是研究不同语言层面的象似性。认知语言学认为，语言结构是人类认知的一部分，与人类的生理结构、文化经验和物质基础有着深刻的对应关系。不仅如此，人类语言中的普遍现象说明了人类语言与客观世界的关系并非绝对任意的。

认知语言学是建立在经验主义和非客观主义的经验现实主义哲学的基础之上。它认为语言不是直接反映客观世界的，而是有人对客观世界的认知介于其间，即现实—认知—语言。人类在对现实世界感知体验和认知加工的基础上形成了自己的概念结构。语言作为思维工具，必然在许多方面、在一定程度上与人们的经验结构、概念结构形式所表意义之间存在对应性象似关系。

认知语言学的象似性是针对语言形式与人的认知结构之间的关系，认为语言结构与人的经验结构之间有一种必然联系。在他们看来，相对于认知结构，语言绝不完全是任意的创造，而是受各种因素，包括认知环境（包括人的生理环境、人的认知能力等）和社会环境的制约，在很大程度上是有理据的。

在认知语言学家看来，尽管语言符号在基本范畴等级上有一定的任意性，或者有些已经丧失了理据，但是在构成上位或下属范畴的词或词组的过程中，在构成更大的语言单位（短语和句子）中，是有动因、有理据的。但其动因和理据不在于语言形式直接反映外部世界的事物，而是反映人对世界的认知方式，即语言形式相对于人的认知结构来说不是任意的。语言是由客观世界、人的认知、社会文化及其语用因素促动的象征符号系统。（赵艳芳，2001：35）

六、认知语言学与句法结构的象似性

当前认知语言学所关心的象似性主要不是指语言文字中的拟声词和象形字，也不是指"语音象征"（即音义之间有规律的对应，表现为词的语音相近，语义相通）。认知语言学所要研究的象似性主要是指语言的结构，特别是句法结构，甚至句法规则是非任意的，是有理可据的。也就是说，句法结构跟人的经验结构之间有一种自然的联系。易言之，语言结构的象似性就是语言结构直接映射人的概念结构，而不仅仅是一般的体现概念结构。这里强调的是，认知语言学认为语言不是直接反映客观世界，而是有人对客观世界的认知介于其间，即所谓的"心生而立言"（沈家煊，2004：104）。

Haiman（转引自沈家煊，2004：105）将句法的象似性分为成分象似和关系象似。成分象似指句法成分之间的关系与经验结构成分之间的关系相对应。

成分象似性其实就是语言"一个形式对应于一个意义"的原则。有4种情形似乎违反成分象似：①有形式无意义（虚义词素）；②有意义无形式（零形语素）；③一个意义多种形式（同义词）；④一个形式多种意义（同音词和多义词）。Haiman把"意义相近，形式相似"这条象似原则从词汇扩展到句法，相信句法上相同或相似的结构表达的意义有共通之处。

结构关系分组合关系和聚合关系，因此关系象似也可分组合关系象似和聚合关系象似。前者如分句的排列次序映照事件发生的先后顺序，后者如人称代词的聚合关系映照交谈参与者与非参与者的关系。

关系象似体现在句法的3个方面：①单位大小；②范畴划分；③结构异同。在单位大小方面，简单的概念一般用短小的单位表达（如单纯词、简单句），复杂的概念一般用较长的单位表达（如合成词、复合句）。在范畴划分方面，相似的概念划归同一句法范畴，不同的概念划归不同的句法范畴。在结构异同方面，相似的概念结构用相似的句法结构表达，不同的概念结构用不同的句法结构来表达。

迄今研究得出的关系象似原则归纳起来有以下 3 条：

1. 距离象似原则

认知或概念上相接近的实体，其语言形式在事件和空间上也相近，就是说，概念之间的距离跟语言成分之间的距离相对应。如英语限制性定语从句与被修饰的名词挨得紧，同在一个语调拱度内，而非限定性定语从句与名词断开，有自己的语调拱度。

2. 顺序象似原则

句法成分的排列顺序映照它们所表达的实际状态或事件发生的先后顺序，因为总是认为原因在先、结果在后，先有条件、后有行动。所以复合句中原因从句和条件从句大多在主句之前。Givon（转引自沈家煊，2004：107）还认为，词序较特殊的句子，如将对比成分、疑问成分、强调成分置于句首，也是遵循“将说话人急于表达的、对听话人而言预测度较低的信息首先说出”的顺序象似原则。

3. 数量象似原则

量大的信息，说话人觉得重要的信息，对听话人而言很难预测的信息，表达它们的句法成分也较大，形式较复杂。例如，复合句的语素数目多于单纯词，句子的语义重点带有额外的重音，而可以预测的话题因信息小而经常省略等等。（沈家煊，2004：107）

本篇参考文献：

[1] Saussure, F. De. Course in General Linguistics [M]. 北京：外语教学与研究出版社，2001.

[2] Halliday, M.K. On Language and Linguistics[M]. 北京：北京大学出版社，2007.

[3] 程工 . 语言共性论 [M]. 上海：上海外语教育出版社，1999.

[4] 裴文斌，戴卫平 . 语言学——语言 • 语法 • 语义 [M]. 北京：科学出版社，2012.

[5] 李福印 . 认知语言学概论 [M]. 北京：北京大学出版社，2008.

[6] 沈家煊 . 句法的象似性问题 [A]. 束定芳 . 语言的认知研究——认知语言学论文精选 [C]. 上海：上海外语教育出版社，2004.

[7] 王寅 . 认知语言学探索 [M]. 重庆：重庆出版社，2005.

[8] 王寅 . 认知语法概论 [M]. 上海：上海外语教育出版社，2006.

[9] 吴刚 . 生成语法研究 [M]. 上海：上海外语教育出版社，2006.
[10] 赵蓉晖 . 普通语言学 [M]. 上海：上海外语教育出版社，2005.
[11] 赵蓉晖 . 索绪尔研究在中国 [M]. 北京：商务印书馆，2005.
[12] 赵艳芳 . 认知语言学概论 [M]. 上海：上海外语教育出版社，2001.

第二十三篇 生成语言学·认知语言学·一致性·互补性

本篇内容提要：认知语言学与生成语言学都以发展语言学的普遍理论为根本指向。两种理论所赖以发展起来的哲学理论基础虽然不同，但是都重视语言研究中观察、描写和解释的充分性，强调语言理论不仅能适用于对某一种语言的描写，更要适用于描写所有的语言。两种理论和方法应该说对解释语言、探索语言的本质都做出了极大的贡献。生成语言学方法长于现象描写，认知语言学方法长于理论解释。

认知语言学是认知科学的一部分。而认知科学是一个由心理学、语言学、计算机科学、哲学和生理学等多学科组成的交叉学科。这些学科有一个共同的兴趣：对人的大脑的本质的研究。认知语言学是在继承以往诸多语言理论的基础上发展形成的，它尽管声称与乔姆斯基理论是背道而驰的，但也吸收了乔姆斯基语言学派的一些观点。正如Taylor（王寅，2007：28）所说，生成语法学派不是一无是处，也不是要抛弃其所有观点。两派也存在一些共同之处：

（1）都用认知的方法，从心智内部来分析语言（乔姆斯基首先提倡语言研究中的认知转向）；都认为语言是思维的窗口，心智的镜子。

（2）都认为思维是无意识的。

（3）都侧重对语言做出解释。

（4）都认为意义具有内在性、不确定性。

一、第一代认知科学与第二代认知科学

认知科学是一门连接哲学、心理学、人类学、语言学、脑神经学与计算机科学的新学科。它试图建立人脑是如何工作的理论。大部分认知科学的指导原则是把人脑视为像计算机一样处理符号，也就是作为信息处理的系统。认知科学是一门高度推论性的学科，它从观察人们执行智能任务的行为开始，到作为行为基础的抽象心理机制理论化或模型化结束。

认知科学的兴起与认知心理学有着密切的联系，认知心理学对人的认知机制，特别是对人的言语机制的探索是实验性质的。从假设到实验设计，从收集数据到数据分析，用数据分析的结果来否定原有的假设，以此验证某种认知过程的某种特征。认知科学的方法则不同。他们用计算机对人的认知机制进行模拟，使模拟的结果符合认知心理学研究的结果。

认知科学可以分为两种：①建立在英美哲学基础上的认知科学；②独立于任何事先就决定研究结果的哲学假设的认知科学。

第一代认知科学旨在适应主张形式主义的英美哲学。受此影响的人工智能理论、心理学上的信息加工理论等都把大脑看作是对无意义的形式符号进行运算的工具。这一传统的特点是精确，但缺点是它以先验哲学为基础，任何与该哲学假设不一致的结果都被认为是没有意义的。

第二代认知科学指的是不受任何哲学假设限制的研究大脑的经验科学。第二代认知科学家们有 3 个主要结论：①大脑是被体现的。②大部分思维是无意识的。③大部分抽象概念是隐喻性的。（束定芳，2004：8-9）

如果说乔姆斯基革命是“第一次认知革命”，那么认知语言学就是“第二次认知革命”，并且是“革命的革命”，即用此认知来革彼认知的命。

认知语言学发端于乔姆斯基旗下的生成语义学，但却走向了它的反面，可以说实现了从生成到认知的范式转变。如果说生成语义学是对语言机制的纵深挖掘，那么认知语言学则基本上是在语言使用这一平面向度上的扩展，从词素到语篇，从心理到语境，从功能到起源，几乎无所不包。

二、认知语言学和生成语言学：一致性

对认知语言学和生成语言学这两种理论和方法进行仔细观察，会发现其间存在着相当多的一致性。

认知语言学与生成语言学有一个共同点，那就是：它们都是在反对物理主义—行为主义的语言观中发展起来的，主张研究人的思维过程和认知策略，并通过语言

研究达到该目的。它们都认为，如果没有一个有组织并能调节主体与客体之间认识关系作用的心理表征，就没有知识。认知语言学和生成语言学都对那些由知识组成的心理结构感兴趣。生成语言学对语言知识感兴趣，而认知语言学是通过语言对知识感兴趣。

这两种理论具有目标的一致性。两种理论所赖以发展起来的哲学理论基础虽然不同，但是都重视语言研究中观察、描写和解释的充分性，强调语言理论不仅能适用于对某一种语言的描写，更要适用于描写所有的语言，例如生成语言学在建立普遍语法中的努力和认知语言学对人类认知过程的概念化过程的探索，尤其是语法化理论在建立自己的假设时常涉及多种语言类型等等。这些事实表明，两种理论都旨在探索人类语言的本质。

甚至在两者的理论宣言中，连他们宣称的学科理论基础都表现出诸多一致性：生成语言学认为，他们的语言学研究和心理学、哲学、计算机科学都是认知科学的分支学科。而认知语言学与心理学、哲学、计算机科学和认知科学的关系则是人所共知的。不同的仅仅是生成语言学在这些科学理论和方法的影响下通过研究语言探索人类心智的生物属性，认知语言学则是在同样的科学理论的影响下通过语言探索人类心智的经验属性。

两种理论在方法论方面有高度的一致性。生成语言学的研究方法是演绎法，即事先建立一个假设，再通过事实来验证其正确性。乔姆斯基认为，作为一门科学，语言学不应该仅仅以描写和分类作为自己的最终目的，而是应该提出种种假设，对人类知识结构中特有的语言能力做出解释。认知语言学也常常采用假说法，只是认知语言学所依据的逻辑推理方式是溯因推理。

两者的不同之处在于，演绎法把法则用于观察案例，以推定结果，前提中没有给定的情况不去推论，因此如果前提是真结论就是真。而溯因法则重于用假设推定事实发生的原因，推定是否合情合理。

但无论是生成语言学使用的演绎法还是认知语言学使用的溯因法，表现在具体研究中，都是用假说法观察语言。只是由于理论基础不同，生成语言学基于唯理主义哲学，认为语言能力是先天的，因此其假设就是规则；认知语言学基于体验哲学，认为语言能力与经验密不可分，因此其假设就是原则。

如果生成语言学的价值在于抽象的逻辑体系，代表人类知识的纵深掘进，那么认知语言学则着眼于动态的交互与整合，属于学科的纵向铺开。

如果说生成语义学超越了现象的羁绊，搭起了经验与先验之间的桥梁，那么认知语言学则纵深于活生生的现实与感觉。（赵彦春，2007：28）

如果说乔姆斯基的学说是“线性”语言学，那么认知语言学则是“非线性”语言学，即两个学派关注的问题常常是互补的。形式语言学注重语言符号的线性特性。例如，他们经常用 [±N] 或者 [±V] 作为一对区别特征来描写一些句法现象。而在认知语言学看来，动词和名词的典型数量特征都是“离散性”的，它们都可以用数量词称数。它们的称数系统是平行的，从构词上可以看出两个称数系统之间的内在联系：

名词：one，two，three；

动词：once，twice，thrice。

这种分析无疑深化了人们对语言的认识。

三、认知语法、生成语法：内在语法

理论语言学的科学属性同乔姆斯基的心智主义语言观密切相关，即认为语言是一种心智现象，语言学的首要任务是描写发话人关于语言的心理知识。对主流生成语法有尖锐批评的 Jackendoff 曾多次强调心智主义是乔姆斯基对语言学最重要的贡献，是现代语言学一大支柱之一。关于这一点，与生成语法在很多方面相对立的其他理论模式，包括认知语言学中的认知语法和构式语法，并没有提出质疑。如构式语法的代表人物戈尔德博格（Goldberg）在 2003 年的一篇颇有影响的理论综述中明确指出构式语法与主流生成语法均赞同把语言看作是一个认知 / 心智系统，认知语法亦将描写对象定位于语言系统的心理表征，即“内在语法”。这一共识意味着认知语法与主流生成语法具有基本相同的研究范式，很难设想心智语法系统能有什么别的研究模式。（张韧，2010：4）心智主义立场几乎成了当代理论语言学的入门常识。

四、认知语言学、生成语言学：语义内在论

索绪尔以语言内部结构为出发点论述其意义观。他的结构主义原理认为：语言是一个由语言成分相互依赖的关系所组成的结构体系。这个原理对语义的描写就表现为语义的关系论，强调符号的内指性，认为意义可以依靠语言系统内部的相互关系得到实现，而无需像指称论那样，语言的意义要到系统外部去找所指对象。词义是由词在潜在的横组合关系和纵聚合关系中的值共同确定的。

乔姆斯基认为在意义问题上存在内在论与外在论之争：指称论和真值论的语义观属于外在论，无法解释语义；语言被视为人脑的一种属性，意义存在于心智中，因而乔姆斯基持内在论语义观，这是在语言天赋观和内在观的基础上提出来的。他认为语言是先天的、普遍的，是一种心智自治能力，独立于任何与外界相连的东西，与身体经验无关，并认为语言一定具有一个使其成为语言这种东西的本质，内存于语言之中，这个本质就是“普遍语法”。语言在本质上是纯形式的，可通过内省法

进行准确研究。

认知语言学家对意义的研究也是沿着内在论方向进行的，与乔姆斯基一样都认为语言和认知存在于人的头脑里，语义必须按照心理现象来描写。认知语义学家的一个重要口号是“Meanings are in the head.”这一观点就明确表明他们对语义的基本态度也是基于内在论的，与乔姆斯基的内在论有某些共识。

在词语意义具有不确定这一点上，认知语言学与乔姆斯基理论也有共同看法。乔姆斯基将词语的意义视为一个变量，具有不确定性，词所能表达出的意义取决于人们对其特别的兴趣和关注点。

乔姆斯基排除一切外界干扰因素，研究心智如何作用于语言，认知语言学接受了后半句而否定了前半句，强调以外界现实、体验感知为基础来研究心智如何作用于语言，充分肯定现实对意义产生、语言形成所具有的基础作用，两者间具有双向互动关系。语义不仅是一种心理现象，存在于人的头脑中，而且更主要的，是一种基于身体经验的心理现象，源于人与客观世界互动的认知。对于经验的实践作用，是体验内在论与结构内在论和心智内在论的根本区别之所在。

认知语言学派既吸收了内在论的观点，也兼有外在论中考虑外部世界因素的观点，从而形成了具有特色的、基于体验的内在论意义观。这也与认知语言学的体验哲学基础和体验性心智观的心理学基础相一致。

五、形式与语义——相互依赖，相互作用

认知语言学与生成语言学都以发展语言学的普遍理论为根本指向，但它们一个强调语义，一个坚持形式，两者相持不下，似乎不可协调。其实，形式和语义的关系并非水火不容，它们既对立又统一，是相互依赖、相互作用的，只是研究者要明确各自理论的作用范围和互动程度。

认知语言学否认先验，唯经验独尊，唯语义独尊。

乔姆斯基则坚守本质论，做出了先验的设定，特别强调体现人类语言内在性和生成性的句法机制。

乔姆斯基突出先验性以及根源于此的句法自主性，但并不否认经验的作用。他关于语言设计的三大要素中，其一便是经验。而且，他也并不排除语言使用中的主观因素和环境因素，只是他尽量剔除在他看来不相关的或不构成必要条件的东西。（赵彦春，2009：36）

六、生成语言学：现象描写——认知语言学：理论解释

“总的说来，两种理论和方法应该说对解释语言、探索语言的本质都做出了极大的贡献。生成语言学方法长于现象描写，认知语言学方法长于理论解释。”（刘辰诞，2008：33）

正是由于乔姆斯基理论与认知语言学理论之间存在种种联系，在语义上又都持内在论的观点，因此学术界在对乔姆斯基语言理论的归属上存在很大分歧。认知语言学和乔姆斯基学派在哲学基础、心理学基础、自足性、客观性、生成 / 概括的优先性、普遍性、形式 / 功能等很多基本假设上是根本对立的。

乔姆斯基的生成语言学是一种注重形式的认知主义，它深受数学和逻辑原理的形式化研究的影响。认知语言学是一种注重概念的认知主义，它强调作为语言核心的意义是一种心理现象（因此必须按心理现象来描写）。

认知语言学与生成语言学都主张研究人的心智，研究人的思维过程和认知策略，都认为可通过研究语言来了解人类的心智。但对于心智的来源、表征的方法、研究的内容、得出的结论等方面存在一系列根本的分歧，其原因就在于两者的哲学基础、心理学基础存在着根本的差异。

乔姆斯基和认知语言学的代表人物兰盖克都声称自己的学说是关于人类认知的，但是两者的基本语言哲学观又是处处针锋相对的。两种学说虽然都与认知有关，但是侧重点很不相同：乔姆斯基是通过语言来探讨人类的认知，而兰盖克则是通过认知来探讨人类的语言。兰盖克从来不需要对他的理论框架做主要修改或改变。乔姆斯基对生成语法有过多次重新定义。

Taylor（蓝纯，2001：17）对认知语言学与生成语言学的分歧做了简明的概括：“生成语法学家视语言知识为大脑的一个自足的组成部分，独立于其他知识和其他认知能力以外；认知语言学家则在语言的结构和功能及非语言的机能和知识之间建立起密切的、融合的关系。”

本篇参考文献：

[1] Langacker, R. W. Foundations of Cognitive Grammar, Vol. 1: Theoretical Prerequisites [M].Stanford: Stanford University Press, 1987.

[2] 蓝纯 . 认知语言学：背景与现状 [J]. 外语研究，2001（3）：14-20.

[3] 刘辰诞 . 殊途同归，相得益彰 [J]. 中国外语，2008（5）：28-34.

[4] 束定芳 . 语言的认知研究——认知语言学论文精选 [M]. 上海：上海外语教育出版社，2004.

[5] 王寅．认知语言学 [M]. 上海：上海外语教育出版社，2007.

[6] 张韧．科学论证：中国认知语言学研究走向国际的首要前提 [J]. 外国语，2010（3）：2-9.

[7] 赵彦春．先验与本质的缺失 [J]. 外语学刊，2007（6）：27-34.

[8] 赵彦春．认知语言学的理论取向与实质 [J]. 外国语文，2009（5）：31-37.

第二十四篇　生成语言学语言观·认知语言学语言观

本篇内容提要：生成语言学将语言视为抽象符号的操作体系来进行描述，符号的意义以及所指无须考虑。认知语言学认为对语言的描述应符合认知科学的其他领域所提供的关于人的心智和大脑的认识。遵循不同的信条使得二者在对几乎所有的语言现象进行解释时都大相径庭。

一、语言学革命

语言学在其发展的过程中，形成过不同的理论模式和学术流派，不同理论流派的研究侧重点、语言观、哲学观、方法论都会有所不同，但是这些理论和流派都对深化人们对语言本质的认识做过积极的贡献。de Beaugrade（卢植，2006：11）提出语言学理论探索的根本问题有：

（1）语言学和其他学科相比处于什么位置？

（2）语言的哪些方面应当着重研究？哪些方面较为次要？

（3）语言学家推崇或摒弃什么样的研究方法？

（4）语言学家怎样收集语料？怎样参照其他原始资料对自己的语料做出评价？

（5）怎样说明理论上的论点和抽象概念？

（6）语言的基本单位与结构是什么？

（7）“词”、“词组”和“句子”等传统语法概念在现代语言学理论中有何地位？

乔姆斯基的语言学巨著《句法结构》（1957）的出版标志着一种“哥白尼式革命”

的来到。生成语法学流派在其后的60多年的研究历史，特别是其生物语言学研究的思想及由此驱动的认知科学、脑科学及心理学等领域的相关研究证明了这一预言的正确性。虽然如科学史上诸多的革命性理论所经历过的那样，乔姆斯基的语言学思想自产生之日起就不断地遭到各式各样的批评和反对，然而，“乔姆斯基革命”的说法却得到了广泛的认可和传播，而乔姆斯基语言学思想指导下的生成语法学派也成为国际语言学界所公认的主流语言学流派。

1. 语言学研究哲学理念的改变

从结构主义到生成语言学，首要的革命性改变是关于语言本质的哲学理论上的改变。以结构主义语言学为代表的传统语言学理论认为语言是一种社会规约，是约定俗成的社会产物。布龙菲尔德在这种约定俗成的语言本质论基础上进而引进行为主义的心理学观点，认为语言交际和语言学习实际上是刺激—反应的表现和结果。曾几何时，这一思想占据了语言学研究的主导地位。而乔姆斯基革命则从根本上动摇了这一哲学根基，而成为现代认知革命的一个重要组成部分。乔姆斯基革命的核心的改变是由对于行为和文本、语料库等行为产品的关注转为对于行为所赖以产生的内在的机制的关注。而这种转变是认知革命的一个重要组成部分和重要贡献因素，它代表了一种视角的转换。

这一视角转换的结果就是使得越来越多的人不再满足于约定俗成的语言观，不再满足于对语言事实的浅层次的描写，而是为语言习得的逻辑问题寻找答案。与布龙菲尔德等行为主义语言学习观不同，乔姆斯基的生物语言学观点认为，语言机制就像身体其他器官一样，它由遗传所决定，可以在适宜的环境中生长、发育和成熟。

2. 语言学研究方法论方面的改变

结构主义的研究传统由于以“白板论”为哲学基础，这就决定了其对“经验”和“数据”的格外重视。所谓“白板论”是说，人在出生时其大脑的思维如同白板一块空空。人类心智的产生是后天经验的结果。语言也是一样，依靠后天的学习而获得。与此相应，在研究方法上结构主义研究传统更重视语言调查基础上的分类和归纳。因此，绝大多数的结构主义研究学者都会花大量的时间用于实际调查工作，并以此为基础提出其各自的语言学假说。

一般认为，与结构主义的研究传统不同的是，生成语言学的研究主要以演绎式的方法为主，因此我们看到的有的生成语言学的文献可能全篇只讨论为数不多的一些例子。

应该承认，科学史实证明了恰当的理论假设往往是有效科学实验的先导。生成语言学的研究历史显示，其理论假设已经成功地引导人们发现了很多过去所未曾发现的现象和数据。乔姆斯基的理论所产生的影响是革命性的，其直接的结果之一就是使得人们对于语言的研究从过去过分注重数据的观察与积累转向对更深层次规律的总结和解释。（司富珍，2008：110- 113）

二、语言学信条

1. 生成语言学信条

生成语言学的一个基本出发点是句法自足的。在概括句法规则时是否要涉及语义、交际功能和认知并不被视为一个需要等待实验验证的科学问题。相反，这种可能性从一开使就被排除了。至于为什么被排除则源自生成语言学所遵循的一个哲学信条，Lakoff称之为“乔姆斯基信条”，是将语言视为抽象符号的操作体系来进行描述，符号的意义以及所指无须考虑。因此，从一开使，诸如意义、交际功能和认知之类的概念就不可能进入生成语言学的各种规则。（蓝纯，2005：78）

2. 认知语言学信条

认知语言学所遵守的认知信条认为，语言学家对语言的描述应符合认知科学的其他领域所提供的关于人的心智和大脑的认识。遵循认知信条使得认知语言学在很大程度上迥异于以往语言学的研究，这是因为任何关于语言的规则的概括都是针对范畴的，而范畴究竟是什么本身就是需要回答的问题。

兰盖克（Langacker）认为，“认知语言学有两个根本的承诺：第一，概括的承诺：对支配人类语言各个方面的一般原则进行描写；第二，认知的承诺：从语言学以及其他学科出发，使对语言的解释与有关心智和大脑的一般知识一致。”（文旭，2004：61）

“这两个承诺认为，语言反映了人类总体的认知机制和过程，而认知语言学研究要做的就是寻找制约语言各个系统的共同的认知机制和过程。这表明，人的认知机制是一个完整的统一的大系统：语言内各层级的认知机制、语言内外的认知机制都是相互关联、相互影响的，任何语言活动的认知机理都不是单一性的、模块分割的、独立运行的，而是有着系统性、关联性和综合性的，这就需要用整体思维的方式和集成认识的方法进行分析和综合，达到整体和统一的把握。”（徐盛桓、陈兰香，2009：23）

3. 信条之对比

为生成语言学所信奉的传统的范畴观认为范畴由一组充分必要条件界定；但认知科学的实证研究却证明，人类对范畴的认识并不是以充分条件为衡量标准，而是要看一个实体与某范畴的原型的接近程度；范畴与范畴之间并不存在明晰的界限，不同层次的范畴构成一个等级结构。

不同的范畴观决定了认知信条与乔姆斯基信条的分道扬镳。乔姆斯基信条从一开始就将认知、语义与交际功能排除在外，旨在提出一个纯粹的、以符号运作为基础的形式语法。而认知语言学则研究认知、语义和交际功能在句法规则中可能承担的角色。

认知语言学和生成语言学遵循不同的信条，这使得二者在对几乎所有的语言现象进行解释时都大相径庭。生成语言学所遵循的乔姆斯基信条事先限定了答案的形式：必须是一个符号操作系统，普遍认知、意义、交际功能等在其中不起作用；而认知语言学的认知信条不限定答案的形式，只是承诺将语言视为人类认知的一个内在成分进行科学研究。

三、语言学研究与语言观

1. 语言学研究的必要性

语言是人类的产物，是社会的产物，是人类主观意识活动的结果，有人的意志、感情、愿望等主观因素在起作用，具有不确定性、偶然性、突变性、不可预测性。但是，这里的不确定性、偶然性、突变性、不可预测性其实是人类对语言运作以及由此而涉及的脑神经活动认识不够的结果。不确定的事件、偶然的事件、突变的事件、不可预测的事件只是一定认识水平的产物，其实它们背后是现在还没有认识的或没有完全认识的复杂的、系统的、整体性的必然。研究就是要逐步地、不断地逼近揭示这样的必然。语言学之所以需要和可能，就是通过思维方式和认识工具的变革，改进研究方法，将具有不确定性、偶然性、突变性、不可预测性的语言运用尽可能做出系统的、整体性的、必然性的解释。（徐盛桓、陈兰香，2009：28）

2. 语言观

一个人对语言的总体认识就是他的语言观。认为语言是怎样的，就会沿着这样的思路来思考，从而形成一种倾向性和定势，成为语言的研究方法。语言学理论或学派的建立，总是以某种语言观作为指导思想的，而某一语言观往往也总是某种哲学观的反映。对语言性质的认识就反映了某一语言观，也是对某一哲学理论的具体反映。语言有很多性质，不同的语言学派往往强调了语言的不同性质。正基于此，不同学派有了不同的语言观。例如：生成语言学——语言心智观和生成观；认知语言学——体验认知观。（王寅，2005：61）

生成语言学的一个核心支柱，就是乔姆斯基对“语言”的看法——每个人都有一套与生俱来的“语言器官”。这套“语言器官”就如人人天生有一颗心、两只手、两条腿一样，都是进化的产物。它跟其他器官的主要差别在于它并不是一种有形状的“硬件”，而是一种无形的“软件”。（石毓智，2008）

乔姆斯基生物语言学视角下的语言观认为语言机制就像身体其他器官一样，它由遗传所决定，可以在适宜的环境中生长、发育和成熟。语言机制之于语言环境，就如植物之于土壤、空气和水分一样，没有适宜的环境，植物固然不能存活，但决定植物本质属性的却是植物由遗传所决定的那部分生物特性，而不是土壤、空气和水分。

认知语言学对语言本质的认识完全不同于生成语言学。认知语言学认为，语言的本质特征是符号性，语言构式都是有意义的语言符号。语言的基本目的之一是为交际服务。语言以用法为基础，语法产生于语言使用。认知语言学认为语言不完全是形式的东西，不是一套规则系统，不能用生成和转换以及对形式描写的方法来对语言共性进行解释。语言形式是认知、语义、语用等形式之外的因素促动的结果。

四、三个基本问题

语言是一个由语义、词汇语法和语音3个层次构成的符号系统，这一点已成为语言学界的共识。任何语言学理论都必须回答3个基本问题：①语言知识是什么？②语言是怎样习得的？③语言是怎样使用的？

生成语言学和认知语言学对这些问题给出了不同的答案。

虽然乔姆斯基的理论一直在变，但是有一些核心假设是自提出之日起就保持恒定的（李福印，2008：62）：

（1）语法是自治系统。

（2）语法是生成语言的高度概括和抽象的原则和规则，内嵌在语言官能中。

（3）语言官能是人类特有的认知机制，由基因决定，是人脑中独立的一部分。

为回答以上3个基本问题，认知语言学提出了与生成语言学完全不同的3个基本假设：

（1）语言不是一个自主的认知器官。

（2）语法是一个概念化过程。

（3）语言知识产生于语言运用。

这三个基本假设可以说是认知语言学对生成语言学的反动。

假设（1）是对语言是一个自主的认知器官的反动，宣告了认知语言学的语言观与生成语言学的语言观的根本差异。该假设认为，语言知识的表征与其他概念结构的表征没有什么差别，语言知识运用的认知能力在本质上与其他知识运用的认知能力没有两样。

假设(2)的基本观点是，概念结构不能简单地还原为真值条件与客观世界的对应。人类认知能力的主要特征是将经验概念化后表达出来。概念结构的方方面面都离不开识解的作用，如范畴结构、知识的组织结构、多义性、隐喻、词汇语义关系等。

假设（3）认为，语义、句法、形态、音系的范畴与结构是在具体的语言用法中逐渐形成的。

五、生成语言学与认知语言学对立的方面

生成语言学与认知语言学的对立主要体现在以下3个方面（李福印，2008：65-66）：

1. *两者对于语法本质的理解完全不同*

生成语言学认为语法是高度抽象的原则和规则，其作用在于生成语言；认知语言学认为“语法是象征性的，用来构建概念内容的结构，提供规约性的概念内容的象征关系”。换句话说，认知语言学认为我们利用语法来组织我们的概念内容，赋予其特定的结构。

生成语言学认为：

（1）对语法的描写要求代表语言结构一个独立方面的树形结构图，以表示各成分间的层次关系、线性顺序和通过各结点标签表示的范畴成员关系。

（2）词项被插入结构树的底端，但词项本身既没有语义内容也没有音系内容，然后将语义解释规则和音系解释规则施加于词项所提供的内容并将树形结构关系加以考虑，最终得出语义表征和音系表征，但是短语结构规则和结构树本身既不是语义实体也不是音系实体。

（3）由于语法范畴既没有语义特征也没有音系特征，词项的类属必须由句法特征来确定。

总结起来，这就是生成语言学的语法自主性原则。

兰盖克（刘宇红，2004：7-8）认为，语法自主性原则存在“语言形式/可预见性悖论”，也就是说语法自治原则混淆了两个问题：①（语言中）存在何种语言形式；②语言结构的形式是否具有可预见性。举例说明，leaves（树叶）这一复合语言单位属于语言形式，体现了名词单数变复数的过程中 f → v 的变化规律，但 reefs 则不遵循这一规律，即不具有可预见性。生成语法据此确立了语法自主性理论。这一理论

的症结就是将语言形式与可预见性这一基础混为一谈，即妄想用完全可预见性来确立语言形式的合理性，在可预见性受挫时就退守句法自主性这一教条。

认知语言学认为语言单位的形式不具有完全的可预见性，我们选用一种形式而不是另一种形式是有理据的或者是有意义的。因为语言形式只是体现或象征我们识解概念内容的一种特定方式，也就是说，可预见性体现的只是人的主体性特征，和与句法自主性紧密相关的客观主义语义学是格格不入的。

2. *两者对于语言知识来源的理解完全不同*

生成语言学认为语法内嵌在语言官能中，是天生的；而认知语言学认为语言知识来源于语言使用，即语义学、句法学、词法学、音位学中的范畴和结构都是在我们对具体情境下具体语言使用的认知过程中逐步建立的。

3. *生成语言学和认知语言学在方法论上对立*

生成语言学是先假设了概括抽象的规则来支配语言的运用。因此，实际语言中无法用这些规则解释的现象（如习语、隐喻等）是反常的，并不属于语言的核心部分，不应在研究范围内。而认知语言学采用的是从下而上的归纳法，从对实际语言的研究中得出概括性的结论。例如，构式语法体系由对句法特征变化的细致分析得出每个结构的特点。在一些学者看来，这样的方法可以保证概括性的结论符合具体的语言运用，更为重要的是，由此得出的结论可以随时被证伪，合乎实证语言学的科学精神。

六、语言本质

语言首先是人的语言，它主要反映人类的三大本质属性，即人的生理性、思想性和社会性。语言的社会性包括：①语言是一种社会现象。②语言是社会的产物，在社会的劳动中产生语言。③语言为全社会服务。④语言与社会互为依存。⑤语言符号是社会约定俗成的。⑥语言具有民族独特性。⑦语言来源于社会活动。⑧语言具有社会功能。⑨语言具有社会性的一套习惯，交际的一套习惯，人们说的每句话都有社会的成分。（王寅，2005：68-69）

乔姆斯基的生成语法把语言看成人脑中的一种特殊的机制，或者是一种语言蓝图，语言学研究的目标就是揭示人类共同拥有的这一语言机制究竟是由什么组成的。

以乔姆斯基的语言学思想为代表的生成语法及其相关理论对于语言本质的思考是从对语言知识的“柏拉图问题”的分析开始的。所谓“柏拉图问题”关心的是为什么人类在与外界世界只有个体的并且是短暂而有限的接触条件下却能懂得那么多。

认知语言学认为语言是建立在人类的一般认知能力之上且承担着交际功能的符号系统。生成语言学则把语言学视为一种天赋的、自主的形式装置。乔姆斯基认为语言不是一套实际存在的句子，而是一种生成句子规则的内在机制。当人们学会一种语言时，他学会的实际上是这种机制。这个有限的机制可以生成某一语言的从理论上说是无限的句子。这种机制的核心是普遍语法，它是以天赋的语言能力为基础的，有其心智结构上的自然基础。他强调语言学的目标就是要形式化地构造出语法的公理系统，以精确地描写人的语言能力。

认知语言学将语言视为一个非自主的系统。这一观点将语言置于人与环境、人与同类的交往这一大背景之下，认为在语言和人类的普遍认知能力之间存在密切的、辩证的关系。语言不是大脑中的一个独立部分，而是认知结构的一个组成部分。

不论是生成语言学还是认知语言学，都认为语言规则是有理据的，只是他们探索理据的方向和手段有所不同。生成语言学注重从人类的生物基础上寻找理据，把基本的语法规则归结为人类生物进化的结果。认知语言学则主要从具体的认知能力出发，从人的生理条件、社会自然环境、交际活动中寻找语言规律。

本篇参考文献：

[1] 蓝纯 . 认知语言学与隐喻研究 [M]. 北京：外语教学与研究出版社，2005.

[2] 卢植 . 认知与语言 [M]. 上海：上海外语教育出版社，2006.

[3] 李福印 . 认知语言学概论 [M]. 北京：北京大学出版社，2008.

[4] 刘宇红 . 兰盖克认知语法述评 [J]. 外语研究，2004（4）：6-11.

[5] 石毓智 . 认知能力与语言学理论 [M]. 北京：学林出版社，2008.

[6] 司富珍 . 语言论题 [M]. 北京：中国社会科学出版社，2008.

[7] 王寅 . 认知语言学探索 [M]. 重庆：重庆出版社，2005.

[8] 文旭 . 认知语言学的研究目标、原则和方法 [A]. 束定芳 . 语言的认知研究 [C]. 上海：上海外语教育出版社，2004.

[9] 徐盛桓，陈兰香 . 认知语言学研究面临思维方式和认识工具的巨大变革 [J]. 中国外语，2009（5）：21-28.

第二十五篇　生成语言学语义观·认知语言学语义观

本篇内容提要：生成语言学的领军人物乔姆斯基始终把语法看作是语言的基础，始终遵守句法是独立于语义的，句法研究不应以语义为基础，形式必须独立于意义之外进行描述。认知语言学以语义为中心，将语义等同于概念化，认为语言的意义是一个认知结构。认知语言学认为语义才具有生成性，认为词法、句法不是自主的，是受功能、语义和语用因素支配和制约的。

一、乔姆斯基——重句法轻语义

乔姆斯基对语义在语言研究中的位置这个问题的看法前后是不一致的。最初他是把注意力集中在句法上，将语义排除在他的语言体系之外。乔姆斯基在其成名著《句法结构》（1957）中明确指出："语法是独立发挥作用，不依靠意义的。"这种"语法独立论"实质上把语法视为纯形式的东西。他把意义比作头发的颜色，认为研究语法不需要研究意义就像研究语法不需要了解说话人头发的颜色一样。他的这种观点遭到很多学者的反对，反对者认为，语义必须包括在语言学之中，研究语言不考虑语义就如同研究牛奶可以不考虑奶牛一样站不住脚。

乔姆斯基本人也发现他建立的语法规则并不能解释所有的句子结构，从而感到以前的观点过于绝对，应该进行修正。乔姆斯基接受了反对者的建议，在其《句法理论面面观》（1965）一书中考虑了语义因素，他说："事实上，我们没有必要做出句法考虑和意义考虑可以截然分开的假设。"乔姆斯基不再坚持语法独立的观点，不再认为先由句法生成深层结构，然后由深层结构进入意义，而是认为语法和意义共同发挥作用。他提出了一套解决语义问题的理论，即标准理论。标准理论分为语法、语音、语义3个部分。尽管乔姆斯基对其以前过于绝对的观点进行了修正，但他却没有赋予语法、语音、语义这三者以同等的地位，在句法和语义的关系上，乔姆斯基主张句法自主，认为句法研究可以不必依赖语义概念而独立进行。他认为，"句子的意义是建筑在其基本成分的意义以及它们的结合方式的基础上的，表面（直接构成成分）结构提供的结合方式一般跟语义解释几乎全然无关，然而在抽象的深层结构上表达的语法关系在许多情况下却决定句子的意义。"

乔姆斯基认为，语法的基础部分生成句法表达式，然后在语法的语义部分中通过一定的语义规则对句子的深层结构做出解释。语法系统中只有句法部分才具有创造性、生成性，语义部分只有解释性，没有生成性。尽管乔姆斯基后来对自己的理论又做了几次较大的修改，但是语法和语义的基本关系并未变动，他始终把语法看作是语言的基础，仍然遵守句法是独立于语义的，句法研究不应以语义为基础，形式必须独立于意义之外进行描述。

二、乔姆斯基——语义内在论

自20世纪60年代开始，生成语言学理论成为西方语言学界最有影响的语言学说。建立在理性主义哲学基础上的生成语言学采取了与以往的语言学研究截然不同的理论和方法。它感兴趣的不再是实际存在中的外表化的语言，而是人类"内在"的语言能力。因此，生成语言学理论已经不是狭义的语法，而成为认知科学的一部分。但从语言学角度看，生成语言学实质上是广义的句法理论，旨在研究人类特有的生成无限句子的能力，其中也包括人类能够理解各种句子意义的内在能力。因此，句子语义研究就成了生成语言学理论体系中的一个十分重要的组成部分。

乔姆斯基认为语言能力是存在于大脑中的一个先天机制，语言具有自治性、生成性，强调心智上的内指性，提出了语义内指论的观点。

意义内在论的理论要点可以概括如下：①人类有创造和使用语言的能力。②意义独立于外界的感知刺激，意义先于词语，即在没有词语形式表达之前就已经存在于人脑之中。③意义无法从别人身上用归纳、类推或演绎的方式学得。④意义是一种个体的心理/认知事件，具有人类种属属性。⑤个体之间关于意义的心理感受大体相同又相通。

乔姆斯基为证明意义先于词语的看法，给出了下面一些例证（宁春岩，2000：243-244）：

（1）任何人都有“心里有话说不出来”的情况，有许多意义和思想我们没有词语表达，意义的数量远远大于词语的数量。

（2）幼儿可以凭借一句话的句法信息辨认出母语中不存在的词语的意义。

（3）儿童能够识别父母话语所表达的意图、信念和意义，尽管他们尚无法用语言描绘出来。

（4）颜色词的意义在盲人与正常人的头脑里是一样的。

（5）哑语的语言结构及语言习得同正常人口语的语言结构及语言习得完全一样。

（6）大面积感觉器官的损伤对语言习得没有多大影响。

（7）新生儿对于出现在任何一种人类语言中的“对照”同样敏感。

乔姆斯基（1995）认为在意义问题上存在内在论与外在论之争，指称论和真值论的语义观属于外在论；语言被视为人脑的一种属性，意义存在于心智中，因而持内在论语义观。乔姆斯基认为语言是先天的、普遍的，是一种心智自治能力，独立于任何与外界相连接的东西，与身体经验无关，并认为语言一定具有一个使其成为语言这种东西的本质，内存于语言之中。（王寅，2005：194-195）

三、认知语言学语义观

认知语言学是以意义为中心的语言学。语言意义的理解始终是语言学研究中的一个重要课题。但对于如何研究语言理解的模式，语言学家、哲学家、心理学家以及其他对语言理解感兴趣的研究学者有其各自不同的理解，见仁见智。有的认为语言的意义存在于客观现实，语言只是表现客观现实的符号，语言意义的理解就是建立语言符号与客观世界现实的联系。当代认知语言学家则对意义的理解有不同的看法。他们认为语言的意义不完全存在于客观现实中，而存在于一种复杂的认知活动中，是一种心理和现实相互作用的结果。人们对语言意义的理解不是客观现实在头脑中的简单投射。

认知语言学是一种全新的语言研究范式。它采用了经验主义的哲学主张。经验主义认为，感性经验是知识的唯一来源，经验的内容是客观世界，一切知识都由经验产生。认知语言学的经验主义观点体现在它的语义观上，即语义以概念为基础，词汇或言语的意义是说话人和听话人脑中被激活的概念。概念的形成植根于普遍的体验，特别是空间体验，这种体验制约着人对心理世界的隐喻性建构。词义的确立必须参照百科全书式的概念内容和人对这一内容的识解。（刘宇红，2006：22-23）

认知语言学认为，意义是个认知结构，一般说来我们只有在其对应的认知结构中才能理解一个语言形式的意义。意义是词义的非常抽象的最简表征。由于认知语言学中的语义结构，并非直接等同于客观的外在世界结构，而是与人在同客观现实互动的过程中形成的身体经验、认知策略以及文化规约等密切相关的概念结构对应，因而就涉及范畴化理论、隐喻系统、意象图式、句法象似性等方面。虽然认知语言学尚未形成一个统一的理论框架，但研究不同课题的认知语言学家有着几个共同的理论假设，具体要点如下（束定芳，2008：27）：

（1）意义就是概念化。某一词语的意义等于说话者或听话者大脑中被激活的概念。因此，大脑可看作是词语和大脑之间的一种关系，而不直接是词语和世界之间的关系。

（2）词语和更大的语言单位均是进入开放型的知识网络的入口。要完全解释某一词语的意义，常常需要考虑可视与不可视的意象、隐喻联想、思维模型和大众对世界的理解。因此，一个词的意义一般无法通过星星点点的词典定义之类的形式来解释。

（3）范畴不是通过标准——特征模型或者是由必要和充分条件决定的成员身份而确定的。相反，范畴是围绕原型、家族相似和范畴内部成员之间的主观关系而组成的。

（4）是否合乎语法的判断涉及范畴化，因为说话者认为某一话语是某一公认的语言模式可以接受的成员之一。因此，合乎语法性的判断是激进的，不是非此即彼的情况。这种判断依赖语境的微妙关系和语法规约。

（5）认知语言学家在一般认知方面寻找语言现象的对等物。心理学方面有关人类范畴化、注意力、记忆力等的研究成果被用来直接武装语言理论。

（6）句法被看作是语音赖以传达意义的规约模型。因此，句法不需要自身特殊的原始形态和理论架构。语法知识通过设立说话者凭借接触实际出现的话语获得的规约化或已确定的符号模型得到描述。

语言理论中最基本的问题是对意义本质的看法以及意义研究的方法。兰盖克（Langacker）认为意义是一种认知现象，因此最终必须从认知的角度对此进行分析。（束定芳，2008：27）

四、认知语言学——语义等于概念化

意义是存在于认知模式中的概念。“在认知语言学中，语义是一种心理现象、认知结构，它并不反映客观实体，而是等同于概念化，即心理实验的各种结构和认知过程：一个语言表达式的语义就是在说话人或听话人的大脑里激活的概念。具体地说，语义存在于人类对世界的识解中，它在本质上具有主体性，体现了以人类为

宇宙中心的思想，反映了主导的文化内涵、具体文化的交往方式以及世界的特征。”（文旭，2007：36）

概念化是广泛的，既包括抽象的概念，也包括一个人对外部的、社会的、语言的、环境的意识，概念化实际上就是认知处理；形式逻辑难以用来描写语义结构，因为它具有主观性。兰盖克指出，概念化这个词应该从最宽泛的意义上去理解，它几乎包括了各种大脑活动，其中重要的有：①原有的和新的概念；②抽象的或智力概念，以及直觉的感觉、运动和感情经历；③非即时的、逐渐展开的概念；④对物理、社会和语言语境的完整把握。简言之，语言意义被看作是物理体现、以社会—文化为基础的人脑的心理活动的结果。（束定芳，2008：105）

认知语言学的基本出发点是：语言表达基于人们对外界现实的感知体验和认知加工，语法结构取决于人们的认知系统和语义结构，因此要将其描述清楚，必须从概念、语义描述着手。语义不只是客观的真值条件，还与人的主观认识息息相关。语义结构不但反映了所观察到的情景的内容，而且也反映了这个内容是怎样建构和解释的。语义是人们关于世界的经验和认识事物的反映，是与人认识事物的方式和规律相吻合的。认知语言学对客观真值条件的描写与对认知概念的建构统一起来，不区分语言意义和语用意义，而是探索意义在大脑中是怎样建构的，研究原型理论、范畴化、概念形成的过程及机制。

五、认知语言学——语义为中心

语义研究是语言研究的一个重要方面。但语义研究历来是语言研究中最薄弱的环节。“意义问题是当今人文科学研究的核心问题。对人类而言，人类世界从本质上讲就是意义的世界。一个没有意义的世界，绝对不是一个‘人’的世界。语言是人类认知能力的一种体现，语义是认知语言学研究的焦点，这已成为认知语言学家的共识。”（文旭，2007：35）

认知语言学以语义为中心，将语义研究放在非常重要的位置，认为语言的意义与认知有着最密切的关系，而词法、句法是受语义制约的。认知语义学认为意义不是直接反映外部世界的，而是反映人对外部世界的认识。认知语言学以语言所传达的语义为起点，并以语义贯串始终。在认知语言学家看来，所谓的语义实质上是语用或广义的包容语用的语义，不同于乔姆斯基仅限于与句法接口的语义。他们认为语义部分才是句法生成的基础。

认知语言学将语义分析放在首位是因为它认为，如果语言的主要功能是范畴化，那么，意义必将是最主要的语言现象。语义之所以包罗万象，是因为如果语言是一个对世界范畴化的系统，那么，就没有必要再设立一个不同于将世界知识与语言形式联系起来的语义结构层次。

认知语言学认为，语义不是基于客观的真值条件，而是对应于认知结构，表层形式的句法结构又直接对应于语义结构。语法是词语概念内容的结构化。这深刻揭示了语义和语法之间的"血肉"关系，也可以理解为语义在一定程度上决定语法。这也是揭示一种语言共性和个性的重要窗口。认知语言学认为语义才具有生成性，认为词法、句法不是自主的，是受功能、语义和语用因素支配和制约的。这一点与生成语言学的语言观形成了鲜明的对立，乔姆斯基认为，句法是一个自足的系统，是人类的一种先天机制，后天的语言习得是代入一些参数，主张语义跟句法脱钩，语义是语言表达在某一阶段代入的东西。

六、认知语言学——语义内在论

认知语言学家对意义的研究也是沿着内在论方向进行的，与乔姆斯基一样都认为语言和认知存在于人们的头脑里，语义必须按照心理现象来描写。认知语言学家的一个重要口号是"Meanings are in the head."（意义在人们的头脑里）（王寅，2005：195），这一观点就明确表明他们对语义的基本态度也是基于内在论的，与乔姆斯基的内指性有某些共识。

认知语言学的最基本观点是：在世界与语言之间存在认知这一中介，语言形式是体验、认知、语义、语用等多种外在因素促动的结果；同时还认为意义是基于体验和认知的心理现象，不能脱离人们的身体特征和生理机制、神经系统。对于意义的看法，他们还有一个口号："Meanings are on the embodied basis."（意义基于体验。）（王寅，2005：197）语言的语义是一个从语言表达到某些心理实体的映射。

认知语言学认为，人类语言是后天习得的；语言不是自洽的而是在基于体验和认知的基础上形成的。因此语义虽是存在于头脑之中，但是其根源不是天赋的，而是来源于身体经验，人与客观世界的互动认知，来源于使用者对世界的理解，在推理过程中人的生理构造、身体经验扮演着重要的角色。认知语言学还认为，语言的意义不限于语言的内部，而是来源于人与客观世界互动的认知，来源于使用者对世界和文本的理解。意义取决于理解，产生于解释者主体与文本之间的辩证关系。在认知语言学家看来，人类这一最重要的认知特点正是他们与乔姆斯基理论在意义内在论上的根本差异之所在。

认知语言学说虽与乔姆斯基理论都研究心智，表面上看同属内在论，但在心智的来源、表征的方法、研究的内容、得出的结论等方面存在一系列根本性分歧。尽管两者都持语义内在论，但认知语言学家与乔姆斯基所主张的先天的和自治的内在论存在巨大差异。前者的最基本观点是：在世界与语言之间存在认知这一中介，语言形式是体验、认知、语义、语用等多种外在因素促动的结果；同时还认为意义是基于体验和认知的心理现象，不能脱离人们的身体特征、生理机制和神经系统。乔姆斯基那种先天的、自治的内在论正是认知语言学批判的靶子。

七、两种语义观之比对

生成语言学认为，句法是自主的，可以独立于语义而运行；语法就是形式的运算，可以由系统规则来描写，而语义是次要的附加特征。恰恰相反，认知语言学认为，语义是语言的主要成分，以感知表征的形式出现，早在语言完整进化之前就已经存在；语义图式的结构制约着可能的语法结构形式。

生成语言学认为语义只有解释性，语法是自主的，具有生成性，所以完全撇开语义因素而研究语法的转换规则。生成语言学假定句法是自足的，语义和交际功能对句法规则进行干预的可能性从一开始就被排除，这与生成语言学的研究目标是一致的，即“用符号操作的数学系统来描述语言，这种数学系统的主要对象是抽象符号的运作，至于符号的意义和系统外的其他因素都不予考虑”（蓝纯，2001：16-17）。在乔姆斯基看来，语义学是附着于语法规则系统之上的从属性的独立部分。（卢植，2006：256）

认知语言学家认为语义不能在语言系统内部的聚合和组合关系中去寻找，语义根植于语言使用者的知识及信念系统之中。语言的意义是一个认知结构，一般说来，我们只有在人的认知结构中才能理解一个语言形式的意义。

认知语言学认为语义不是基于客观的真值条件，而是对应于认知结构，表层形式的句法结构又直接对应于语义结构。语言的意义不限于语言内部，而是根植于人与客观世界的互动的认知，根植于使用者对世界的理解和信念。语义不仅仅是客观的真值条件，还跟人的概念结构及其形成过程有直接的关系。例如，“横看成岭侧成峰”，客观上是同一座山，由于人的观察角度的变化就形成两个不同的心理意象，也就形成两个不同的概念。

本篇参考文献：

[1] Chomsky, N. Syntactic Structure[M].Monton: The Hague, 1957.

[2] Chomsky, N. Aspects of the Theory of Syntax[M].Cambridge: MIT Press, 1965.

[3] Chomsky, N. Language and Nature（Mind, vol.104, 413）[M].Oxford: Oxford

University Press, 1995.

[4] 蓝纯 . 认知语言学：背景与现状 [J]. 外语研究，2001（3）：14-20.

[5] 刘宇红 . 认知语言学：理论与应用 [M]. 北京：中国社会科学出版社，2006.

[6] 卢植 . 认知与语言 [M]. 上海：上海外语教育出版社，2006.

[7] 宁春岩 . 关于意义内在论 [J]. 外语教学与研究，2000（4）：241-245.

[8] 束定芳 . 认知语义学 [M]. 上海：上海外语教育出版社，2008.

[9] 王寅 . 认知语言学探索 [M]. 重庆：重庆出版社，2005.

[10] 文旭 . 语义、认知与识解 [J]. 外语学刊，2007（6）：35-39.

第二十六篇　生成语法与语言教学研究

本篇内容提要：与传统语法不同，生成语法力图用简单的结构模型描写多种复杂的语言现象。生成语法注重语法理论的解释力，解释过去不能解释的现象、事实、原因，研究语言的共性。生成语法不是将一些已经存在的理论或规则让学习者学习，而是让学习者一起参与讨论和研究，使学习者成为语言研究者。

一、语法·传统语法·生成语法

（一）“语法”的解读

“语法”这个词的意义，在过去和现在不相同。起初，“语法”在欧洲一般指拉丁语法，而且实际上也包括对拉丁语言和文学等的研究。到中世纪，拉丁语仍是欧洲的通用语言，“语法”一词在那时指的就是学习拉丁语。英语中的 grammar 一词源于希腊语 grammatike，意为“与书写文字有关的艺术”。旧时，语法学家们给语法的定义是（黄和斌，2007：55-56）：

“语法是正确运用语词的艺术。（Priestley, 1761）

语法是用语词正确表达思想的艺术。（Lowth, 1762）

语法是说、写英语语言的艺术，这艺术与最得到社会公认的说话者与写作者对语言的使用法一致。（Fell, 1784）

语法是用语言得体而敏捷地交流思想的艺术。（Webster, 1781）

语法是合适地（包括正确性和可接受性）说、写英语语言的艺术。（Murray, 1796）

语法教我们怎样使用词语。（Cobbert, 1823）”

广义的语法概念包括音系、语义、形态、句法四大核心；狭义的语法概念仅限于词法和句法，但有时候我们把语法和句法等同起来。显然，正如人们对语言有不同的理解而衍生出不同的语言学派一样，“语法”这个范畴也有不同的理解视角和含义。下面 7 个步骤可以看作划分语法流派（包括传统语法和生成语法）的标准：

（1）引起概念的刺激；

（2）说话人或作者表达概念的语言形式的形成；

（3）说话人或者作者的说或写；

（4）空气中的声波；

（5）听话人或读者的听或谈；

（6）听话人或读者对接受到的语言形式的归类；

（7）听话人或读者对接受到的语言形式的理解。

传统语法对（1）和（2）这两个步骤比较重视，对语法项目的逻辑概念与逻辑研究较多。它评定对与错的标准是它建立的逻辑系统，其依据往往是文学作品的书面语系。它一般强调词法，忽视句法。传统语法是应教学之需要而诞生的规定性语法。规定性语法，即人们必须遵守的“语言法典”。如动词的过去式要通过加“ed”来表示，名词的复数要通过加“s”来表示，动词的完成体要通过“have ＋过去分词”来表示等都是英语规定性语法的内容。

生成语法认为步骤（2）和（6）有许多共同之处。否则，人们无法进行交流。它提出一种既能说明英语的复杂性又能说明英语的创造性的系统。语法实际上就是语言的规则或法则，而句法规则是其中的核心研究对象。因此，生成语法强调句法。

（二）传统语法

语法可分为传统语法和现代语法。现代语法可根据其理论和方法分为形式语法和功能语法。现代语法包括：系统语法、生成语法、格语法、关系语法、蒙塔古语法、功能语法、认知语法等。

传统语法历史悠久、概念广泛、影响深远。它与结构语法和生成语法形成并列的三大语法，在某种程度上可以说它是后两者的先导和基础。我们所讲的传统语法虽然源于古希腊，但实指 18 世纪、19 世纪到现在仍为英美国家学校所用的语法。传统语法的很多语法术语至今仍为各派沿用。它的一些语法分类至今也为各家所采用。

传统语法是应教学之需要而诞生的规定性语法，由一系列语言使用规则组成。这些使用规则明确规定怎样使用语言是正确的，怎样使用语言是错误的，因此是要禁止的。传统语法教学只限于固定的结构形式。传统语法教学把语言作为学习目标，教师将各种语法结构以显性的方式介绍给学生。

传统的英语语法是基于 Priscian 的《语法原理》为代表的拉丁语法，其特点是强调语言的规范与纯正，重书面语，重语法的规定性；特别是对语言单位的分类和分析主要是以逻辑—语义为基础。（熊兵，2007：28）

（三）生成语法

一种语法，如果含有一套清晰规定的句法、语义和音系规则，能用来阐述语句如何形成、解释和发音的过程，就是生成语法。乔姆斯基认为语言学家的目标应该是去创造一种有生成能力的语法，这个语法能够概括本族语人所默认的知识。生成语法学中“语法”的内涵有内在知识与命题知识之别。

1. 内　　涵

生成语法学家认为，每个人的头脑中都有一部其本族语的生成语法。大脑中有了这样一个装置，就能知道哪些是合乎语法的句子，哪些是不合乎语法的句子。人们凭直觉的知识所做的判断称为语感或直觉。能凭直觉分辨正确句子与不正确句子、能分辨句子的构成单位，就表明讲话者 / 听话者具有内在的语法知识。

生成语法学家的任务就是把人们头脑中内在的语感，或者说内在的语法知识通过某种方式表达出来，构拟出生成语法学。语法学家掌握的生成语法知识不再是潜在的内在知识，而是明确的命题知识。徐烈炯（1988）在其《生成语法理论》一书中举例说明内在知识与命题知识的区别：每个会骑自行车的人都知道如何平衡、掌握重心（内在的力学知识），但是并非每个人都有力学理论知识（命题知识）。

2. 外　　延

语法学家使用语法规则来描写语言。规则构成规则系统，生成语法学家构拟生成语法规则系统用来模拟人们内在的生成语法知识。生成语法规则系统是人们内在的生成语法知识的模式。人脑中的内在语法知识分为 3 个部分：句法部分、音系部分、语义部分。3 个部分组合成完整的语法系统，每部分构成一个子系统。人们潜意识地掌握了各套规则，就能鉴别句子在句法、音系和语义方面是否正确，就能造出句法、音系和语义方面都正确的句子。

传统语法只是满足于描写语言，没有回答一个最根本的问题：“语言是什么？”不论对语言的描写多么详尽，人们对语言的本质还是一无所知：人为什么会说话？人是怎样学会说话的？人的语言能力和语言知识到底是什么？为从根本上打破经验主义的传统，生成语法试图：

（1）解决人如何从相对贫乏的经验中获得丰富的语言知识能力的问题（即

柏拉图问题）。

（2）搞清人类语言习得机制，或者说确定出普遍语法的基本原则，回答为什么只有人才能学得语言，以及人是怎样学得语言的问题。

（3）描写人是怎样使用语言的语用问题。由于生成语法认为只有充分解释了语言能力方面的问题才能充分缜密地解决语言运用方面的问题。

（4）研究语法。生成语法认为语言是一种“副现象”，是一种外在化的事物，语法才是一种客观实体，是一种内在化的事物，语法决定语言。所以，生成语法把语法确定为主要解释对象。乔姆斯基认为语言研究的主要对象从外在化的语言转移到内在化的语法是语言研究史上一个有重要意义的变化。

二、生成语法与教学研究

传统语法重视意义、重视书面语、重视规定、重视分析、明确区分语法现象和词汇现象、明确区分词法和句法，重视历时。（王德春，1997：158）尽管如此，传统语法也有其软肋。

（一）传统语法的弱点

（1）传统语法厚古薄今、着重分析书面语，认为语言的规范存在于历代典范著作之中，忽视口语研究，对语音不屑一顾。语法中的例证只取自文学大师的语言。偏重文学语言势必导致语法研究同习惯用法脱轨。传统语法重书面语轻口头语的语言观使其研究忽略了当代语言现象而只拘泥于拉丁语法体系和对以往名家名著的考证与查询，把语言规范强加给口语形式。同时它也忽略了语言作为一个有机体不断发展变化的这一规律，过分强调语言间的共有特征，把拉丁语法体系作为一种模式，生搬硬套在不同的语言上。

（2）传统语法系统地描述了英语句法结构的特征，使英语外族人靠学习能听、说、读、写英语；但由于传统语法的局限性，有不少特征没有被揭示出来，这又使学了若干年英语的外族人仍不知道某些句子结构的正误。

（3）传统语法没有形成完备的理论体系，其句子成分分析法只对语言结构进行形式分析。这种方法必须在开始之前先知道这个语句的全部意义，分析过程只不过是对全句意义的各个部分贴上专门名称而已，因而无助于描写语言的意义系统及其体现形式。（Fries, 1952:54-55）

（4）传统语法划不清语言与逻辑的界限，往往采用静态的逻辑演绎方法去分析语言，即把语言看成是静止不变的，以分析研究语言结构的各部分为主。传统语法往往制定一些规则，忽视客观地描写语言事实。

在传统语法学家看来，研究语法的目的是教语法。最重要的研究成果莫过于写出一本语法教科书或者一部多卷语法参考书，全面描写某一语言中的所有语法现象。传统语法学家之间争论不多，变动也不多，这是因为传统语法的研究成果往往不是用明确的、精密的符号和公式来表达的，因此难以验证，难以否定，也难以改进。

（二）生成语法特色及对教学研究的启示

生成语法学家不断争论，不断改变自己的理论。在科学研究中否定别人的理论，修改自己的理论，这是很正常的，从实验中得到一个数据，就可能修改一项理论。越是笼统的结论越不容易引起争议，越是具体的结论越是容易引起争议。任何学科的科学家都尽可能把自己的结论提得精确、具体，这样才可能有科学价值。任何学科都是在争论的基础上发展，在修正中体现出生命力。

1. 清楚简练的描写

生成语法中"生成"两字的第一定义，与传统语法的区别不大。传统语法具有预测性的特点，也能通过规则来预测尚未出现的正确的语言用法或语句。就"生成"的第二定义而言，生成语法和传统语法的差别就非常明显。"生成"表示的是在描述句法过程中两种表达式之间的转换，与数学运算有相似之处，具有操作上的简单、描写上的雅致、数学上的严格和逻辑上的清晰等形式化特点。（熊学亮，2007：56-57）

与传统语法相比，生成语法的引人之处在于其形式化的研究方式。传统语法惯于使用自然语言，而生成语法则常用符号来代表某一语类，用树形图、标示括弧等图式来表示词组或句子结构，用箭头、斜线等惯用记号写规则。形式化是生成语法在表达语言学理论方面的一大特点。形式化描写清楚简练、一目了然；比自然语言精确，没有歧义，不宜误解。生成语法可以用简单的结构模型描写多种复杂的语言现象，例如，[XP[Spec][X' [X][XP]]] 结构可以用来描写多种不同词组 NP，VP，AP，PP，以及各种不同的分句 SV，SVC，SVO，SVOO，SVOC，SVA，SVOA。

2. 知其所以然

传统语法的主要目标是陈述事实，而不是解释事实存在的理由。而对生成语法而言，描述事实只是提出了需要解决的问题。乔姆斯基给了下面这样的例子：

[1] I wonder who the men expected to see them.

[2]The men expected to see them.

Them 在 [1] 中可以指 the men，但在 [2] 中不能，这些正是生成语法中约束理论所关注的。传统语法往往对这些情况置之不理，认为没有什么好解释的。

传统语法将自己局限在那些可以被描述的事实上，它可能将 What did she tell you? 作为英语 wh- 问句的一个例子，但它不会去解释为什么 What did she tell you something? 是不符合语法的。乔姆斯基的生成语法批评传统语法不能制定明确的原则来说明他们的例子“符合该语言”。（黄和斌，2007：49-50）

人类认知的重要方法是建立因果关系，对现象进行解释、说明，这是人类认知的基本倾向。从这一认识论看理论，“解释”应是评价理论最主要的标准，也应是理论的主要功能。乔姆斯基等生成语法学家认为，由于传统语法没有看到相同的表层语法之下有着不同的深层语法，因此连一些简单的歧义现象也得不到解释，例如可能产生歧义的句子“I like her cooking.”就潜存着几种不同理解。

传统语法对外表化语言进行观察、分析、归纳，描述出词与词、词组与词组、分句与分句是什么样的关系，遵循什么样的规则。从本质上看，传统语法关注语言表面的形式规律，是一种表显性的表层语法。比如，传统语法根据语言的表层语法将语词划分为名词、动词、形容词、副词等类别。“深层语法是处于语言之外的生活形式的惯例和习俗，往往被表层语法遮蔽，不能在语言中发现，日常语言的表层语法的相似性或齐一性往往掩盖深层语法的多样性。”（文炳，陈嘉映，2010：17）

与传统语法理论相比较，生成语法不再停留在对语言现象和语法结构的观察和描写上，而是更加注重语法理论的解释力。能描写仅仅是知其然，能解释才是知其所以然。乔姆斯基一反几千年传统语言学的思想，强调语言研究的最终目的是要对语言现象进行充分而又合理的解释。从一开始乔姆斯基就强调生成语法应该以解释为研究目的。进行解释的时候一定要使用有规律的概括。概括必须经过验证，正确无误。论证必须严密，符合逻辑。概括的内容越普遍、越丰富，越好；概括得越深刻、越彻底，越好。

“从认识论讲，一个认识客体有其现象和本质之分，对客体的认识有现象认识和本质认识之分。对于前者，是一种归纳、概括的研究方法，即基于客体的事实，然后从中概括出一个普遍规律；对于后者，是一种演绎、推理的研究方法，即从某些基本的概念、科学假设出发，推断出客体的理性认识，从而构成一个认识理论。传统语法的目的就是陈述语言事实，描写语言现象，而不去解释事实存在的原因，不去揭示现象的本质。科学认识论认为，如果要深入地理解客体的各种联系，那就必须用另外一些离直接经验较远的概念来代替已有的概念，采用理性认识的方法，理性认识更加远离客观现实现象，具有更大的抽象性，然而却更加接近真理。生成语法理论采用心智模式的方式对语言的描写与解释可以说是这样一种尝试。”（黄

和斌，2007：183）

3. 授人以渔

与传统语法不同，生成语法不是要把一些已经存在的理论或规则让学习者学习，而是让学习者一起参与讨论和研究，看看已有的理论或规则存在着什么问题，使学习者成为语言研究者。传统语法的研究对象是语言本身，感兴趣于对各种具体语言事实的描写；生成语法研究的对象不只是语言事实本身，不只是对语言事实的描写，而是研究语言的共性。研究生成语法会解决一些传统语法无法解决的问题、尚未解决的问题以及根本没有考虑过的问题。

4. 解疑解惑

传统语法是假设人们都具备正常的语言能力，在此基础上为了让人们掌握某一语言的具体知识而编写的。生成语法旨在描述和解释人大脑中的语言能力本身，因此它比传统语法理论对语言的描述更细致、更充分、更深刻。在传统语法学家看来，研究语法的目的是教语法；而生成语法的研究和其他自然科学研究一样，目的是提出科学假设，解释过去不能解释的现象、事实、原因。

5. 阐释语感

传统语法的目标是描述人们的语感，而生成语法的目标是说明人们的语感。传统语法是关于具体语言是什么样子的描写，而生成语法要提供的是关于人类各种语言为什么是这个样子而不是别的样子的解释。

传统语法原则上关注所有的事实，但乔姆斯基的生成语法只对被他称之为“相关的”事实感兴趣，因为它们“对决定潜在的结构和隐含的抽象原则很重要”。乔姆斯基的生成语法强调语法是“心智的一部分，以大脑活动的方式或结构表示出来”。生成语法是“用心智主义来解释语言”。生成语法反映了人类语言结构生成的心智模式。用它来思索传统语法中的一些问题，能更清楚传统语法的局限性：规定性阐述与表面化解释的不足与缺陷。

本篇参考文献：

[1] Fries, C. The Structure of English[M].New York: Brace and Compang, 1952.

[2] 黄和斌 . 黄和斌语言学选论 [M]. 上海：复旦大学出版社，2007.

[3] 王德春 . 语言学概论 [M] 上海：上海外语教育出版社，1997.

[4] 文炳，陈嘉映 . 普通语法、形式语法和哲学语法比较 [J]. 外语学刊，2010（1）：14-19.

[5] 徐烈炯 . 生成语法理论 [M]. 上海：上海外语教育出版社，1988.

[6] 熊兵 . 美国结构主义语言学与现代汉语语法研究 [M]. 武汉：华中师范大学出版社，2007.

[7] 熊学亮 . 语言学新解 [M]. 上海：复旦大学出版社，2007.

第四部分：认知语法与语言教学

第二十七篇　认知语言学

本篇内容提要：认知科学囊括认知心理学、认知社会学、认知语言学、认知人类学、认知行为学、认知考古学，等等。认知语言学包括认知音位学、认知词汇学、认知词典学、认知语法、认知语义学、认知语用学、认知语篇学、认知诗学等。认知语言学中虽然有不同的理论方法，但具有共同的理论原则。认知语言学的核心假说是，语言能力是人的认知能力的一部分，是一个结构有序的由有意义的语言构式组成的清单库，与社会、文化、心理、交际、功能相互作用。

认知语言学是一个研究语言的普遍原则和认知规律之间关系的语言学流派。认知语言学的研究已经渗透到语言的各个层面，渗透到语言学的各个分支领域。认知语言学是认知取向、解释取向、语义取向、共性取向，这是语言研究史上的重大发展，有利于揭示语言的本质和奥秘，向实现语言理论最终追求的目标又迈进了一步。

认知语言学分为认知语义和认知语法两大领域。这两个领域互相支持，相辅相成。认知语义学注重研究语义的理据性，强调语言意义的体验性，以体验哲学为它的哲学基础。认知语法注重研究句法的理据性。

一、认知科学

20 世纪 50 年代，在欧美国家爆发了一场认知革命，诞生了一门新兴学科——认知科学。认知科学是一门综合哲学、心理学、人类学、语言学、脑科学、神经生理学和计算机科学的新兴学科，其主要学术任务和目标是探究人脑的信息加工及处理机制，了解人脑的工作原理和运行规律。认知科学的主要指导原则是将人脑看成类

似于计算机处理符号和加工信息的系统。（卢植，2006：2）

认知（cognition）一词源自拉丁语，是指人们获得知识或学习的过程。《辞海》（1999）释义为："认知就是认识，指认识客观事物，获得知识的活动。"认知科学是关于心智或智能跨学科的研究与探讨。

（1）认知科学是要全方位地揭示人的认知能力的形成和发展，要对认知活动的原理、机制做出理论概括，以期揭示人的心智活动的本质。

（2）认知科学要研究认知系统的构成。一般认为，认知系统主要包括感觉知觉范畴系统、抽象概念范畴系统、意象形象范畴系统和语言符号范畴系统。认知能力是在这四个认知分系统的发育和协调中发展起来的。这一假说意味着语言能力是人的整体认知能力的一部分。

（3）认知科学认为，认知活动是人的大脑同外部世界以互动形式进行信息加工的活动，人的认知不是对外部事物纯粹的、客观的、直接的反映；大脑有认知图式作为大脑同认识对象的中介面，认知的结果并不严格地同客观世界本体对应。

（4）具体到作为言语理解的认知活动，认知科学认为，语言同外部世界并不直接一一对应，语言的结构与功能积淀了人类的经验，语言对现实世界的反映是通过人的认知作为中介的，过程大体是：外部世界—认知加工—概念范畴—语言符号。

（5）认知科学认为，人的认知活动以优化思维的思维方式为主导倾向。人的认知过程是这样来调节的：付出最小的加工代价获得最大的认知效果。（徐盛桓，2004：119-120）

以认知为取向的语言研究是认知科学的一部分。在认知科学中，认知被定义为智能处理信息的过程。它包括心理平面上解决问题的过程、思维过程、语言处理过程、推理过程等；包括信息平面上的信息输入、信息激活和调用、信息的贮存（长期记忆）以及信息的输出等过程；也包括神经平面上的神经激活的过程。

认知科学有3个分支：

（1）认知心理学：主要研究信息加工的过程。

（2）认知神经生理学：主要研究信息加工的神经过程。

（3）认知工程学：研究人工的智能，研究计算机信息处理的过程。

心智语言赋予我们更大的假设空间，但假设论证难度很大；大脑语言提供我们生理载体的特征，但现代高科技不允许我们直接观察到语言认知结构及其操作；语言工程无法让我们看到自然语言的生理特征，也无法揭示语言的认知生理结构，但我们可以用它来验证复杂的假设，扩展应用领域。

研究语言主要是研究语言系统，研究系统的信息处理机制和过程，表述机制和过程的概括性神经抽象，表述和解释语言系统和概念系统在机制和操作方面的社会

文化和思维的连通关系。要完成如此的理论目标，认知取向是合理的选择。（程琪龙，2004：458-459）

认知科学的诞生标志着人类的科学探索由外在的自然界向人类自身思维的转变。受这一科学大思潮的影响，当代语言学理论都带上了浓厚的认知色彩。认知科学对于认知语言学的启发意义在于，人类运用许多符号系统来实现沟通，在这些形形色色的符号系统中，最完整、最复杂和最实用的符号系统是语言系统。认知科学的一个最主要客体就是解决语言符号的形式化处理问题，实现对于人类自然智能之模拟的人工智能必须以语言作为符号载体。在语言学的研究中，生成语法提出的语言系统的形式化描述曾经激发了语言学家和人工智能研究者的热情，认为只要把语言系统的句法结构和关系分析清楚，人工智能的问题就迎刃而解了。但是，现在认知科学家却认识到如何对语义进行形式化描写才是至关重要的，因此，以语义为基础的语言学研究便开始进入认知科学家和语言学家的视野。（卢植，2006：6-7）

二、认知语言学的来源

与其他理论流派不同，认知语言学并非是某个语言学家提出的单个语言学理论，而是一系列经历了相对独立发展进程的理论和思想的集合，主要包括认知语法（例如构式语法、激进构式语法等）和认知语义（例如概念隐喻、概念转喻、概念整合、框架语义等）两大部分。（唐树华、田臻，2012：62）

一般来说，认知语言学主要有以下3个来源，这些领域的重要学者也成为国外认知语言学界的主要代表人物：

（1）从转换生成学派中分裂出来的生成语义学家，如 Lakoff，Langacker，Fillmore 等。

（2）从认知和/或功能角度研究语言的主要学者，如 Taylor，Talmy，Geeraerts，Turner，Sweester 等。他们主张运用从普遍的认知方式来解释语言的形式和功能，研究语言表达背后的认知机制。其中还包括研究语言的共性和类型学，或从类型学和认知角度研究语义演变、语法化、象似性等现象的学者，如 Hopper，Heine，Croft 等，也包括认知语用学家 Sperber 和 Wilson 等。

（3）关注认知研究的哲学家、心理学家、社会学家、人类学家，如 Johnson，Rosch，Piaget，Fauconnier，Lamb，Kay 等。（王寅，2007：29）

三、认知语言学的理论原则

认知语言学主要有5种理论方法：

1. 框架语义学

框架语义学是研究词义及句法结构意义的一种方法。在框架语义学中，词义是用框架来描写的。框架是一种概念系统、经验空间或认知结构，表达个人或言语社团总结出来的经验，并集中体现在具体语言表达式上。框架语义学认为，要理解词语的意义，就必须首先具备概念结构，即语义框架的知识。语义框架为词义的存在及其使用提供了背景和动因。

2. 认知语法

认知语法认为，词汇与语法形成一个连续体，其描写只包括符号结构，并且所有语法成分都是某种概念输入的结果。认知语法认为，意义是一种心理现象。

3. 认知语义学

认知语义学的基本思想可以概括为：

（1）概念在大脑中并不以孤立的原子单位出现，其理解要依赖由背景知识组成的语境。

（2）心智在语义结构的建构过程中具有重要的作用，并以某种方式对世界经验进行概念化。

（3）范畴有一个内部结构，通常称为“典型结构”。一个范畴涉及成员之间的关系，而范畴延伸的关系就是一个范畴中典型成员与边缘（非典型）成员之间的关系。

（4）隐喻和转喻具有非常重要的地位，被认为是“我们对抽象范畴进行概念化的有力的认知工具”。当代隐喻和转喻理论可以说是认知语义学研究的必然产物。

（5）语义结构是意象图式，是隐喻的基础，并与人类的经验紧密相关。

4. 构式语法

构式语法是语法分析的一种方法。在构式语法中，句法、语义以及语用信息是同等重要的，任何一方都不能独立于其他两方而起作用。构式语法认为，语法是由形式和意义的规约对应组成的，即语法构式。构式语法的这种非模块特征实际上是把形式和意义看成是一个语法成分的一部分，而不是语法中彼此独立的成分。构式语法特别强调这样一个事实：“语用信息”可能与特殊的语言形式具有规约的联系，从而组成语法构式。

5. 心理空间理论

心理空间理论是研究自然语言意义的一种方法。这个理论认为，要理解语言的组织结构就要研究人们谈话或听话时所建立起来的域，以及人们用成分、角色、策略和关系建构的域。这些域就是心理空间，它们不是语言自身的一部分，也不是语法的一部分。心理空间虽不是语言表征的隐藏层次，但语言离开了心理空间是无法表征的。心理空间不同于语言结构，它们是根据语言表达式所提供的线索在话语中建立起来的心理构造物（constructs）。

心理空间理论认为，语言的解释不仅仅要参照外部世界、心理模型、语境等，还牵涉自身的建构。心理空间理论目前已发展成为“概念整合理论”。它对语言研究（指称歧义、隐喻、预设、非真实条件句等语言现象的研究）、人工智能研究、哲学探索等都很有启发意义。

认知语言学中虽然有不同的理论方法，但它们在很大程度上是相互一致的，具有共同的理论原则。Langacker（1987:2）曾把认知语言学的理论原则概括为3个重要主张。

（1）语义结构并不是普遍的，在很大程度上因语言而异。语义结构建立在约定俗成的意象（conventional image）基础之上，其描写与知识结构有关。

（2）语法或句法并不构成一个自主的表征形式层次，相反，语法实际上具有符号性，存在于语义结构的规约符号化中。

（3）语法与词汇之间没有意义上的区别。词汇、形态和句法形成一个符号结构的连续体，这些符号结构虽因不同的参数有别，但可以任意划分为不同的成分。（文旭，2005：651）

Lackoff从更基本的层次上阐述了认知语言学的理论原则。他认为，认知语言学有两个根本的承诺：

（1）概括的承诺：对支配人类语言各个方面的一般原则进行描写。

（2）认知的承诺：从语言学以及其他学科出发，使对语言的解释与有关心智和大脑的一般知识一致。

文旭认为（2005：651-653），Langacker和Lackoff提出的原则只代表了两家之言，并未包括认知范式中所有的基本原则。因此他认为，至少有6个基本原则可以把认知语言学中的不同理论方法联系起来。

（1）概念语义原则。意义等同于概念化，即心理经验的各种结构或过程，而不是可能世界中的真值条件：一个表达式的意义就是在发话人或听话人的大脑里激活的概念。更为具体地说，意义存在于人类对世界的解释中，它具有主观性，体现了以人类为宇宙中心的思想。这一原则表明，意义的描写涉及词与大脑的关系，而不是词与世界之间的直接关系。

（2）百科语义原则。词即更大的语言单位，是进入无限知识的入口。对一个语言表达式的意义要进行全面的解释，通常需要考虑意象、隐喻、心理模型以及对世界的朴素理解等。因此，一个词的意义单靠孤立的词典似的定义一般来说是不能解决问题的，必须依赖百科知识方可达到目的。

（3）典型范畴原则。范畴并不是由标准——属性模型定义的，也不是由必要和充分特征定义的；相反，范畴是围绕典型、家族成员相似性和范畴中各成员之间的主观关系组织起来的。

（4）语法性判断的渐进原则。语法性判断涉及范畴化。语法性判断是渐进的，并且同语境、语义以及语法规则密切相关。认知语义学家并不像生成语法学家那样，要把语法写成是一部生成一种语言中所有并且是唯一合乎语法的句子那样的语法，因为语法性判断具有渐进性、可变性以及语境的依赖性。

（5）语言与其他认知机制的相关原则。认知语言学之所以为认知语言学，是因为它要在一般的认知中寻找语言现象的类似物。认知语言学积极吸收心理学关于人类范畴化、注意以及记忆等的研究成果来丰富语言学的理论，从而使认知语言学更加具有活力。语言与其他认知机制具有密切的关系。

（6）句法的非自主性原则。句法是约定俗成的模式，声音（或符号）通过这种模式传达意义。约定俗成的符号是发话人通过实际话语获得的，而要获得语法知识只有通过这样的符号模式才能得以实现。

简言之，认知语言学 6 条主要原则即是：

（1）概念的语义观，认为语言形式的意义是大脑中被激活的概念。

（2）百科知识语义观，对词义的充分理解往往需要考虑意象、隐喻式联想、心理模型和对世界的通俗理解。认知语言学家认为，没有明确的分界线可以区分与语言有关的内容和与语言无关的内容。对某一事物所具有的任何知识，原则上都可能对某一指称它的词语的语言行为起到一定的作用。

（3）范畴是根据原型、家族相似性和范畴成员之间的主观联系所确定的。

（4）对是否符合语法的判断是阶梯性（gradient）的，而不是非此即彼的。

（5）语言能力是人类整体认知能力的一部分。

（6）句法不具有自主性。

认知范式中虽然有不同的理论方法，但以上的 6 条基本原则足以把这些理论方法紧密联系起来。它们界定了认知语言学的内涵和范围。

四、认知语言学理论的发展

认知语言学理论的发展从古典语法理论到目前的认知语言学按照顺序经历了 8 个阶段，其中认知语言学是最新的一个发展阶段（卢植，2006：13）：

（1）传统语法（古典语法、中世纪语法、学校语法）；

（2）语文学（历史或比较语法）；

（3）心灵主义描写语法（欧洲大陆结构主义，索绪尔）；

（4）物理主义描写语法（美国和英国结构主义）；

（5）逻辑语言学（转换生成语法、乔姆斯基）；

（6）系统功能语言学（英国功能主义，韩礼德）；

（7）计算语言学（人工智能）；

（8）认知语言学（认知科学和心理学）。

五、认知语言学的主要观点

（1）思维是不能脱离形体的，即用来连接概念系统的结构来自身体经验，并依据身体经验而有意义。

（2）思维是想象的，因为那些不是直接来源于经验的概念是运用隐喻、转喻和心理意象的结果。

（3）思维具有完型特征，因此不是原子的。

在对语言的根本看法上，认知语言学持有与生成语法针锋相对的工作假设。

（1）语言能力是人的一般认知能力的一部分，因此语言不是一个自足的系统，其描写必须参照认知过程。

（2）语言结构与人类的概念知识、身体经验以及话语概念有关，并以它为理据。

（3）句法不是一个自足的组成部分，它与语义、词汇密不可分。

（4）语义不是客观的真值条件，语义与人的主观认识以及无限的知识系统密切相关。

六、认知语言学家所持的观点和立场

认知语言学家所持的观点和立场（正是这些共同点界定了认知语言学的内涵和范围）：

（1）作为人类认知的一个域，语言与其他的认知域有着密切的联系，正因为如此，语言反映了心理、文化、社会、生活等诸多因素的相互作用。

（2）语言结构取决于（同时也影响着）概念形成，后者受制于外部世界、我们的身体经验以及我们与外部世界的关系。

（3）语言单位受制于范畴化过程，范畴化通常会产生围绕原型的网络结构，在这其中隐喻和借代起了关键性作用。

（4）语法是由语义考虑推动的。

（5）一个语言单位的意义就是与这个语言单位有着约定俗成关系的概念结构；这一概念结构的一个核心侧面是意象的，也就是说与特定的情景或物体的心智构造相关；这表明意义是随语言的不同而不同的，并非是普遍的。

（6）意义可参照相关的知识结构来理解（比如“概念域”、“场景”、“民俗模式”或“认知模式”）。从角色—背景（figure-ground）的对立来理解，这些知识结构提供了一种概念背景，在这个背景之上意义获得凸显。

（7）既然语言的各个组成部分之间存在互动，而语言与其他的认知域存在互动，那么各种自主说、对立论都应被摈弃，将句法、词法和词汇绝对分开是站不住脚的，将语言知识与非语言知识截然分开也是不现实的。（蓝纯，2005：86-87）

七、认知语言学的方法论

当今认知语言学主要是由3种方法表征的：

（1）经验观（experiential view）。语言使用者对事物的描写不局限于客观的描述，还会对它们的意义提供更丰富、更自然的描写。也就是说，将自己的经历加进描写中。

（2）突出观（prominence view）。语言结构中信息的选择与安排是由信息突出的程度决定的。

（3）注意观（attentional view）。我们用语言表达的实际只反映了事件中引起我们注意的那部分。（郭鸿，2005：2）

八、认知语言学的三个基本假设

（1）语言不是一个自主的认知器官。

（2）语法是个概念化的过程。

（3）语言知识产生于语言运用。

假设（1）认为，语言知识的表征与其他概念结构的表征没有什么差别，语言知识运用的认知能力在本质上与其他知识运用的认知能力没有两样。语言不是一个独立的认知器官，而是通用认知能力的一部分。

假设（2）的基本观点是，概念结构不能简单地还原为真值条件与客观世界的对应。人类认知能力的主要特征是将经验概念化后表达出来（包括语言知识的概念化）。概念结构的方方面面都离不开识解的作用，如范畴结构、知识的组织结构、多义性、隐喻、词汇语义关系等。

假设（3）认为，语义、句法、形态、音系的范畴与结构是在具体的语言用法中逐渐形成的。句法行为和语义解释的任何细微变化都应该做深入细致的分析与考察，句法表征模型必须既能解释常规事实，也能解释特殊的事实。（郑开春、刘正光，2010：12）

认知语言学的核心假说是，语言能力是人的认知能力的一部分，是一个结构有序的由有意义的语言构式组成的总汇，与社会、文化、心理、交际、功能相互作用。语言习得需要其他多机制的共同作用。

九、认知语言学的研究主题

“语言学”和“学语言”性质不同。语言学研究是一种科学研究，学习语言并不是科学研究。语言学研究要探索的是世界上没有人能够解答的问题，至少是研究者认为还没有完全解决的问题。每解决一个问题就填补了人类知识的一处空白。因此，研究的课题必然是存在疑问的现象、事件、状态，用人们现有的知识还不能解释怎样产生，属于什么性质，有什么特点，所以才需要研究。这实际上是一切科学研究的共性，认知语言学作为一门科学当然也不例外。

1. 认知语言学主要研究内容

（1）自然语言范畴化的结构特点，如词汇和语素的原型性。

（2）语言组织的功能原则，象似性、自然性、任意性。

（3）句法和语义之间的关系与概念分界，语义的表征和句法的认知组织原则。

（4）语用的经验基础和交际背景，语言行为的认知意义。

（5）语篇模式的认知表征，文本表征的认知模式。

（6）语言演化的认知基础和文化因素。

（7）语言普遍性（共性）和特异性（个性）类型学的认知根源。（卢植，2006：23-24）

2. 认知语言学研究主题

（1）语言研究必须同人的概念形成过程的研究联系起来。

（2）词义的确立必须参照百科全书般的概念内容和人对这一内容的识解。

（3）概念形成根植于普遍的体验，特别是空间经验，这一经验制约了人对心理世界的隐喻性建构。

（4）语言的方方面面都包含着范畴化，并以广义的原型理论为基础。

（5）认知语言学并不把语言现象区分为音位、形态、词汇、句法和语用等不同的层次，而是寻求对语言现象的统一解释。（王德春、张辉，2001：10）

认知语言学的主要话题包括：体验观、概念观、互动观、百科观、原型观、意象图式观、认知模型观、寓比观、概念整合观、像似观、联想观、激活观、整合观。这里所谓的"观"彼此包含，难以做出断然切分。

"认知语言学对语法的研究对语言间的对比研究具有重要的指导意义。一方面，不同语言的差异反映在不同的句式类型上。在一种语言内，不同结构之间的差异已被常规化了，因此我们可根据语言符号化某些常规的事件方式来区分不同类型的语言。说不同语言的人都可来谈论某人使某事发生，某人经历了某事，某人给予某人某物或某物沿一路径移动等，但谈论以上事件所有句式类型有差异。另一方面在一些语言中都有同样的句式，但不同语言中句式本身的类型意义有差异，句式意义与组成句式的词汇意义不同的相互作用关系，从而导致了不同语言中不同的可接受模式。"（王德春、张辉，2001：8）

十、认知语言学和当前语言学主流的不同

Langacker（束定芳，2004：23-25）把他所提出的认知语言学和当前语言学主流的不同概括为以下几个方面：

（1）对语言考察的性质有不同的看法。正统的观点认为语言是逻辑的、可计算的，甚至可以看成是数学的一门分支。

但认知语言学却认为语言可以更准确地表示为生物机体；自然语言不可能绝对预测；语言理论必须建立在坚固的描写主义的基础上面。

（2）对语言系统的性质有不同看法。正统的观点认为语法包括几个各不相同的组合模块；它是一种能生成所有的仅是语法上正确的句子的机制；语言系统是自主的，无须参照其他的认知因素就能描写。

认知语言学认为语言是整个心理组织的有机组成部分，能够触发其他的认知系统；因为语言的各种表达式并非一个造得好的、可以计算的集合，所以语法是非生成的，它只向发话人提供一份符号资源的清单，发话人必须依靠自己的认知能力去使用这些资源建造合适的表达法。

（3）对语法结构的性质有不同看法。正统的观点认为语法（特别是句法）是独立于词汇、语义以外的系统；语法范畴建立在形式的而不是意义的基础之上；发话人可以不管意义，只要根据语法结构就能决定哪些句子是造得好的。

认知语言学认为语法本质上是符号性的，不能离开语义和语音结构而独立；语法只要用符号单位就能描写，词汇、形态、句法组成了一个符号结构的连续体；一些语法范畴（如名词、动词）都可在意义上界定；决定句子造得好是一个程度的问题，

需要考虑到语义和语境的相互作用。

（4）对意义的性质有不同的看法。正统的观点认为意义和概念、观念是不同的，对语言的科学研究不能把它们考虑在内；语言表达式的意义可用真值条件来描写；自然语言可用形式逻辑来分析。

认知语言学却认为意义应和概念化等同起来；概念化是广泛的，既包括抽象的概念，也包括一个人对外部的、社会的、语言的、环境的意识，概念化实际上就是认知处理；形式逻辑难以用来描写语义结构，因为它具有主观性，和发话人的认知角度有关，故 Langacker 用"意象"（imagery）这个词来表示人们从不同角度对情景做出心理解释的能力。

十一、认知语言学的优势

认知语言学的优势在于：

（1）认知语言学是以涉身体验为基础来研究人类的心智和认知，认知通过范畴、隐喻、转喻、意象等认知过程，生动地描述人类的心理现实。

（2）认知语言学把语言看作认知的一部分，语言的使用和其他认知手段的使用联系在一起，使人们看到，符号既是认知手段，又是思维和交际手段，这可开阔我们的视野。

（3）认知语言学从心理的角度解释语法和意义现象，说明不同的人在不同的语境中，对语法和语义结合起来表达的意义有不同的解释，这样就解决了语用问题。（郭鸿，2005：4）

很多语言学科的研究对象都只是客体，而认知语言学对语言的研究既是客体又是主体。它对语言的形式和理解进行经验性解释是一种可取的方案，对概念的形成、词汇化的产生、词义的衍生乃至推理都更有解释力。（赵彦春，2009：36）

认知语言学的重要成就在于它展示了解释和编码语言表征过程的许多方法，并且这些方法的理解必须参照概念形成过程的经验基础。其特殊贡献是：它提出的概念内容比以前主流语言学所假设的更丰富、更与人类的观点相联系。

十二、认知语言学的"过"

认知语言学也有其局限性。认知语言学是对传统结构主义特别是形式主义语言学的反动，它弥补了这些学派的一些缺点，同时也走向了另一个极端，抛弃了其他学派合理的地方。根据石毓智教授的研究（2006：48-57），认知语言学存在着以下几个问题：

（1）忽略语法的系统性。Langacker 虽然也承认结构之间不完全是各自为政的，但是他过分强调结构之间的独立性，而很大程度上忽略了它的系统性。在认知语言学的论著中，绝少看到谈多个结构之间的关系的，然而揭示不同结构之间的相互关系是把握一种语言语法的关键所在。

（2）完全否定结构之间的可能“转换”关系。转换生成语法特别注重不同结构之间的变换关系；认知语言学则走另一个极端，完全否定不同结构之间的可能变换关系。语言的层次观是乔姆斯基理论的灵魂，他的理论的各种发展，都是由这一观点派生出来的。认知语言学在这一点上也是与形式学派针锋相对的，认为语言是“单层”的。认知语言学不承认结构之间的变换，也就否认了句子成分的“位移”或者“提升”。

（3）忽略语法系统对认知的反作用。在语言创立时期和新结构的产生过程中，认知主要作用于语言；语言一旦形成，就具有相对的独立性，也会影响到人们认识世界的方式，比如不同的民族由于认知视点的不一样，语法范畴的设立也不一样。这就会影响到使用者观察世界的方面或者角度的差别。

（4）过于强调语法系统的开放性。Langacker 认知语法的一个缺陷是，过分强调语法系统的开放性，而忽略它的相对独立性。他认为，新的语法格式的产生，就像新词汇的出现一样，大家都这样用了，形成一种格式，固定下来就是语法构式。研究经验告诉我们，新语法结构和新词汇的产生过程有着本质的区别。伴随着新现象和新事物的出现，可以不断创造新词汇。然而语法是一个系统，具有极大的稳固性，新结构的产生受制于语言的发展方向和当时的语言状况。

（5）过于强调语法与语义的相关性。在 Langacker 认知语法中，语法语义关系就像一个万花筒，无边无际，似乎什么样的语义都是语法问题，什么样的语义都能在语法上得到表征。但是，从人类语言的普遍性的角度来看，用语法手段表示的语义范畴是非常有限的。Langacker 认为，语法和语义构成一个连续体，没办法把两者分开。这也是他反对形式学派而走向另一极端的表现。形式学派主张句法系统和语义相分离，认知语言学则干脆把语法和语义看成浑然一体的东西。语义是一个无边无际的东西，任何可以作为我们认知对象的东西，都是语义问题。然而语法是一个有限的系统，包括结构类型的有限性和语法标记的有限性。尽管语法和语义密不可分，但语法是一个相对稳定的、独立的系统，语法给我们提供了有限的手段来表达无限的意义，绝大部分的语义问题跟语法没有关系。

（6）在语音研究上无能为力。认知语言学在解决语法和语义问题时，得心应手，左右逢源，但是几乎见不到它探讨语音和语法相互关系问题的研究。而实际上，语言的 3 个部分——语音、语义和语法——相互制约，形成一个有机的整体。语法和语音也是密切相关的。语法和语音的关系是一个重要的问题，但是基本上不在认知语言学的研究视野之内。

（7）繁琐而随意的“图解式”。形式学派的论著都少不了树形图，认知学派则有很多类似建筑图形的东西。树形图本身的画法要简单得多，然而认知语言学的“建筑图”要复杂得多，关键是没有一定的程式规矩。繁而笨拙的图解法是认知语言学表现手段上的一个缺陷，而且它具有很高的随意性，即使搞懂了这个句子的图解，仍然无法知道其他句子的图解。

十三、认知语言学尚待完善之处

“在过去的几十年间，认知语言学倾向于把认知看成研究的全部，而语言则是认知的一部分。换言之，认知语言学强调其认知的本质，倾向于从心理学角度看语言，把语言看成人脑中知识组织的一部分。因此，传统的认知语言学研究对语言的内部变异和交际变异不够关注，不考虑语言变化的丰富性和复杂性，语言分析或跨语言比较都是在单一语言层面上进行的。这种倾向势必会导致对言语社区的同质化和理想化。认知语言学如果真正坚持运用基于用法的途径研究语言和认知，就不能像乔姆斯基那样研究高度抽象化的语言，而必须探索语言的社会层面。”（苏晓军，2009：47）

认知语言学认为语言知识来源于语言的使用，说话者为了交际和社会交互的目的识解自身体验，而听话者也为同样的目的识解说话人的话语，因此认知语言学可望对语言的社会交互性研究做出自己的贡献。社会维度的研究可以说在迄今为止的认知语言学研究中是最薄弱的。认知语言学必须把语言的社会维度纳入到具体的研究项目中，探索社会认知和社会变异现象，更多地关注语言内部的变化。运用多种方法收集语言数据，分析社会和心理世界的诸多知识域，揭示文化在日常生活行为中的重要性，探索文化模型的本质以及在思维中所起的关键作用。

本篇参考文献：

[1] 程琪龙．语言认知和隐喻 [A]. 束定芳．语言的认知研究——认知语言学论文精选 [C]. 上海：上海外语教育出版社，2004.

[2] 胡荣．影响英语进行体第二语言习得的语言因素：认知语言学视角 [J]. 外语研究，2010（1）：21-27.

[3] 郭鸿．认知语言学的符号学分析 [J]. 外语教学，2005（4）：1-4.

[4] 李福印．认知语言学概论 [M]. 北京：北京大学出版社，2008.

[5] 刘正光 . 认知语言学的语言观与外语教学的基本原则 [J]. 外语研究，2010（1）：8-15.

[6] 卢植 . 认知与语言 [M]. 上海：上海外语教育出版社，2006.

[7] 石毓智 . 语法的概念基础 [M]. 上海：上海外语教育出版社，2006.

[8] 束定芳 . 语言的认知研究——认知语言学论文精选 [C]. 上海：上海外语教育出版社，2004.

[9] 苏晓军 . 认知语言学的社会转向 [J]. 外国语，2009（5）：47-51.

[10] 唐树华，田臻 . 认知语言学的两个承诺及其发展趋势 [J]. 外语学刊，2012（3）：62-66.

[11] 王德春，张辉 . 认知语言学研究状况 [J]. 外语研究，2001（3）：1-10.

[12] 文旭 . 认知语言学的研究目标、原则和方法 [A]. 李风琴 . 中国现代语法学研究论文精选 [C]. 上海：上海外语教育出版社，2005.

[13] 徐盛桓 . 常规关系与认知化——再论常规关系 [A]. 束定芳 . 语言的认知研究——认知语言学论文精选 [C]. 上海：上海外语教育出版社，2004.

[14] 赵彦春 . 认知语言学的理论取向与实质 [J]. 外语学刊，2009（5）：31-37.

[15] 郑开春，刘正光 . 认知语言学三个基本假设的语言习得研究证据 [J]. 外语教学，2010（1）：12-16.

第二十八篇　现实—认知—语言

本篇内容提要：认知和语言都是基于对现实的体验之上的，认知先于语言、决定语言，是语言的基础；语言又可反作用于认知，可促进认知的发展和完善，语言与认知相互作用、相互影响，紧密联系。

认知是人类的基本机能之一，认知的核心问题是思维，认知的表达形式是概念，认知的中心过程是推理；语言是承载思维、表达概念、运行推理的一种重要工具。因此，认知和语言的关系是一个非常重要且有意义的研究课题。（卢植，2006：vii）

按照认知语言学经验主义的哲学观和语言观，语言既是一种认知活动，又是以认知为基础的；而认知和语言不能脱离人的身体构造，不能脱离我们赖以生存的物质世界，也不能脱离人的认知能力和认知的组织作用。语言是人类认知活动的产物和工具，因此其结构和功能也应被看成是人类一般认知活动的结果和反映。

认知和语言都是基于对现实的体验之上的，认知先于语言、决定语言，是语言的基础；语言又可反作用于认知，可促进认知的发展和完善，语言与认知相互作用、相互影响，紧密联系。昔日的语言研究多重视语言形式、结构、内部关系的描写，或强调语言与客观世界的对应，而没有从认知角度将主观与客观结合起来深入解释语言，这是认知语言学不同于许多其他学派的根本区别之一。（王寅，2007：32）

一、认　　知

认知语言学里的“认知”一词是相对“形式”而言的。认知是心理学研究的重要领域之一，指人获得知识或学习的过程，是人的大脑理解和认识事物的行为与能力。“认知最简单的定义是知识的习得和使用，它是一个内在的心理过程，因而是有目的的，可以控制的。知识习得和使用牵涉到诸如感知觉、型式识别、视觉表象、注意、记忆、知识结构、语言、思维、决策、解决问题等等心理表征在内心里的操作，从白日做梦到为了解决问题而进行的抽象思维，都可包括在内。”（桂诗春，2004：14）

认知语言学中的“认知”具有特殊的含义，这不仅是因为它的认知承诺，而且更是由于它积极寻找在概念思维、身体经验和语言结构之间的对应关系，以及发现人类认知或概念知识的实际内容。

二、认知与现实

认知是人脑的一种特殊机能，是运用概念、判断和推理等形式反映客观事物的过程。认知源于现实，始于经验，基于感知。人类是在不断认识世界，改造世界中进步的，在人类经历的几个社会形态中，都是以人的认识发展及由此所产生的生产力发展为标志的。人类认识世界是永无止境的，认识的终止就意味着人类社会的结束。在人类认识发展的长河中，认识总是在不断完善，朝着不断正确的方向进展的，逐步走向绝对真理。认识永无休止，认知是在不断地追求更加完整正确地理解现实世界。（王寅，2007：61）

三、语　　言

语言首先是人的语言，它主要反映了人类的三大本质属性，即人的生理性、社会（文化）性和思想性。认知取向的研究能较好地揭示和解释语言及其三大本质属性。

语言是一种认知现象，是认知过程所产生的结果。语言是对客观世界认知的结果和产物，语言运用和理解的过程也是认知处理的过程。现代语言科学亦已表明在所有人类语言的背后都存在普遍的认知能力。语言不可能与其他诸如解释和推理等认知功能隔离开来。

Taylor（王寅，2007：14）指出：语言形成了人类认知的一个组成部分，任何对语言现象的深入分析都是基于人类认知能力的。因此，认知语言学的目标就是从认知角度对以下问题做出合理解释：掌握一门语言意味着什么？语言是如何被习得的，又是如何被应用的？

在对语言的基本看法上，认知语言学持这样一些假设：①语言能力是人的一般认知能力的一部分，因此语言不是一个自足的系统。②句法不是语言的一个自足的组成部分，而是跟语义、词汇密不可分的。③语义不仅仅是客观的真值条件，还跟人的主观认识密切相关。

四、认知与语言

“认知和语言是人类进化和发展过程中的两个重要现象和事实，也是人类的重要机能，尤其是语言，它是人类区别于其他物种的最重要的标志。语言研究是对人类的认知研究的重要组成部分。”（卢植，2006：56）人对世界的认知以语言为中介又通过语言体现出来。语言和认知的关系是辩证统一的，认知是语言的基础，语言的发展推动着认知的发展，认知的发展也推动着语言的发展。

认知语言学家最重要的一个观点是：对现实的体验是认知的基础，认知又是语言的基础，这样就形成了“现实—认知—语言”三者依次决定的序列关系：语言是思维的窗口，认知是现实与语言的中介，现实通过认知这个中介对语言发生作用，语言是认知发展到一定阶段的产物，语言对认知和现实有一定的反作用。（王寅，2007：14）

认知语言学的特点是着重阐释语言和一般认知能力之间密不可分的联系，一方面认知必须借助语言来凝化；另一方面语言也是认知的基础。斯大林在《马克思主义和语言学问题》一文中曾说过，“不论人的头脑中会产生什么样的思想，以及这些思想什么时候产生，它们只有在语言材料的基础上、在语言的词和句的基础上才能产生和存在。没有语言材料、没有语言的‘自然物质’的赤裸裸的思想是不存在的。”（何自然，2006：62）

由此可见，语言与认知相互作用，彼此不能脱离而单独存在。认知是借助语言来进行的，语言是认知的物质外壳和体现形式，并将其凝固下来。但语言也不能等同于认知，认知是一种心理活动，它决定着语言的表达形式，语言是这种心理活动的终极产品的表达形式。（何自然，2006：62）认知语言学一方面认为人类的认知和语言来源于实践，具有互动体验性；另一方面又强调主客观互动，承认认知和语言具有一定的主观性，这就是体验哲学和认知语言学对语言本质的看法。

五、现实与语言

认知语言学强调认为：语言不是直接反映客观世界的，而是有人对客观世界的认知介于其间，即现实→认知→语言。现实是认知和语言的基础，认知是现实与语言的中介，语言是现实与认知的结果。

现实首先作用于认知，然后由认知决定语言。现实和认知对语言起着决定性作用。新几内亚的语言中，有许多词语无法令人满意地译成英语、法语或俄语，因为这些词语所指的实际动物、植物或习语等在西方文化中无人知晓。词汇量是世界观复杂度的标记符。词汇量反映了对世界认识的复杂程度，复杂的认知会产生复杂的词汇系统。例如，印第安语里一般没有脱离具体事物的抽象说法。又例如，爱斯基摩人的数词不超过“10”，这是因为他们没有很多东西要数。再如，爱斯基摩语中有几十个表示“雪”的单词，而英语中只有一个“snow”。

正如陆宗达、王宁所说：“名物是有来源的，在给一个专名定名时，完全没有根据、没有意图几乎是不可能的。人们为一物定名时，一定与对这一事物的观察、认识有联系，因而在不同程度上有源可寻。”（王寅，2005：177）

六、现实—认知—语言

“如果在现实和语言之间没有认知这个中介，就不能解释同一物体为什么在同一语言社团和不同语言社团中会有不同的名称。英汉两种语言在很多词语表达和句法表达上存在不同，这就是由英汉两个民族在认知上的差异所致。”（王寅，2005：177）

现实决定认知，认知决定语言。语言反映认知，认知基本反映现实。语言不仅反映认知，认知不仅反映现实，而且语言还可影响认知，认知还可影响现实。不同的语言结构、不同的语义系统，将对人们的认知产生不同的影响。人类语言促进了人类认知的发展，而人类认知的发展进而决定着人类语言的进步。

七、认知观—语言观

语言是人类表达观念和思想的最明显的方式之一。从表达观念和思想的角度来研究人类语言，这种观点就是“认知观”。“认知观”认为，语言是认知系统的一部分，而认知系统由感知、情感、范畴化、抽象化以及推理等组成。这些认知能力与语言相互作用并受语言的影响，因此从某种意义上来讲，研究语言实际上就是研究人类表达或交流观念和思想的方式。

一个人对语言的总体认识就是他的“语言观”。认为语言是怎样的，就会沿着这样的思路来思考，从而形成一种倾向性和定势，成为语言的研究方法。认知语言学从认知观出发来研究语言，强调从认知过程对语言做出解释，语言系统是各种认知常规的总和，可以被解释为是在不同通道中的激活状态。语言知识是不能与百科知识截然分开的。对于语言表征而言，最主要的认知环节是对语义的记忆和利用知识进行语义推导，准确地获得对于语言形式的语义解释。（卢植，2006：14）

认知语言学的基本观点认为“语言主要是人们在对现实世界感知体验的基础上通过认知加工而逐步形成的，是主客观互动的结果。有了互动的概念，就强调了人在认知自然世界过程中可发挥主观能动作用，也就可解释不同人之间为什么会存在认知上的差异、思维上的分歧，不同民族的语言表达为什么会不同。这是由于人类的认知方式不同，概念结构也有差异，所形成的原型、范畴、意象、图式、认知模型等也就存在差异，语言表达也就有了差异。因此，我们的心理决不可能像镜子一样来反映客观外界，其间必有人的参与，含有一定的主观加工成分。”（王寅，2005：176）

在认知语言学看来，语言是人的智能活动之一，是人类认知的一个组成部分，认知与语言有着密切的关系。王寅、赵艳芳等学者将认知语言学的“认知与语言观”概括为：

（1）认知是语言的基础，语言是认知的窗口。认知发展先于语言，并决定着语言的发展，语言是认知能力发展到一定阶段的产物，也只有认识了的事物才能用语言表达。而且，从个系和种系认知能力发展的观点来看，认知具有前语言阶段，即认识了的事物还尚未发展到具体有外在语言符号的阶段。

（2）语言能促进认知的发展。皮亚杰曾经说过，语言不能包括全部的认知能力，也不能决定认知能力的发展，但能促进认知能力的发展。语言的产生对认知能力的发展起很大的促进作用。一方面语言能带动人们更好地思维和认知新事物。而且，人们可以借助于已有的语言更好地认识具有一定关联的新事物。另一方面，有了语言，人们才可以交流思想，交换信息，增加经验，从而相互沟通认识，互相调整、适应、趋同，促进种系和个体认知的发展。

（3）语言是巩固和记载认知成果的工具。人们认识客观世界的全部过程有两个：①通过直接经验；②通过间接经验。对一个人来说，间接经验的东西，其实是他人或前人的直接经验。人的直接经验和认知只有通过语言才能表达、交流、记载、保存，从而传给下一代，成为后人间接的认知成果。人们对客观世界的认识也只有依靠语言才能变个人的为集体的，变集体的为社会的、全人类的，形成全人类共同的认知成果，一代一代传下去，不断积累、不断巩固。

就语言本身而言，认知语言学认为语言不完全是形式的东西，不是一个规则系统，不能用生成和转换以及对形式描述的方法来对语言共性进行解释。语言的词汇和语法结构都是不同层次的语言单位，是形式与意义相结合构成的具有内在结构的象征符号，具有真实的认知地位。句法的不同形式来自并反映不同的语义。语义不是基于客观的真值条件，而是对应于认知结构，表层形式的句法结构又直接对应语义结构，所以，认知语言学认为语义结构才是语言研究的重点。语言的意义不限于语言内部，而是根植于人与客观世界的互动的认知，根植于使用者对世界的理解和信念。因此，语义知识和语用知识是不可分的，而语言形式是认识、语义、语用等形式之外的因素促动的结果。

本篇参考文献：

[1] 桂诗春 . 认知和语言 [A]. 束定芳 . 语言的认知研究 [C]. 上海：上海外语教育出版社，2004.

[2] 何自然 . 认知语用学——言语交际的认知研究 [M]. 上海：上海外语教育出版社，2006.

[3] 卢植 . 认知与语言 [M]. 上海：上海外语教育出版社，2006.

[4] 王寅 . 认知语言学探索 [M]. 重庆：重庆出版社，2005.

第二十九篇 认知语法的"特色"

本篇内容提要：认知语法的出现标志着语法研究由注重形式转向了注重意义，将形式与意义密切结合起来进行研究。认知语法强调用语法以外的因素来解释语法现象。认知语法不仅要解释已固化的语法单位，而且还要解释运用已有象征单位组成新单位的创造力。认知语法为解释语法具有生成力提供了一个崭新的、统一的理论框架。

一、认知语法的出现

"认知语法的出现标志着语法研究由注重形式转向了注重意义，将形式与意义密切结合起来进行研究。"（王寅，2006：8）认知语法从名称上看似乎是对语言的认知研究范式的统称，其实是对 Langacker 语言研究的专指。认知语法脱胎于乔姆斯基的生成语法，其主要学术主张都是对生成语法的反动。

认知语法通常指以 Langacker 为代表的一派认知语言学家所从事的研究，强调用语法以外的因素来解释语法现象。Langacker 所创建的认知语法，主要运用"象征单位"和"识解"等来分析语言的各个层面，包括词素、词、短语、分句和句子。

"认知语法以体验哲学（embodied philosophy）为理论基础，主要阐述了人们对世界的感知体验，以及在此基础上所形成的种种认知方式是如何形成和约束语法构造的，并深入解释语法规则背后的认知方式和心理基础，以及构造与意义之间的关系，仔细描写人脑在使用语言和形成规则时的心智活动，以及人们掌握语言单位和构成更大构造的能力。认知语法尝试给语法范畴和语法构造做出一个较为系统的、一致的解释，从而为语法解释找经验和概念上的理据。"（王寅，2006：2-3）

二、认知语法研究的“新思路”

认知语法彻底摒弃了传统语法中的词类划分、句法分析的老套方法，不主张区分词汇结构和句法结构，也不依赖传统语法中常用的名词、动词、主语、谓语、宾语等术语，认为这些传统分析方法作为一个理论缺乏一致性、统一性和系统性，因而缺乏充分的解释力。认知语法研究的新思路主要包括：

（1）语言和句法不是自治的，具有体验性；

（2）以语义（概念化）分析为基本出发点；

（3）依据几种基本认知能力和认知方式来对语法做出统一解释；

（4）只设三个单位：音位单位、语义单位和象征单位；

（5）用“识解”来描写语法；

（6）坚持整合观，接受部分组合观；

（7）语法具有象似性；

（8）语法具有模糊性：词素、词汇、词法、句法构成一个连续体；

（9）通过典型事件模型解释英语基本句型。（王寅，2006：3）

认知语法还有一个更高的目标，它不仅要解释已固化的语法单位，而且还要解释运用已有象征单位组成新单位的创造力。因此认知语法为解释语法具有生成力（productivity）提供了一个崭新的、统一的理论框架。（王寅，2006：59）

三、认知语法的“构式”

认知语法认为语法是由语法范畴和语法构式组成的，构式不是部分的总和。语法构式是复杂的概念结构和表达这个概念结构的方法之间的配对结合，语法构式包括在概念极中对认知功能的限制，如已知和新知信息、注意焦点等。每一个语法构式还陈述若干限制，即对某一语言中复杂内容如何在音位上表达的限制。每一个语法构式可表明：

（1）语法构式各部分的意义如何连接成整个构式的意义；

（2）概念组合如何用语言形式表达；

（3）通过上述两点可表达什么样的附加意义和认知功能。（王寅，2005：39）

1. 语法构式的多义性

语法构式就像词汇一样，也可能是多义的。在语义极中有许多系统性相关的概念，形成了辐射性范畴，表达了这种多义性。

2. 语法构式的体验性

语法构式不是把无意义的形式任意地置放在一起的，而是表现了人类组织基本经验的方法。

3. 语法构式的合成型

语法构式陈述概括，描述语法形式是如何被用来表达特定概念内容和认知功能的。每一个语法构式可被视为一个条件，管辖着语言表达复杂概念的方式。语法构式通过叠置组合而成，如果符合共同的条件，就能相互适合，被置于一起。一种语法构式陈述一些限制，在这些限制下，其他语法构式就能相互结合。

在认知语法中，一个句子的语法构式是由多个语法构式给定的。每一个语法构式有一个层级性语义结构的语义极和一个层级性表达结构的音位极。概念范畴具有概括性，是在个别概念层次之上的。这些概念范畴包括特性、事物、过程、方式等。（王寅，2005：40-41）

四、认知语法的“识解”

语义是语言的核心，而语义的核心又是识解。识解使得语言使用者可以用各种不同方式来看待相同的和不同的事件和语言行为。语言由此而变得更加复杂和灵活。

识解指的是人们的认知能力，不同的认知方式作用于同一情景，导致了不同的语言表达和不同的意义。研究人们的不同的认知能力在语言表达中的具体体现正是认知语言学的总体任务。（李福印，2008：268）

把动态的认知过程引入语法分析，是认知语法的一个鲜明的特点。同样一个对象，由于认知视点的不同，会影响人们选择不同的句式去表达。认知语法把这种认知视点变换与语言结构的选择之间的相互作用现象叫作“识解 / 诠释”（construal）。“识解”即听话人和说话人倾向于对某个特定情景形成无穷的理解。

比如我们面前放了一只盛有半杯水的杯子，不同的人因为观察的角度不同，就会选择不同的句式：

[1]the glass with water in it　里面有水的杯子（观察视点是杯子自身）

[2] the water in the glass　杯子里面有水（观察视点是水）

[3]The glass is half-full.　杯子装了一半的水。（观察过程是从杯底往上看）

[4]The glass is half-empty.　杯子一半是空的。（观察过程是从杯口往下看）

对同一个客体的4种不同表述，反映了不同的认知识解。这些不同的认知视点或者过程，影响到了句式的选择或者表述内容的差异。

诸如名词、动词、主语和宾语等基本句法范畴，是指对它们所指概念内容的抽象的（图式化的）语义识解，这些基本句法范畴都有基本意义，但都是依据人们对经验做出各种识解的基础之上形成的，所以 Langacker 创建了一套分析句法范畴的语义识解系统（精密度、辖域、背景、视角、凸显）。在跨语言对比时，我们会发现有很多相同的意义范畴，但这些相同意义范畴的识解却因语言而异。这成为认知语法的一项主要内容和一个重要特点。

例如：英语中的 sick 被识解为一个形容词，具有非时间性，是总体扫描的结果，因此它需要借助表示时间的系词 be（为顺序扫描）来表示。而汉语中的“病”则被识解为动词，属于程序性扫描，本身就具有时间性，因此不需借助系词构句。（王寅，2007：337）

“识解”，特别是其中的凸显原则，包括侧面与基体、射体与界标，对于语言理解和语法分析既十分新颖又非常实用，在以下几个方面都有一定的解释力。例如：①用来解释词义；②划分词类；③分析所有格构造；④可用于描写基本句型；⑤分析分句主语和宾语的择用情况；⑥解释语法构造；⑦解释隐喻和换喻。（王寅，2006：37）

语言使用事件是一个实际的语言使用行为，无论是语言表达式的选择，语言资源的利用还是非语言资源如记忆、规划、问题求解能力、百科知识以及对社会、文化和话语语境的把握，都是由语言使用者控制的。即在语言使用过程中，语言使用者的主体性起着关键的作用。因此，语言使用中的语义建构离不开语言使用者的识解。

五、认知语法的“研究范式”

认知语法是从生成语法的阵营中分离出来的，它代表了一种全新的研究范式，这种范式的具体特征包括：语法结构的自然性、概念的统一性、语法结构必须满足内容要求的原则、语法和语义具有互释性、语法结构的最大化特征、具体化单位和结构图式间的不可还原性、语法抽象的过程具有自下而上的特性，语法网络模型的各结点通过延伸、具体化和相似性链接，网络模型各结点具有不同程度的认知凸显性和被说话人接受的程度。

所有这些特点的理论基础包括 3 个方面，语言单位具有象征性特征、语言结构基于用法模型的特征、语法结构呈网络模型的特征。在理论基础的这三个方面中，语言单位的象征性特征又是最根本的，它决定着另外两个方面。因为象征结构的语义极（semantic pole）是人对客观情景的概念化，包含了人的识解，这就把语言的使用（即“用法”）提到了本体论的地位，并在使用中抽象出各级结构图式，因而使包含结构图式和具体化单位的语法系统呈网络模型。（刘宇红，2004：11）

六、认知语法的“最大化”

生成语法理论的最新发展体现了一种简约主义，以最简方案为指导的生成语法研究旨在揭示语言的理论最基本的运算规律。古典生成理论有三个信条，其中之一就是经济原则，认为语法应以最简约的规则对尽可能多的语言事实做出解释。另外两个信条为生成性原则和可还原性（reductionism）原则。

生成语言学认为，语言可以被描述成一个算术系统，因而语言学就像逻辑数学中自动理论一样是一门形式科学。乔姆斯基在寻求离散的范畴和绝对的原则的时候，严格遵守“经济”的原则，即在建立某一语言的语法时，将经济原则放在首位，并且认为冗繁的陈述意味着丢失有研究价值的概括。

与此相反，Langacker 将语言比喻成“生物”。尽管语言中的某些方面或许具有离散性和算术性，但是，总的来说，语言更像是一种生物体，与心理的精确性相比，对经济的考虑应退居其次。在对语言结构的认知表述中，冗繁应该是允许的。有鉴于此，认知语法是从繁的（maximalist），而生成语法所信奉的语法模式是从简的（minimalist）。例如“最简方案”是乔姆斯基理论过去 20 年来的最新发展。该理论强调关于语言的陈述尽可能简单而具有普遍性。所有的表现形式和生成过程应该尽可能经济，解释语言现象的工具应该尽可能少。

“从简”是说应采取用最少的必需的理论上的和描写上的装置来描写语法，即语法越简单越好。一个“简化”了的语法模式假设：如果某语法的规则能充分描写某一特定结构的构成，那么，该结果就完全没有必要单独地在该语法中列出来。

认知语法信奉的是基于用法的模式。基于用法的模式致力于研究语言运用对语言知识的形成和表征的影响。它是同生成语言学的语法表征模式相对立的。后者认为，只有语法形式结构决定它在说话人头脑中的表征，而基于用法的模式认为，话语的运用也起作用，尤其是运用语法形式结构出现的频率。易言之，语言知识的运用和表征对使用的频率是很敏感的。（廖巧云，2005：197-200）

与语言单位的象征性特征一样，语法结构基于用法的模式也是认知语法的基本特征，而且也是在抛弃生成语法基本理论原则的基础上形成的。因此认知语法中语言知识的范围比传统看法要广。基于用法的模式在语言描写中采取的是“从繁”的原则，认为语言系统是约定俗成单位的庞大的、高度冗繁的总汇。这些单位从非常概括的到非常具体的，它们之间没有明显的差别。基于用法模式从实际存在的语言单位入手，在语言单位的基础上抽象出不同抽象程度的结构图式。语法不仅包括结构图式，也包括成为了单位的语言结构。此外，认知语法认为语法模式应该是非简化的。语法应该包括描写具体结构的规则或句型和与此相关的个别知识。（龚放，

2001：21-22）和经济原则相反，认知语法将具体化单位归入语法，体现了认知语法的“最大化”特征，而经济原则体现的是“最小化”特征。

七、认知语法的“语法观”

认知语法的理论基础也就是它不同于生成语法的关键之因，在于下面3点：

（1）语言单位（包括结构图式和具体化单位）的象征性特征。

（2）语法结构基于用法模型的特征。

这两个特征决定了认知语法关于句法、语义与音系的总体理论框架。

（3）语法结构具有网络模型的特征，该特征是对认知语法结构形成的概括。

在乔姆斯基学派中，语法是一种形式演算，这样的形式演算可以通过一套规则系统加以描述，规则具有高度的形式化特征，独立于语言表达所蕴含的意义。语法系统包含几个相互作用的子系统，每个子系统可以看作是一个组件。每个组件可以划分为规则子系统和原则子系统，规则子系统就是语法的组成部分。

生成语法认为语法（特别是句法）是独立于词汇、语义以外的系统；语法范畴建立在形式的而不是意义的基础上；说话人可以不管意义，只要根据语法结构就能决定哪些句子是造得好的。在生成语法的范式中，语法是一套可以生成具体语言的深层规则。生成语法认为语言是按一定顺序排列、含义固定的符号串，语法是生成符号串的系统。语法及语言结构只关乎符号逻辑，与具体意义无关，与语境无关，与社会功能无关。

认知语法认为，语法是由语法范畴和语法构造组成的，构造不是部分的综合。语法构造是复杂的概念结构和表达这个概念结构的方法之间的配对结合。语法构造不是把无意义的形式任意地置放在一起的，而是表现了人类组织基本经验的方法。

Langacker认为，语法就是用来将象征单位逐级组合成较复杂的象征单位格式。一个典型的语法结构通常是一个复杂的象征单位。语法本质上是符号性的，不能离开语义和语音结构而独立；语法只要用符号单位就能描写，词汇、句法组成了一个符号结构的连续体；一些语法范畴（如名词、动词）都可在意义上界定；决定句子是否造得好是一个程度的问题，需要考虑到语义和语境因素的相互作用。语法构造就像词汇一样，也可能是多义的。语法构造是复杂的概念范畴和认知功能与表达它们的方式之间的配对连接体。

认知语法将语法看作是“传统语言单位的结构化清单”。语法是象征符号的清单（inventory）。语法与其说是一个规则系统，不如说是各种大小的象征符号（从语素到句子到语篇）组成的清单，这些象征符号都是形式和意义的结合体。语法的这一“清单”特征也同时通过明显的拒绝语法的“过程”或“建构”特征而得以突出强调，而强调语法的“过程”或“建构”特征正是生成语法理论的特色，生成语法理论认为语法本身能够具体地规定句内项目的良好组合。语法仅是语义内容的一个结合体和象征体。

生成语法认为生成结构的语法是自主的，与人类的体验无关，而认知语言学家则认为无论是结构还是语法都是体验性的。语法是对概念进行符号化的能力。对语法的限制不仅受抽象形式的限制，也要受神经和身体经验的限制。语言结构生来就是扎根于身体经验的。基本语法范畴和受语法结构限制产生的语言结构，是从我们体验性结构中获得的。语法不是抽象的形式系统，而是一个神经系统，语法的特征就是人类体验性神经系统的特征。语法包括高度结构化的神经连通，将大脑中的概念方面和表达方面连接起来，包括语法范畴、语法结构和词汇项。

认知语法在处理语法问题时很有独到之处，与乔姆斯基的生成语法有很大区别。生成语法是一种生成装置，具有构建性；而认知语法不同，它认为语法仅仅是给说话者提供了象征资源的总汇。运用这些资源构造和评价恰当表达的是说话者而不是语法。

八、结　语

生成语法比较注重形式，而认知语法比较注重意义。乔姆斯基强调语言获得中内在的认识能力，并在较为抽象的平面上论证语言习得的逻辑前提，分析语言的形式结构和各种带有普遍意义的限制条件，带有浓厚的经院色彩。

Langacker的认知语法强调人的一般的认知能力和百科知识对语言理解的重要性，并以直观的“概念”为核心来消解词汇、词法和句法之间的理论界限，带有浓厚的世俗色彩。（束定芳，2004：53）

本篇参考文献：

[1] 龚放．认知语法的特点及与生成语法之比较 [J]. 外语学刊，2001（4）：21-30.

[2] 李福印．认知语言学概论 [M]. 北京：北京大学出版社，2008.

[3] 廖巧云．认知语义学研究的新概括——《认知语言学》述介 [J]. 现代外语，2005（2）：197-200.

[4] 刘正光．认知语言学的语言观与外语教学的基本原则 [J]. 外语研究，2010（1）：8-15.

[5] 刘宇红 . Langacker 认知语法述评 [J]. 外语研究，2004（4）：6-11.

[6] 束定芳 . 语言的认知研究——认知语言学论文精选 [C]. 上海：上海外语教育出版社，2004.

[7] 王寅 . 认知语言学探索 [M]. 重庆：重庆出版社，2005.

[8] 王寅 . 认知语法概论 [M]. 上海：上海外语教育出版社，2006.

第三十篇　认知语言学：意义是核心·意义是概念化

本篇内容提要：认知语言学是以意义为中心的语言学。在认知语言学里，语义被赋予首要地位，语义先于句法，并部分地决定着句法；语言的意义来自于人的概念化的过程，意义的构建过程就是概念化的过程。

认知语言学不是语言学的一个分支，不是跟社会语言学、神经语言学、数理语言学等并列的一个分支学科，而是代表语言研究近来兴起的一个新的学派或思潮。

认知语言学是随着语言学研究的发展，在反思结构主义语言学、生成语言学的成败得失中产生并发展起来的。它是对以前语言学研究的继续和深入，是对传统语言学理论的补充与发展。认知语言学的创始人原来都在形式语言学的领域里已经有了很高的造诣，是对形式语言学的局限性有了切身的体会才提出新的理论来的。认知语言学成为一种新理论的基础在于：坚持体验观，批判自治说，从体验和认知角度来解释语言，以语义为中心。

一、意义是核心

1. 语义为中心

认知语言学是解释语言学，共性语言学，也是以语义为中心的语言学。语义研究是语言研究的一个重要方面。认知语言学以语义为中心，将语义研究放在非常重要的位置，它认为语言的意义与认知有着密切的关系，而词汇和句法是受语义制约的。

第三十篇　认知语言学·意义是核心·意义是概念化

本篇内容提要：认知语言学是以意义为中心的语言学。在认知语言学里，语义被赋予首要地位。语义先于句法，并部分地决定着句法。语言的意义来自于人的概念化的过程，意义的构建过程就是概念化的过程。

认知语言学不是语言学的一个分支，不是跟社会语言学、神经语言学、数理语言学等并列的一个分支学科，而是代表语言研究近来兴起的一个新的学派或思潮。

认知语言学是随着语言学研究的发展，在反思结构主义语言学、生成语言学的成败得失中产生并发展起来的。它是对以前语言学研究的继续和深入，是对传统语言学理论的补充与发展。认知语言学的创始人原来都在形式语言学的领域里已经有了很高的造诣，是对形式语言学的局限性有了切身的体会才提出新的理论来的。认知语言学成为一种新理论的基础在于，坚持体验观、批判自治说，从体验和认知角度来解释语言，以语义为中心。

一、意义是核心

1. 语义为中心

认知语言学是解释语言学、共性语言学，也是以语义为中心的语言学。语义研究是语言研究的一个重要方面。认知语言学以语义为中心，将语义研究放在非常重要的位置，它认为语言的意义与认知有着密切的关系，而词法和句法是受语义制约的。

语义的中心地位与语言理据性密切相关。洞察性学习比机械性学习要有效得多。Lakoff（1987：346）指出，有理据的东西学起来比没有理据的要容易一些，同时有理据的知识记忆与使用起来也要比没有理据的要容易一些。认知语言学的语义中心观实际上就是强调语言的理据性。认知语言学的最基本特征是坚持语义的中心地位，所有语言符号都是有意义的。语言形式与意义之间不是任意关系，而是有内在联系的或者说是有理据的。

语义的中心地位体现在词库与语法构成一个连续体这个认识之上。

（1）语法结构是有意义的，学好语法是为了更好地理解意义。通过理解语法结构的意义来学好语法，从而为理解意义服务。掌握语法不是语言学习的最终任务，而是为了更好地理解意义和使用语言。

（2）无论是词汇单位还是构式，往往都不是单义的，不同语义之间形成一个网络。语言单位的多义性是语言单位的范畴的复杂性和功能多义性的基础。

（3）认知语言学把意义看成是一个心理现象，存在于世界的概念化活动之中，如物理的、社会的、文化的、情感的、想象的等等。在概念化过程中，识解起着十分重要的作用，同时也给意义增加了主观性。（刘正光，2010：10）

2. 意义核心地位的基本特征

语言是人类认知能力的一种体现，语义是认知语言学研究的焦点，这已成为认知语言学家的共识。认知语言学，尤其是认知语法，从一开使就将语义作为语言的最核心部分。认知语法的一个基本假设能够凸显出意义的核心地位：词库与语法之间的关系是连续体关系，它们都是符号结构，组成一个清单库。这一假设具有两个方面的意义：

（1）语法和词库一样都具有意义，只是语法意义比词汇意义更抽象而已。

（2）词库和语法之间没有清晰的界限。

意义的核心地位的另一个基本特征是：语义还与认知主体的概念化过程相关，因此，认知的方式、环境、活动等都以某种方式决定着意义。如识解包含5个方面的内容：详略度、背景化、视角化、认知域和显性度。简言之，句法型式本身具有意义，句法的基础是语义，可以通过符号结构得到详尽的描述。（曾欣悦，刘正光，2009：112）

3. 意义与形式

认知语言学认为，语言不是任意的，而是一般认知过程的反映。语言的动因表现在3个方面：

（1）意义—意义联系，指的是词汇的各义项的排列不是无序的，而是以原型义项为核心，按照与原型意义的关系远近向外扩展的。意义与意义之间的理据研究领域主要有多义性、惯用语等，因为它们的意义要么基于业已存在的型式，要么与业已存在的型式具有一致性（Lakoff, 1987:438）。多义性研究较多的是介词、小品词、常用动词等。词在扩展意义时，意义是通过怎样的方式扩展的，各意义之间的相互联系是怎样的，都是十分重要的研究内容。原型范畴化理论和概念隐喻都能解释这些问题。

（2）形式—形式联系，主要表现在语音层面。

（3）形式—意义联系，指的是语言的音系形式和意义之间的关系，象似性是一种典型的反映。

“认知语法的出现标志着语法研究由注重形式转向了注重意义，将形式与意义密切结合起来进行研究。”（王寅，2006：8）认知语言学一个重要的理论基础是认为语言的本质是它的象征性。语言本身是语言符号及其所象征的意义。任何一个语言因素，包括音素、词汇、语法结构、句子等，都具有象征性且包含一定的意义；每一个语言因素都是一个形式与意义的结合体。

认知语言学强调语言的象征性，不强调词汇与语法之间的区分，认为语法因素与词汇一样都具有象征意义，它们只是在结构的大小和象征性的具体程度上有区别。这意味着不仅词汇具有意义，语法结构也具有象征性，也具有一定的意义，如过去时态标记 -ed 和进行体标记 be–ing 等这样的语法形态标记也像词汇一样具有一定的意义。作为语法标记形式，be-ing 并不包含一个实际的词汇意义，因为它并不象征任何一个实际的事物，但是，它能够在人们的头脑中引发一个关于时间和体的概念，即某一情景在过去或现在的某一时间在进行之中，因此它也是有意义的。这是认知语言学对传统语言学和生成语言学的一个重要突破。

形式与意义之间的理据主要是解释语音与语义之间的联系。例如 /sp/ 在许多单词中表示负面意义（spam，spit,，spew，spite，spleen，spoil）。某些音特别适合于某种意义：如 flip（用指头弹），flap（拍击），flop（摇拍），flitter（翩翩地飞来飞去），flimmer（摇闪），flicker（闪烁），flutter（飘动），flash（闪光）等中的 /fl/ 表示与某类运动相关的具体动作。

自从古希腊学者提出形式与意义的二分法之后，在西方语言学论著和教材中有很多表示这两者的名称和术语。例如（王寅，2005：298）：

signans (signantia)	signatum (signata)
sign	content/denotatum/signification
sign	object
(morphological) form	meaning

code	coded
significant	signifie
signifier	signified

4. 意义与体验

认知语言学通过三四十年的研究，尽管还有分歧，但对语言研究有关的如下各点有广泛的共识：认知的整体性、语言的体验性、语言结构的系统性。

在语言的体验性这方面，Lakoff 和 Johnson 得出了 3 个重要结论：心智本质上是体验的、思维大多是无意识的、概念大部分是隐喻性的。这些具有哲学认识论意义的发现，在语言中的具体体现，就是认知语言学的一些假设，如语法是概念化、语义结构是概念结构、概念结构是体验的、语言知识来源于语言运用等。这些论断使人们对身心统一的关系在现代科学技术的支撑下做了新的审视，并可通过语言的研究来反观这样的关系。

认知语言学的最基本观点是：在世界与语言之间存在认知这一中介，语言形式是体验、认知、语义、语用等多种外在因素促动的结果；同时还认为意义是基于体验和认知的心理现象，不能脱离人们的身体特征和生理机制、神经系统。对于意义的看法，他们有一个口号：Meanings are on the embodied basis.（意义是基于体验的）。（王寅，2005：197）

认知语言学认为，人类语言是后天习得的；语言不是自治的而是基于体验和认知基础上形成的。因此语义虽是存在于头脑之中，但是其根源不是天赋的，而是来源于身体经验，人与客观世界的互动认知，来源于使用者对世界的理解，在推理过程中人的生理构造、身体经验扮演着重要的角色。在认知语言学家看来，人类这一最重要的认知特点正是他们与乔姆斯基理论在意义内在论上的根本差异之所在。

5. 语义与句法

生成语法出自整个理论的需要，把句法部分独立出来，用以强调“形式”的作用。与其“句法中心”论相协调的生成语法把语义看成是普遍的。Langacker 则认为，句法部分不是独立的，而是与词汇、语素连为一体的符号系统的一部分。语义结构因语言而异。语义结构中有一层层约定俗成的映像。语义结构是约定俗成的概念结构，语法是语义结构约定俗成的符号表示。

认知语言学以语义为中心，将语义研究放在非常重要的位置，它认为语言的意义与认知有着密切的关系，而词法和句法是受语义制约的。在认知语言学看来，句法既不是自治的，也不是由无意义的、不可被解释的符号构成的，句法应该研究象征单位，即意义和语言表达两者的配对结合。（王寅，2006：6）认知语言学不接受生成语法的句法与语义的区分。对认知语言学家来讲，所有语言结构都是符号工具，不管是从最小的词素还是到复杂的结构，都可用来传达意义。语言中的主要区分不是句法和语义的区分，而是语言符号和其交际功能所指与能指在形式与功能、符号与意义上的区分。（王德春、张辉，2001：7）

认知语言学认为句法结构是形式与意义的结合体，对句法结构的形式和意义都应该给予描写。句法不是一个自足的组成部分，而是与语义、词汇密不可分，即是说，词汇、形态和句法形成一个符号单位的连续体，这个连续体只是任意地被分成了单独的成分。句法形式是由按照特定顺序排列而成的成分组成的式子，我们不仅要描写句子的位置序列和成员，在某些情况下还应注明其韵律甚至伴随性语言特征；句法的意义包括一个句法结构得以使用的条件，也包括与其有关的语境信息。认知语言学家从原型入手来描写句法结构，并对某个句法背离句法原型的程度和方式加以描写。

认知语言学在句法方面和以往的句法研究的不同之处在于，句法关心的是作为语言单位的句子，它把人对事件的描述和人的交际意图与对句子的分析结合起来，并且把所有这些和人对空间和时间等的认知联系起来。认知语言学把句子这样一个复合整体放在一起而且使它处于线性结构或者叫作词序中加以分析。

6. 语义与语法

认知语法强调语义的中心地位，但这并不否定语法的重要性，而是发现了语法的另一个本质特征：意义的丰富性。语法可以还原为形式与意义的配对。语法概念都具有语义内容，如名词、动词，主语、宾语等都可以得到具有语义上的描述，名词凸显（profiles）“物”（thing），这个“物”可以是自然物体，概念中的物体，甚至还可以是人。动词凸显“过程”（process）。

语法具有意义的另一个特征是，语法既是组合各类层次的表达式型式，也是组合各类层次语义的型式，将识解概念内容的具体方式以及将识解的内容符号化的具体方式有机地结合起来。（曾欣悦、刘正光，2009：112-113）

二、意义是概念化

1. 概　　念

一个语言因素的意义就是人们由它构成的一个概念，概念意义包含语言因素本身所包含的词汇意义，也包括由它所引发的意义。（胡荣，2010：21-22）

概念就是我们头脑中形成的对客观事物的想法和信念，是头脑中对客观事物的知识系统，包括人类概念系统中概念的组织方式等。语言符号是词汇化了的概念，因此，词汇表达概念，词汇可以看作等同于概念。词汇或言语的意义是说话人和听话人脑中被激活的概念。但是，不是所有的概念都有词汇来表达。我们常常有很多想法在语言中往往找不到任何用来表达的词汇。

概念结构是我们在头脑中存在的对客观事物的相对稳固的知识体系。概念结构有很多模式：语域、认知模式、意象图式、映射、心理空间等。认知语义学认为，意义存在于大脑中，即语言的意义是语言表达式向认知或心理实体的映射。语义结构即概念结构，易言之，语言指向是心理中的概念而不是外部世界中的物体，即语言单位的意义等同于概念结构。意义是一个认知构建的过程。

概念化既指人们头脑中已经约定俗成的概念，也包括即时形成的概念。也就是说，概念化既是结果又是过程。Langacker 把概念结构等同于概念化，概念化由语义内容和识解能力两部分组成。在认知语言学看来，语义是概念化的，是人们关于世界的经验和认识事物的反映，是与人认识事物的方式和规律相吻合的。认知语言学对客观真值条件的描写与对认知概念的建构统一起来，不区分语言意义和语用意义，而是探索意义在大脑中是怎样建构的，研究原型理论、范畴化、概念形成的过程及机制。

2. 概念与概念化

认知语法认为意义等同于概念形成过程，应借助于认知过程得以解释，形式逻辑无法准确地描写语义结果。认知语法的“概念化”不仅包括抽象的“知识”概念，还包括知觉、感情和动觉以及人们对语言事件的理解，对社会的和语言情景的认识。“将意义等同于概念化 conceptualization，比起将意义视为 concept 来说，意在强调概念化主体的主观识解因素和意义的动态化特征，抛弃了客观主义理论的镜像观、静态观，强调了人的创造性和想象力，突出了意义的动态观。意义就是概念化的过程和结果。”（王寅，2005：175）

认知语言学认为意义应和概念化等同起来；概念化是广泛的，既包括抽象的概念，也包括一个人对外部的、社会的、语言的、环境的意识，概念化实际上就是认知处理。

3. 概念化认知活动

人们不仅能够感知外在世界，还能够对其进行概括分析，把具有共同特征的事物归为一类，以区别于其他不同类型的事物。这种能力就是“概念化”的认知活动，反映在语言中就是一个个的词，主要是实词。认知语言学认为，概念化与语法是密切相关的，语法实际上是词语概念内容的结构化。不同民族的概念化方式不一样，由此而带来不同语言的语法差异。比如“借”的概念，汉语是把物体“从甲到乙”

和“从乙到甲”看作一回事，用一个概念“借”来表示，那么在具体的语言表达中就需要用介词“给”或者“从”来区别动作的方向。然而，英语中用两个不同的词来概念化这种行为，分别是用 borrow 和 lend 来表示，那么英语就自然不需要相应的介词短语了，由此而带来了两种语言的有关词语的语法结构的差异。

人类如果没有这种概括、分类的能力，就不可能有词汇这种语言的建筑材料，缺了这种建筑材料，也就无所谓语言系统了。

4. 概念与象征单位

认知语法坚持语言中只有 3 种单位：语音单位、语义单位和象征单位。所谓象征指一定的形式约定俗成地代表一定的意义。像语素、词、词组都是人为划分出来的象征单位，而词类、语法结构和语法关系则是高度抽象的象征单位，都可以从概念上来描写。

5. 语义—概念化

“在认知语言学中，语义是一种心理现象、认知结构，它并不反映客观实体，而是等同于概念化，即心理实验的各种结构和认知过程，而不是可能世界中的真值条件：一个语言表达式的语义就是在说话人或听话人的大脑里激活的概念，具体地说，语义存在于人类对世界的识解中，它在本质上具有主体性，体现了以人类为宇宙中心的思想，反映了主导的文化内涵、具体文化的交往方式以及世界的特征。”（文旭，2007：36）

语言的意义并不像传统语言学描述的那样来自于客观世界中的真实存在，认知语言学认为语言的意义来自于人的概念化的过程。它认为意义的构建过程就是概念化的过程，在语言符号和客观世界之间并不存在客观的一一对应的关系。语言符号与客观世界之间还存在人的认知，它们之间的联系是通过人的思维建立起来的。

意义是概念的形成，而概念的形成是通过人的认知结构实现的。认知语言学的一个重要方法就是将人的认知结构融入对语言因素意义的分析。人的认知结构中一个重要的特点是能够对同一事物从不同的视角进行认识并形成不同的概念。

人们在概念形成的过程中所形成的对某一事物特定的视角，也是这一概念的一个部分。一个语言结构的意义既包括对某一事物本身所形成的概念，也包含说话者看待这一事物的视角。（胡荣，2010：22）

本篇参考文献：

[1] 蔡金亭，朱立霞 . 认知语言学角度的二语习得研究：观点、现状与展望 [J].

外语研究，2010（1）：1-7.

[2] 胡荣 . 影响英语进行体第二语言习得的语言因素：认知语言学视角 [J]. 外语研究，2010（1）：21-27.

[3] 李福印 . 语义学概论 [M]. 北京：北京大学出版社，2005.

[4] 刘正光 . 认知语言学的语言观与外语教学的基本原则，[J]. 外语研究，2010（1）：8-15.

[5] 王德春，张辉 . 认知语言学研究状况 [J]. 外语研究，2001（3）：1-10.

[6] 王寅 . 认知语言学探索 [M]. 重庆：重庆出版社，2005.

[7] 王寅 . 认知语法概论 [M]. 上海：上海外语教育出版社，2006.

[8] 曾欣悦，刘正光 . 认知语言学对语法教学的启示 [J]. 外国语文，2009（4）：111-117.

第三十一篇　兰盖克认知语法与戈尔德博格构式语法

本篇内容提要：认知语言学中的语法研究有两种主要的理论模型：①以兰盖克（Langacker）为代表的认知语法；②戈尔德博格（Goldberg）等的构式语法。认知语法强调用语法以外的因素来解释语法现象。构式语法是一门研究说话者知识本质的认知语言学理论学科。构式语法的起因是对一些边缘语言现象的研究，因而构式概念成了构式语法的核心，并由此引申到对全部语言现象的讨论。

一、兰盖克语言研究方法

认知语法通常指以兰盖克为代表的一派认知语言学家所从事的研究，强调用语法以外的因素来解释语法现象。认知语法从名称上看似是对语言的认知研究范式的统称，其实是对兰盖克语言研究方法的专指。

兰盖克所提倡的“认知语法”主要从人类的“认知和识解”角度研究语言结构，研究人类语言系统的心智表征，克服了传统语法过分强调客观标准、忽视主观认识的倾向，充分考虑到人的认知因素在语言结构中的反映，着重用人类的基本认知方式来识解语言的规则，开创了语法研究的全新思路。（王寅，2007：316）

兰盖克的《认知语法基础》（*Foundations of Cognitive Grammar*）确立了认知语法的基本理论和框架。兰盖克所创建的认知语法，主要运用“象征单位”和“识解”等来分析语言的各个层面，包括词素、词、短语、分句和句子，即音系层（语言形式）和象征语义层（概念内容）。词汇、形态和句法构成一个象征单位的连续体。

“认知语法注重描写形式（音位、书写，但不包括语法形式）与意义（语义、语用、语篇信息功能等）相配对结合的象征单位，语法被视为是一个约定俗成的、有结构层次的象征单位的大仓库。”（王寅，2007：337）

认知语法最突出的有两点：①句法部分不是独立的，而是与词汇、语素连为一体的符号系统的一部分。②语义结构因语言而异，语义结构中有一层层约定俗成的映像，语义结构是约定俗成的概念结构，语法是语义结构约定俗成的符号表征。（卢植，2006：16）

认知语法的核心思想是语法结构不是自主的形式系统或表征层面，它的本质是象征的，也就是说音系层象征语义层，这就从根本上把生成语言学和认知语言学区分开来。

二、戈尔德博格语言研究方法

构式语法作为一种新的语言研究理论是在20世纪80年代后期逐渐发展起来的。构式语法理论主要有4个支派：①以Goldberg（戈尔德博格）和Lakoff为代表；②以Croft和Taylor为代表；③以Langacker（兰盖克）为代表；④以Fillmore和Key为代表。目前国内所做的有关构式语法理论的研究多是以戈尔德博格的理论为基础。

构式语法是一门研究说话者知识本质的认知语言学理论。构式语法认为构式是一种形式和意义/用法的规约对应，而某些形式或意义并不能从现有其他语言结构中或构成成分中得到准确的预知。构式语法把词素也当作构式，因为词素的形式不能从其意义或使用中预测出来。也就是说，词汇并不能从语法中分离出来，尽管词组与词汇在其内部结构方面存在差异。词汇和词组都储存于一个扩展的构式之内。在构式语法里，句法、语义和语用是同等重要的。构式是句法、语义和语用的统一体，是非模块的。构式语法基本上是从外部来解释语言，尽力为语法事实提供全面的描述。

构式语法已经发展成一种相对比较完善的语言学理论。不同研究背景的语言学家聚焦观察一些主要语言学现象，从而产生了一系列构式研究方法。构式语法是在认知语言学背景下产生的，因此通常被看作是认知语言学的一个分支。构式语法认为，语法结构是任何语义和形式的结合体，而且形式和意义的某些方面不能直接从构式的构成部分或者其他已经建立的构式中推导出来。

三、构式语法与认知语法的差异

构式贯串了语言的各个层面，打破了传统的模块式语法观。转换生成语法采用的模块式的语法把语言知识分为语音、句法、语义各个不同的模块，不同的模块之间靠连接规则相连。句子的意义是由组成它的词的意义组合而成的。而且，这一模式不包括语用内容。这一模式只能解释语言中常规的现象，但不能解释 kick，the，bucket这三个词如何根据语音、句法、语义的规则组成这个习语的形式、构成它的意义。因为无法解释，习语被视为例外或语法的附属品。

构式语法并不认为习语只是语法的附属品，而是希望能通过研究习语，从新的角度揭示语言的运作机制。他们对习语产生兴趣，是因为习语现象是转换生成语法无法解释的，而且被视为一种例外的语言现象而不被重视。他们反对把语言知识进行分层，反对词汇根据句法规则组成短语或句子、词汇意义组合构成短语或句子意义的观点。他们认为习语作为整体具有其自身的句法、语义、语用特征。他们是通过“构式“这个统一的表征形式来表征语言知识。（李福印，2008：299）

1. 认知语法的“构式”

认知语法认为，语法构式是复杂的概念结构和表达这个概念结构的方法之间的配对结合，语法构式包括在概念极中对认知功能的限制，如已知和新知信息、注意焦点等。语法构式就像词汇一样，是多义的。在语义极有许多系统性相关的概念，形成了辐射性范畴，表达了这种多义性。语法构式不是把无意义的形式任意地置放在一起的，而是表现了人类组织基本经验的方法。构式陈述了概括，描述了语法形式是如何被用来表达特定概念内容和认知功能的。“每一个语法构式可被视为一个条件，管辖着语言表达复杂概念的方式。语法构式通过叠置组合而成，如果符合共同的条件，就能相互适合，被置于一起。一种语法构式就陈述了一些限制，在这些限制下，其他语法构式就能相互结合。”（王寅，2005：40-41）

兰盖克对“构式”的定义为：复杂象征单位的表达式就叫作“构式”，因此，一个构式就是一个象征复合体，包括成分象征结构和复合象征结构，也包括结构间的关系。

兰盖克代表的认知语法认为构式是有结构的习惯性语言表达单位库。其中，习惯性语言表达单位就是构式，语法就是由大小不同的构式组成的。

2. 构式语法的“构式”

“构式”（construction）这个概念在语言学中有很悠久的历史，传统上，“构式”是和“结构”（structure）同义的。在构式语法中，对构式的定义表述有不同的版本，但基本统一的观点是：构式是形式与意义的结合体。

受 Kay 和 Fillmore 等理论的影响，并基于 Lakoff（1987）对 there 构式的研究，戈尔德博格提出了一种新的构式语法理论。戈尔德博格不再像 Kay 和 Fillmore 等一样研究习语，而是研究普通的句式。根据戈尔德博格的定义，英语中的基本句子就是构式。具体而言，她是从考察句子层面的题元结构入手，并把这些构式叫作题元结构构式。

戈尔德博格（1995：4）对“构式”的定义为：如果用C代表独立结构，将其看作是一个形式（Fi）和意义（Si）的对应体，C能够成立的充分必要条件是：无论形式（Fi）还是意义（Si）的某些特征都不能完全从C自身的组成部分或是其他已有的结构推测出来。

戈尔德博格强调了构式形式或意义的不可推导性，即我们根据一个构式的构成成分的形式或意义，无法精确地推导出构式整体的形式或意义中。比如在英语中，kick the bucket这个习语，我们从构成它的词语的形式和意义，无法推导出该习语整体的形式和意义。句子也是一样，比如the more...，the more...这个句式，它的整体意义也是大于各个部分的意义之和的。也就是说，这些习语和句式与词一样，都是构式，都是以一个整体存在的，都具有其自身的形式和意义。儿童学习语言并不是像堆积木一样，学习词素如何构成词，词如何构成短语，短语如何构成句子，而是在几个层面同时学习语言的结构，包括句子层面的构式。

构式语法认为，如果一个表达式不能从其构成成分预测出来，就是构式；认知语法认为表达式只要在心理上固化了，在语言社团中约定化了，就是构式。兰盖克把构式叫作“符号单位或结构”。它的符号性体现在音和义的规约性结合。符号单位是语言的心理表征，是对语言实际使用的抽象。他还认为，构式是语言知识的基本成分，是通过不断使用后完全惯常化的神经认知行为，已内化于语言使用者的知识体系中。

3. 兰盖克的构式语法理论

兰盖克一直认为词素、词、词法和句法是一个连续体，在词法中也可发现许多出现于句法中的结构规律，因此词并没有不同于大于词的语法构式的特征，而且几乎所有类似于习语的特殊现象，都可在词法中找到，因此没有必要对词和大于词的结构做出区分，其间的区别在于：

（1）后者所包含的象征单位可能要多于前者。

（2）后者的结构要比前者更为复杂。

（3）词法主要是由粘着词素构成的语法单位，句法主要是由自由的词构成的语法单位，所以在一个词里的词素往往具有粘着性，而词在短语和分句中则具有一定的自由性。

因此，兰盖克就主张用象征单位和构式这两个概念来对语法做出统一的认知解

释。（王寅，2007：322）

兰盖克将其自己的认知语法、戈尔德博格的构式语法和Croft的激进构式语法这三种理论的共性归纳为以下12条（王寅，2007：326-327）：

（1）是构式，而不是规则，才是语言研究的首要对象，这是认知语言学研究句法理论的基本出发点。

（2）框架系统是非派生的，也就是说，它们往往有各自的来源。

（3）词汇和句法不是明显可分的成分，它们构成了构式的连续体。传统句法观认为词汇和句法可以明显区分开来，构式是由其组成部分根据句法规则组合而成。据此构式本身就没有什么特别的意义，除了成语之外它们的属性可通过其组成部分的属性和句法组合规则来做出预测，而且词汇本身的词性等范畴须被明确定位，句法规则就参照这些范畴进行运作。构式语法理论推翻了所有这些假设，认为词汇范畴不是事先被确定的，而应参照其出现的构式来描写。

（4）构式是形义配对体，是象征结构的复合体。形式和意义不能分离，这就批判了句法自治论和形式主义语言学的基本思路。

（5）信息结构是构式意义的一个方面。这里的意义还包括：规约化的情景和语用功能等。

（6）构式与传承性网络，或叫范畴化网络紧密相连。

（7）规则和类型是以构式的形式出现的，构式相对于例示性表达来说具有图式性。

（8）除了不同程度的详细度和图式性之外，它们所例示的表达和类型具有共同的特征。

（9）语言知识包括大量的构式，其中大部分相对于正常的和生成性的语法类型来说，具有特异性。

（10）规则性类型是构式的一个特例，能够包容特异构式的框架系统，也将包容规则性类型，但不是相反。

（11）一个合乎语法的表达就应能够同时满足构式的限制条件。

（12）组合原则受到整合的影响。

4. 认知语法、构式语法：差别

认知语法认为，语法不是将语义结构符号化而是将语义并入到语法中来；但这并不是否定语法的存在，而是将语法还原为更本质的东西，例如，名词、动词、主语、宾语。构式语法认为，语法中的词类和其他构式仍然是语法组织系统独立的层次，形式包含了语法形式，倾向于将某些意义与功能关联起来。

戈尔德博格基本不承认有基本的语法单位，如名词、动词、主语、宾语等，认为这些基本的语法单位或概念难以定义，只能在具体的构式中才能确定。

兰盖克认为，语法是由构式构成的清单，大构式包含小构式，小构式由更小的构式构成。构式包含语音成分和语义成分，语音单位和语义单位依靠象征单位联系在一起。戈尔德博格把语法构式定义为形义配对。她认为构式的整体特性对构式的语义从而对构式的句法形式起决定作用。戈尔德博格的一个突出思想就是构式整体大于组成部分，构式的句法特点和语义特点只有通过构式本身才能解释。

认知语法认为，语义和语法形式密不可分，语义在很大程度上决定了语法结构。构式语法先确立一个语法结构，然后归纳分析它的语义值。

二者之间的另外一个差别是关于构式是否有独立的意义。兰盖克认为戈尔德博格的观点走向了极致：表达式的意义赋予构式越多越好，赋予动词越少越好。而兰盖克认为，没有独立于构式的词汇意义，也没有独立于词汇的构式意义。相反，二者是密不可分，相互作用的。（张云，2008：319）

四、结　　语

认知语法以符号单位为核心概念来定义语言，而构式语法从一开使就定义“构式”这一概念。然而，认知语法的符号单位概念以及语法的局部组合性观点最后自然会导致对语法构式和构式范型的关注。认知语法指出构式的概念需要稍加扩大，应包括纯粹的音系结构、语用推理程序和语句的话语解释模式。构式语法的起因是对一些“边缘”语言现象（包括成语熟语等）的研究，因而构式概念成了构式语法的核心，并由此引申到对全部语言现象的讨论。（张韧，2007：37）

本篇参考文献：

[1] Goldberg, Adele E. Construction: A Construction Grammar Approach to Argument Structure[M].Chicago: The University of Chicago Press, 1995.

[2] Goldberg, Adele E. Constructions: A new theoretical approach to language[J]. 外国语，2003（3）：1-11.

[3] Taylor, John R. Cognitive Linguistics and the Teaching of Grammar[J]. 四川外国语学院学报，2005（5）：10-17.

[4] 李福印 . 认知语言学概论 [M]. 北京：北京大学出版社，2008.

[5] 卢植 . 认知与语言 [M]. 上海：上海外语教育出版社，2006.

[6] 王寅 . 认知语言学探索 [M]. 重庆：重庆出版社，2005.

[7] 王寅．认知语法概论 [M]. 上海：上海外语教育出版社，2006.

[8] 王寅．认知语言学 [M]. 上海：上海外语教育出版社，2007.

[9] 张韧．认知语法视野下的构式研究 [J]. 外语研究，2007（3）：35-40.

[10] 张云．《认知语言学：内在动力与跨学科互动》介绍 [J]. 外语教学与研究，2008（4）：317-319.

第三十二篇　认知语言学与语言教学

本篇内容提要：对语言本质特征的认识，决定着对语言习得过程的认识和对语言教学基本原则的选择。认知语言学强调语言的理据性，洞察性学习比机械性学习要有效得多。语言系统中的各种理据对外语教学具有许多重要的启示意义。认知语言学的原型范畴化理论、概念隐喻和转喻理论对全面培养语言、文化和思维能力具有直接的指导意义。认知语言学和基于使用的语言理论模型为解释人类如何学会语言提供了一种新的理论模型与方法。

一、语言能力与语言习得

语言能力是一个由结构有序的具有规约性意义的符号单位组成的清单库，词库与语法构成一个连续体。结构有序意指语言具有系统性和层级性；规约性意义意指与各种知识、语言实际使用密切相关；清单库意指语言本身不具有创造性，创造性是语言使用者的特征；符号单位构成一种语言的语法的全部内容。能用来描写语言系统的单位是：实际出现的语义、音系或符号单位；允准结构的图式。

语言能力是人类总体认知能力不可分割的一部分。人的语言能力与人的社会、文化、心理、交际、功能相互作用。语言能力观意味着，语言能力以具体的语言项目为基础，具有社会文化的特征，语言项目之间形成一定的结构关系，语言项目是一个一个习得的。

二、语言识解与语言产出

语言使用事件是一个实际的语言使用行为，无论是语言表达式的选择，语言资源的利用还是非语言资源如记忆、规划、问题求解能力、各种知识以及对社会、文化和话语语境的把握，都是由语言使用者控制的。易言之，在语言使用过程中，语言使用者的主体性起着关键的作用。因此，语言使用中的语义建构离不开语言使用者的识解。语言使用者的识解对解释外语学习中的语言产出具有核心意义。只有从语言使用和说话者识解的视角来考察语言习得者的语言型式才能充分理解基于使用的理论模型与语言习得的良性互动关系。

语义是语言的核心，而语义的核心又是识解。识解使得语言使用者可以用各种不同方式来看待相同的和不同的事件和语言行为。语言由此而变得更加复杂和灵活。人们使用语言的 90% 以上都是隐喻的。隐喻是思维和语言运行的基本方式之一。隐喻在词和构式的多义性、习语的形成、语篇的建构、表达方式的选择、新词新语的创造等各个方面都无所不在。

语言表达式的意义取决于语言学习者的识解，一方面意味着语言的约定性本质，另一方面表明使用者对话语中语言表达式的分布具有选择决定权，即语言使用者处于语言使用事件的中心地位。学习者不断发现所学语言的理据性结构和原则，这一过程的本质就是自主学习能力在不断增强。

三、语言理据与语言教学

研究表明，洞察性学习比机械性学习要有效得多。认知语言学的语义中心观实际上就是强调语言的理据性。关于理据在语言学习中的重要性，理论语言学家和应用语言学家都有明确、中肯的论述。有理据的词语学起来比没有理据的要容易得多，同时有理据的知识记忆使用起来也要比没有理据的要容易。明确地理解语言的工作方式，将经验服从于分析的需要，适合学习者的认识风格。事实上，当学习者了解了语言的工作方式，他们就会开始构建或重新建构他们个人关于所学语言的各种假设。语言系统中的各种理据对语言教学具有许多启示意义。Boers & Lindstromberg（转引自刘正光，2010）总结了以下 3 点：

（1）深化学习者对所学内容的理解。学习者在掌握其理据过程中更加关注其内涵意义并激活其语义网络。如 drive sb. into a corner（把某人逼入绝境）这个习语来源于拳击比赛。在拳击比赛中，一方被逼到角落，说明已经处于非常不利的地位了。学习者了解了这方面的知识并联想起这样的场景后，可以对同样来源的词语的意义做出预测，如 corner（步步紧逼）作动词用的意义。将新词语与已有知识联系起来有助于学习。

（2）加深记忆。学习者在语言学习过程中思考意义与意义之间、形式与意义之间的联系在语言习得研究中被认为是一个扩展的过程。扩展分为语义扩展和结构扩展。语义扩展指关于词或构式的意义的心理活动，结构扩展指关于词或构式的型式的心理活动。扩展是在比较深的层面上处理信息，因而能增加信息在记忆中永驻的可能性，促进学习。

（3）认知语言学认为意义的构建过程就是概念化的过程。在概念化的过程中，语言中所隐含的文化内容必定影响着概念化的内容与方式。因而，理解目标语文化中所隐含的个性化内容、价值系统和态度也就成为了语言学习的目标，而不仅仅是作为增强语言学习者的语言能力的工具，语言也就不仅仅是交际的媒介。这样的语言与文化本身就是认知和情感的财富，能扩展学习者的百科知识和跨文化能力。了解语言的运行机制、意义的生成方式、语言与文化以及和概念化之间的相互联系，有助于进一步理解目标语和目标文化，同时也更深入地理解母语与母语文化，从而形成对世界的新的认识。当语言学习者了解了语言的运行方式、意义的生成方式、语言与文化以及与认知的联系后，他们就会从不同的视角更深刻地解读目标语及其文化，同时更深刻地理解母语和母语文化。

四、认知语言学理论与语言学习

认知语言学的原型范畴化理论、概念隐喻理论对全面培养语言、文化和思维能力具有直接的指导意义。文化通过语言影响思维方式，直接反映在不同文化对经验世界（概念）的范畴化方式中。不同文化中的概念原型往往是有差别的，如色谱。英语和德语中焦点颜色有 11 种，而汉语中往往认为是 7 种。颜色词的文化引申意义也差别很大。学习者在理解文化差异的过程中，一方面可以体会到范畴化边界的模糊性，另一方面又可以理解文化的边界性和不可译性。学习者逐渐明白母语和外语无论是在语义关系还是在结构相似性上都不可能一一对应或对等，更不用说文化内涵与联系了。发现差异的过程就是培养语言与文化意识的过程。

认知语言学认为，文化不是外在于语言的某个方面，而是存在于语言本身的各个层面，就在每一个词、每一个语法构式中，可以通过语言行为和语言分析发现，不断地由语言来交流。在对每一个词、每一个语法构式，对不同语体和语篇中的隐喻和转喻基础的认识与学习过程中，学习者会逐渐发现概念隐喻的操控功能，从而意识到语言是灵活的和具有力量的，同时了解语言中的文化知识。概念隐喻可以从 3 个方面培养学习者的思维能力。

（1）概念隐喻指我们的概念系统中存在一个隐喻结构，这个结构潜在地影响甚至建构我们的思维方式，如以空间表达时间，以旅行表达人生，以建筑物表达理论。

（2）学习者逐渐掌握这样的概念隐喻的过程也是一个学会抽象思维的过程，一个发现事物之间的相似性的过程，一个建立概念结构或概念域的过程。

（3）由于隐喻具有深厚的民族文化特征，学习者理解隐喻的过程也是逐渐扩展观察问题和思考问题的视角、促进思维逐渐理性化的过程。

隐喻的学习可以加深对习语的理解与记忆。习语曾被认为是语言中的“死喻”，因为它们已经变得非常稳定和广为接受，使用者对它们的隐喻性特征已经习以为常了。但是认知语言学的研究表明，有两种方法能够重新激活习语背后的生动的意象：①发现其中的概念隐喻；②追溯其产生的原有语境和本义。如果学习者能够根据概念隐喻原理去理解习语产生的直义基础，他们继续学习的愿望就会更加强烈，理解和记忆习语的效果也会更好。

对隐喻的学习能增强对多义性的理解能力。语言中多义性是一种普遍现象。不同的意义形成一个语义网络。语言是一个由意义、词、语音等符号单位组成的认知网络。如果把一些高频词的不同意义分别处理为单义词、同音异义词等，对语言学习是没有好处的，因为这就把意义之间的相互联系切割掉了。以介词为例。介词所表达的时空意义与人类的空间经验紧密相关，并形成一个网络。它们之间联系的一个基本机制就是概念隐喻。大量证据表明学习者如果知道从中心意义到扩展意义中概念隐喻所起的作用，学习效果要好得多。

五、认知语言学与整体性教学

对语言本质特征的认识，决定着对语言习得过程的认识和对语言教学基本原则的选择。认知语言学认为，语言的本质特征是符号性，语言构式都是有意义的符号单位；语言的符号性决定了语言的基本目的之一是为交际服务。语言知识是语义、语音和符号特征的统一知识。

语言知识是互相联系的，语言不是一个独立的认知器官，各种认知能力相互作用，协同发展。认知语言学关于语言本质的认识及其基于使用的语言观从微观和宏观的层面都为整体教学提供了理论依据。

从微观的视角看，语言是由形义配对构成的符号单位组成，词汇与语法构成一个连续体，这表明语言学习必须是形义作为一个整体同时学会。

从宏观的视角看，语言知识是从语言使用事件中逐渐抽象出来的。这表明，语言知识包含了丰富的社会、文化等语境知识；更重要的是，还包含了语言学习者对语言使用事件的识解。这就是说，在语言使用中，认知的、情感的等各种因素相互作用。

认知语言学和基于使用的语言理论模型为解释人类怎样学会语言提供了一种新的理论模型与方法。基于使用的理论模型认为，语言知识是逐渐从初级图式到高级图式抽象出来的。

六、认知语言学的语言观对语言教学的启示

认知语言学具有 3 个基本特征：语义具有中心地位；语言以使用为基础，语法产生于语言使用；所有符号单位都有意义。基于使用的认知语言学的语言观对语言教学原则具有以下两个方面的启示：①普遍规则的作用有限；②文化教学（包括交际、社会的文化语境）必须贯串于语言教学中。

之所以说普遍规则作用有限，是因为完全具有普遍意义的构式在约定性型式中只占很小一部分。因此，我们即使完全掌握了语言规则也不能确保语言习得的流利性。事实上，要实现语言习得的流利性，学习者必须掌握大量的固定表达式和具体场合下遣词造句的基本方式。要充分考虑词汇、语法以及其他语言知识之间的相互作用与关系。词汇、语法必须教，但绝对不能成为语言教学的主要教学内容，甚至全部内容。语言不仅仅是由词汇和语法组成的，它还包含着大量的各种文化内容。更重要的是，语言学习不是掌握一个静态的知识系统，而是要掌握语言的使用。语言在使用的过程中由于认知的参与会变得十分复杂和灵活。

本篇参考文献：

[1] 刘宇红 . 认知语言学：理论与应用 [M]. 北京：中国社会科学出版社，2006.

[2] 刘正光 . 认知语言学的语言观与外语教学的基本原则 [J]. 外语研究，2010（1）：8-15.

[3] 王寅 . 认知语言学探索 [M]. 重庆：重庆出版社，2005.

[4] 文旭 . 语义、认知与识解 [J]. 外语学刊，2007（6）：35-39.

[5] 张德禄，董娟 . 语法隐喻理论发展模式研究 [J]. 外语教学与研究，2014（1）：32-44.

第三十三篇　认知语法基于使用模式与语言教学

本篇内容提要：认知语法强调人对语言系统的实际使用和人关于语言使用的知识。语言知识产生于语言运用。语言知识是在具体使用不断地修正过程中抽象出来的，规则是在具体示例中抽象出来的。语言习得是一种自下而上的过程，是由语言性的经验所驱动的。基于使用的语言理论模式为解释人类怎样学会语言提供了一种新的理论模式与方法。

基于使用的模式是认知语法的核心概念之一。认知语法强调人对语言系统的实际使用和人关于语言使用的知识。认知语法认为，语言研究不能只关注一般规则和原则，同样应该特别重视这些规则和原则的约定俗成的各种实例，考察各种语法规则在实际使用中的引申及影响因素。语言知识产生于语言运用。语法知识是在具体使用不断地修正过程中抽象出来的，规则是在具体实例中抽象出来的。认知语法的语言习得观认为语法能力是在一定的语言输入的刺激下随着相关类似结构的不断重现归纳总结形成的。认知语法基于使用的语言理论模式为解释人类怎样学会语言提供了一种新的理论模式与方法。

一、Usage 与 Grammar 解读

1. Usage

Usage-based model 的核心思想是实践先于理论，用法先于语法，语言使用先于语言能力。认知语法所提倡的 usage-based model 中“usage”在很多文献中分别被译为“使用”或“用法”。汉语中的“使用”和“用法”的内涵是不一样的。“使用”

表示可偶尔为之，而“用法”则表示已固化。Usage-based model 强调的是语言在实际语言环境中的具体用例，而非固定的用法。固定的用法作为一种规约在认知语法中已经被当作是内在语法知识的成分了，当然谈不上再以用法为基础。基于此，应将 usage 解读为“使用”。（张韧，2006：33）

2. Grammar

汉语中将人们头脑中内在的规律称为“语法”，将语法学家对规律的研究结果称为“语法学”。英语中只有一个 grammar，兼指两者。

传统的语法，区别词法和句法，先词法后句法。这一般指的是教学语法，如英语中的 Nesfield 语法、张道真语法、薄冰语法等。语言学中的语法包含两个概念：①确定言语和书面语的单位，如句子和词；②分析这些单位所构成的范式和这些范式所携带的意义关系。（胡壮麟，2011：3-4）

“语法”的定义有“狭义”和“广义”之分。“语法”从狭义上讲，指关于词的形态变化（即词法）和用词造句的规则（即句法）。狭义的语法是与音系学和语义学并列的。自从乔姆斯基的《句法结构》一书 1957 年问世以来，人们有时把“句法”理解为“语法”，把原来的语法提高到语言学的位置。“语法”从广义上说，可指对全部语言法规的总述，可与“语言学”、“语言理论”等术语互用，如“比较语法”就相当于“比较语言学”，“转换生成语法”是指运用转换生成方法研究语言的一种理论。我们今天谈论 Halliday 的“系统功能语法”、Lamb 的“层次语法”、Fillmore 的“格语法”、Goldberg 的“构式语法”、Langacker 的“认知语法”等也是从广义的语法概念来考虑的。具体地说，广义的语法是“语言学＝语义学＋词汇句法学＋语音学 / 音系学”。本篇中所说的“语法”是“广义的语法”即语言学，而不是狭义的“语法”。

二、基于使用的模式

我们知道，语言实际表达时是灵活多样、丰富多彩的。切实可行的方法只能是，通过总结实际使用中的语言表达才能发现有价值的使用规律。语言是人们在特定场景中用于表达思想、传情达意的，这其中的语言形式、语义以及特定语用信息是“交织在一起”的，它们在实际生活中规约地共存于一体，被语言学习者规约化地同存于心智中，并以“构式”的方式表征。（王天翼、王寅，2010：8）

“自索绪尔提出语言和言语区分以来，语言研究中的一个重要倾向是把语言使用和语言结构割裂开来。”（高航，2009：53）无论是结构主义语法还是生成语法都一直将语言使用与抽象的语言结构知识相分离，很少注意语言使用对认知结构的潜在影响。最近20年，认知语言学家（如Langacker，Lakoff，Fillmore，Goldberg，Croft）明确提出语言知识来自语言使用，语言研究必须在考察语言使用的基础上进行。其中，Langacker还详细论述基于使用的模式，完整说明从语言使用角度研究语言结构的思路。（高航，2009：53）

认知语法认为，语言主要是人们后天以身体经验为基础，在与客观外界进行互动的基础上通过认知加工逐步形成的，语言主要是在“语言游戏”中学得的，遵循着“实践—理论—实践”的原则。（王天翼、王寅，2010：7）语言系统的实际运用和讲话人关于语言使用的知识具有十分重要的作用。

在认知语法学家们认为，语言的基本目的是为交际服务，语言的本质特征是符号性；语言的形成以使用为基础，是经验性的，与人的认知体验和对客观世界的概念化过程有着密切的关系；语言习得与其他技能的习得没有本质的区别，语言能力是人的整体认知能力的组成部分。如Tomasello（2000）通过研究提出，儿童早期的话语是围绕具体某个词或者短语组织发展起来的，儿童早期的句法发展也是以具体语言项为基础（item-based）的。儿童习得语言是基于语言使用逐一习得具体语言构式并逐渐发展出语言能力。

“语言是由构式构成的系统，所以语言习得就是构式的习得。儿童逐渐习得语言能力，其发展过程遵循基于使用的语言模式习得顺序，要依次经过若干个阶段，即开始于狭窄的构式（甚至包括具体的动词和名词），通过机械记忆习得较为具体的语言结构，如单词和词素，经过积累过渡到更为复杂的结构，最后习得最抽象、能产性极高的论元结构。”（李小华、王立非，2010：108）

三、基于语言使用与语言使用者的识解

1. 识　　解

“把动态的认知过程引入语法分析，是认知语言学的又一个鲜明的特点。同样一个对象，由于认知视点的不同，会影响人们选择不同的句式去表达。认知语言学把这种认知视点变换与语言结构的选择之间的相互作用现象叫作‘识解’。”（石毓智，2004：23-24）易言之，识解指的是人们的认知能力，不同的认知方式作用于同一情景，导致了不同的语言表达和不同的意义。对同一个客体的多种不同表述，反映了不同的认识识解。

2. 识解与语言习得

认知语法基于使用的语言观从宏观的层面为整体教学提供了理论依据。语言知识是从语言使用事件中逐渐抽象出来的。语言知识包含有丰富的社会、文化等语境

知识，更重要的是，还包含了语言使用者对语言使用事件的识解。这就是说，在语言使用中，认知的、情感的等各种因素相互作用。

语言使用事件是一个实际的语言使用行为。在语言使用过程中，语言使用者的主体性起着关键的作用。因此，语言使用中的语义构建离不开语言使用者的识解。这意味着，在外语学习中，语言使用者的识解对解释外语学习中的语言产出具有核心意义。只有从语言使用和说话者识解的视角来考察外语习得者的语言类型才能充分理解基于使用的理论模式与外语习得的良性互动关系。（刘正光，2010：9）

语言学习不是掌握一个静态的知识系统，而是要掌握语言的使用。识解使得语言使用者可以用各种不同方式来看待相同的和不同的事件和语言行为。语言由此而变得复杂和灵活。请看下面表明识解的方式体现在语法中的方式的例子。

[1] a. The streets were lined with spectators.　　b. Spectators lined the streets.

[2] a. This year has seen some big events.　b. Some big events have occurred this year.

例句 [1]—[2] 体现的是识解中视角的作用，a 句体现局部视角，b 句体现整体视角。这两组例句中的 a 句表达一个共同的识解内容，即地点或时间被聚焦而成为语法上的主语。再看下面两个例子：

[3] a. Two men slowly opened the door and walked in.

[4] b. The door slowly opened and two men walked in.

例句 [3]—[4] 中，a 表达的是两个人从门外开了门，然后走进去了。b 表达的是门是从屋内打开的，两个人走进来了。前者是从外部的视角看待事件的发生，后者是从内部的视角看待事件的发生。这两个句子的差异主要体现在识解过程中的视角变换。过去的句法研究只是简单地说这两句话之间是从及物到不及物的转换，然而学生并不能清楚地认识到转换以后它们的语义差别，以及带来的句法上的变化。

语言习得基于语言使用意味着只掌握抽象的语言规则并不能保证学习者能够流利准确地使用语言。语言习得基于语言使用意味着语言教学中语言使用不但关注语言教学活动的意义，更要关注语言使用者在语言使用过程中所起的决定性作用。语言使用者识解的方式对语言表达式的选择具有重要的作用，这就意味着语言使用要突出语言学习者在整个学习过程中的主体地位和作用。

四、基于使用的模式之功及对外语教学的启示

1. *在游泳中学会游泳*

“在语言游戏中学会语言。”Taylor（2002:27）在《认知语法》一书中强调：

“语言知识是基于实际使用的知识，是在使用事件之上做出概括性的知识，因此，语言习得是一种自下而上的过程，是由语言性的经验所驱动的。”（王天翼、王寅，2010：8）自下而上的性质是基于使用的模式的一个重要特点。“基于使用的理论不排斥常规的组合规则和概括，但它提醒人们语言中有一大块不能用传统规则解释的特例和边缘学现象。”（严辰松，2010：6）英语中有不少特殊的构式，例如：

[5] Her wash the dishes!

[6]The faster I run, the behinder I get.

[7]My hairdresser needs fixing.

[8]What are your shoes doing on the table?

[9]Day in day out, year in year out.

[10]The can rumbled past him.

上面所列举的构式都不可能被严格划分为按规则生成的或像词汇那样逐个习得的，因为它们既涉及一定的语法规则如主谓规则，又不完全遵守语法规则，如主格规则和主谓一致性规则，需要像词汇学习那样去记忆。（袁野、李丹，2010:3）人们只能是在游泳中学会游泳，在语言实际交际活动中学会语言。人只有在各类语言使用中通过不断提炼构式的功能才能掌握一门语言。

以使用为基础的语法体系就是研究语言的一般规律和特定构式，是用来记录所有言语表达的实际情况，包括语言的各种形式。语言学习必须从记忆具体的例子出发，然后逐渐形成一般化的规律。无论是语音、词素，还是语法特征都逐渐经历一个概括的过程。比如英语中的连动构式主要包括 3 个不同的形式：VVingPP，GoVPing 和 GoVPbare。3 个构式都有各自迥异的句法、语义和语用限制，在其他语言中没有类似的现象。这些构式的特殊性显示任何一个特定构式的特征都必须通过学习才能获得。（梁君英，2007：73）

语言中包含着丰富的使用语境信息和社会文化信息。这样的信息在反复的语言使用中被融入到语言中成为约定俗成性构式。认知语法的基于使用的理论为语言理解与语言学习中强调语境与文化的基本作用提供了理论研究。语言研究不能只关注一般规则和原则，同样应该特别重视这些规则和原则的约定俗成的各种实例，考察各种语法规则在实际使用中的引申及影响因素。（高航，2009：54）

2. 打破语义与语用的界限

以使用为基础研究语言知识内容的角度是认知语法的一个突出特点，也是同主流生成语法的一个重要差别。认知语法中语言知识的范围比传统看法要广。以使用为基础的思路决定了语言形态的动态性，打破了语义与语用的界限。依据此模式，一个语义结构是同其符号形式一道从语言使用领域进入语言认知系统的，因此语义结构和语用意义没有本质区别，只有规约化程度的不同。语义语用都可容纳在认知语法的意义观之下。语用信息一旦规约性地与语言型式相连，就成了构式的一部分，不可能仅仅靠语用原则预测其存在。（张韧，2006：31）

3. 简化语言习得

认知语法基于使用的模式大大简化了语言习得问题。（Tomasello, 2000）语言使用决定语法表征。正是这一模式使得认知语法不仅关注语言的现状和实际使用，而且也关注语言变化和语言习得。认知语法基于使用的模式适用于语言结构的各个领域，从语义、音系到词库、形态和句法。“语言习得过程本质上可归结为对实际表达中存在的共同之处的强化。任何规则只能从实际出现的表达式中通过图式化过程抽象出来，以实际使用为基础。整体而言，在语言习得过程中，完全具有概括性的规则属于非典型现象，适用于有限范围的低层图式比概括性强的高层图式更重要。从认知语法角度看，语言习得过程是一个对于约定俗成的用法的反复强化过程，而不是一个习得概括性规则后不断排除由此产生的不合法形式的过程。”（高航，2009：55）

4. 对外语教学的启示

认知语法基于使用的模式强调语言是在具体的社会环境中，在真实互动中学会的，强调学习者的自身参与。外语与其他知识一样，也是通过经验学会的。学习者生活中的认知经验可以帮助他们理解所学语言。（邓云华、刘芬，2010：15）

例如，生活经验中的“复制”概念可以帮助人们理解新词 clone；有了相关的生活体验，人们就不难理解 sleep the trip away 意思就是以睡觉的方式打发掉旅途的时光；They laughed the poor guy out of the room 意思就是那个倒霉的家伙被嘲笑跑了；She will make you a good wife 意思就是她会成为你的贤内助。Steal 和 rob 的不同语法现实既是人类经验的结果，又可以用人类经验加以理解和把握，即人们针对偷窃事件，更多关注丢失的东西（steal<thief targets goods>），而针对抢劫事件，则较多关注抢劫者（rob<robber targets goods>）。“偷”和“抢”虽然都跟一个施事和一个受事，但对于“偷”而言，失窃物是凸显角色，而遭偷者则是非凸显角色；与之相反，抢劫者是凸显角色，抢劫物则是非凸显角色。外语教学中的有意义教学在很大程度上影响着外语教学的有效性，即教学活动是否关注学习者的经历和已有的知识结构。

语言知识系统本身通过大量实际用例（构式）的心理固化而建立起一套从具体到抽象的认知结构。也就是说，使用频率在建立知识系统的过程中起着关键作用。这里提到的使用频率指具体用例（构式）是否通过高频率使用而固化。例如，英语中表示过去式的规则形式 -ed 就具有很高的频率，因为它可以用于成千上万的动词后面。“构式中某一位置的语言项目被学习者听到或看到的频度越高，其与某个固定词汇项目相连接的可能性就越小，因而越有可能建立一种基于此类项目的普遍范畴。一个范畴覆盖的语言项目越多，其标准特征的普遍性越强，学习者越有可能将这一范畴规则延伸至新的语言项目。高频度的语言项目类型加固了其表征图式，使之更容易用于新的语言项目中。”（任庆梅，2007：40）

语言的基本特征是使用意味着：语言学习是一个实实在在的过程，语言必须是对一个一个语言单位（即构式）的学习。语言学习必须提供足够的输入。基于使用模式强调语言是学习者在参与性语言经验中学会的，在实际教学中，最好先让学生在现有语料中收集某一构式使用的例子，分析构式。根据教学目标和学生的实际需求，选用含有地道的、高频构式的语料。以真实目的语语料作为教学材料，尤其是教学大纲和教材的编写考虑频率效应等因素，就可以避免或减少外语构式的“偏离”现象。根据构式形式与意义不可分割的原则，在外语教学中，教师应将构式作为整体来教，鼓励学生同时注意形式和意义，一并输入构式的音系、句法和语义特征。（李小华、王立非，2010：108-110）

亲身经历有意义的语言运用能够发现输入中具有意义的型式，这样的型式是在有意义的交际行为中学会的。这就意味着，在实施真实的交际活动中必须提供学习者大量的有意义的语言输入和使用语言的机会。

本篇参考文献：

[1] Goldberg, A. Construction: A Construction Grammar Approach to Argument Structure [M].Chicago: University of Chicago Press, 1995.

[2] Lakoff, G. Women, Fire, and Dangerous Things: What Categories Reveal about the Mind [M].Chicago/London: The University of Chicago Press, 1987.

[3] Langacker, Ronald W. A Usage-based Model[A].In B. Rudzka-Ostyn. Topics in Cognitive Linguistics [C]. Amsterdam and Philadelphia: John Benjamins, 1988.

[4] Tomasello, M. Do Young Children Have Adult Syntactic Competence?[J]. Cognition, 2000（74）：209-253.

[5] 邓云华，刘芬 . 构式观与语言构式教学 [J]. 西安外国语大学学报，2010（2）：14-17.

[6] 高航 . 认知语法的语用视角：基于用法的动态模式述评 [J]. 外语学刊，2009（5）：53-56.

[7] 胡壮麟．谈语法研究中的本位观 [J]. 外国语，2011（1）：2-8.

[8] 李小华，王立非．第二语言习得的构式语法视角：构式理论与启示 [J]. 外语学刊，2010（2）：107-111.

[9] 梁君英．构式语法的新发展：语言的概括特质——Goldberg《工作中的构式》介绍 [J]. 外语教学与研究，2007（1）：72-75.

[10] 刘正光．认知语言学的语言观与外语教学的基本原则 [J]. 外语研究，2010（1）：8-14.

[11] 任庆梅．构式习得认知心理机制诠释研究综述 [J]. 外国语，2007（6）：39-43.

[12] 石毓智．认知语言学的“功”与“过”[J]. 外国语，2004（2）：21-33.

[13] 王天翼，王寅．从“意义用法论”到“基于用法的模型”[J]. 外语教学，2010（6）：6-9.

[14] 严辰松．语言使用建构语言知识 [J]. 解放军外国语学院学报，2010（6）：1-7.

[15] 袁野，李丹．语言习得的构式观 [J]. 西安外国语大学学报，2010（2）：1-4.

[16] 张韧．构式与语法系统的认知心理属性 [J]. 中国外语，2006（1）：29-34.

第三十四篇　语义中心观与语言教学

本篇内容提要：认知语言学以语义贯串始终。意义是最主要的语言现象。语义为中心的语言观对英语教学具有重要的启示。语言学习者了解掌握意义与意义之间、形式与意义之间的关系可强化信息的记忆，促进学习。语言表达式的意义取决于识解。语言使用者的识解对解释英语学习中的语言产出具有核心意义。

认知语言学是语言学中的一种新范式，它以语义为中心。语义是人在大脑里激活的概念。认知语言学的意义是概念化强调概念化主体的主观识解因素和意义的动态化特征，强调人的创造性和想象力，突出意义的动态观，强调语义存在于人对世界的识解中。语义的中心地位说明语言无论是结构形式还是意义本身都具有理据性。随着认知语言学理论研究的深入和成熟，其研究成果不断地被应用到外语教学当中。本篇首先阐述认知语言学的语义中心观，然后探讨以语义为中心的语言观对英语教学的启示。

一、语义中心观

认知语言学的一个基本特征是语义具有中心地位，所有符号单位都有意义（包括语法单位）。“对认知语言学家来讲，所有语言结构都是符号工具，不管是从最小的词素还是到复杂的结构，都可用来传达意义。”（王德春、张辉，2001：7）

“意义问题是当今人文科学研究的核心问题。对人类而言，人类世界从本质上讲就是意义的世界。一个没有意义的世界，绝对不是一个‘人’的世界。语言是人类认知能力的一种体现，语义是认知语言学研究的焦点，这已成为认知语言学家的共识。”（文旭，2007：35）认知语言学以语言所传达的语义为起点，并以语义贯串始终。认知语言学之所以将语义放在重中之重的位置，是因为它认为，如果语言的主要功能是范畴化，那么意义必将是最主要的语言现象。

1. 概念、概念化、概念结构

认知语言学认为语言的意义来自于人的概念化的过程。意义就是概念的形成。"概念就是我们头脑中形成的对客观事物的想法和信念，是头脑中对客观事物的知识系统，包括人类概念系统中概念的组织方式等。"（李福印，2005：77）概念化既指人们头脑中已经约定俗成的概念，也包括即时形成的概念。也就是说，概念化既是结果又是过程。兰盖克（1990）把概念结构等同于概念化，概念化由语义内容和识解能力这两部分组成。概念结构是指我们在头脑中存在的对客观事物的相对稳固的知识体系。认知语言学的研究认为，概念结构有很多模式：语域、认知模式、意象图式、映射、心理空间等。语言的意义是语言表达式向认知或心理实体的映射。语义结构即概念结构，语言指向是心理中的概念而不是外部世界中的物体，即语言单位的意义等同于概念结构。

2. 语义概念化

语义是概念化的，是人们关于世界的经验和认识事物的反映，是与人认识事物的方式和规律相吻合的。认知语言学认为语义不是基于客观的真值条件（例如"张山是条狼"，没有真值条件而言，但这句话却明明是有意义的），而是对应于认知结构，表层形式的句法结构又直接对应于语义结构。认知语言学对客观真值条件的描写与对认知概念的建构统一起来，不区分语言意义和语用意义，而是探索意义在大脑中是怎样建构的，研究原型理论、范畴化、概念形成的过程及机制。语言的意义不限于语言内部，而是根植于人与客观世界的互动的认知，根植于使用者对世界的理解和信念。语义还跟人的概念结构及其形成过程有直接的关系。例如，"横看成岭侧成峰"，客观上是同一座山，由于人的观察角度的变化就形成两个不同的心理意象，也就形成两个不同的概念。

在认知语言学看来，概念化是广泛的，既包括抽象的概念，也包括一个人对外部的、社会的、语言的环境的意识。概念化实际上就是认知处理。概念化还包括知觉，感情和动觉以及人们对语言事件的理解，对社会的和语言情景的认识。"将意义等同于概念化，比起将意义视为概念来说，意在强调概念化主体的主观识解因素和意义的动态化特征，抛弃了客观主义理论的镜像观、静态观，强调了人的创造性和想象力，突出了意义的动态观。意义就是概念化的过程和结果。"（王寅，2005：115）

3. 语义决定句法

认知语言学的一个最基本的理论主张是，语义和句法之间存在着一对一的映射关系。这一论断有两层意思：①任何两个同素不同结构的语法格式必然有不同的语义值，任何不同的语义结构都对应于不同的语法结构。②任何语法标记都有自己的语义值。

认知语言学中虽然有不同的理论方法，但它们在很大程度上是相互一致的，具有共同的理论原则。其中的一个重要主张就是：句法并不构成一个自主的表征形式层次，句法不是自主的，是受功能、语义和语用因素支配和制约的。在认知语言学里，语义先于句法，并部分地决定着句法。认知语言学的一个最基本理论主张是，语义和句法之间存在着一对一的映射关系。语义与句法是相乘相因、不可分离的两方面，“不参照语义值来分析语法单位与编写词典不注明词义一样是不可取的”（Langacker, 1990:1）。

认知语言学认为没有自治的句法。概念系统是来自对客观世界的感知，因此在大脑中就不可能有不受输入影响的模块。句法结构是形式与意义的结合体，句法应该是研究象征单位，即意义和语言表达两者的配对结合（pairing）。句法构造不是把无意义的形式任意地置放在一起，而是表现了人类组织基本经验的方法。句法的理据和动因是由认知、语义、语用等因素促动的。句法的不同形式来自并反映不同的语义。语法是词语概念内容的结构化，这深刻揭示出语义和语法之间的密切关系，说明语义在一定程度上决定着语法。

二、语义中心观对语言教学的启示

随着认知语言学理论研究的深入和发展，其研究成果不断地被应用到外语教学当中，以解释和解决外语教学中出现的问题，同时也可以检验认知语言学理论。

语言是一个由语义、词汇语法和语音3个层次构成的符号系统，这一点已成为语言学界的共识。认知语言学是以意义为中心的语言学，它以语言所传达的语义为起点，并以语义贯串始终。“在认知语言学里，语义被赋予首要地位。语义的中心地位说明语言无论是结构形式还是意义本身都具有理据性。”（刘正光，2010:10）语言的理据性以不同的方式体现在语言的不同层次如意义与意义、形式与意义之间。

1. 中心意义到扩展意义——思维、理解能力的培养

语言中的多义性是一种普遍现象。不同的意义形成一个语义网络。如果把一些高频词的不同意义分别处理为单义词、同音异义词等，对外语学习是没有益处的，

因为这就把意义之间的相互联系切割掉了。以英语介词为例，介词所表达的时空意义与人类的空间经验紧密相关，并形成一个网络。它们之间联系的一个基本机制就是概念隐喻。大量证据表明（刘正光，2010）：学习者如果知道从中心意义到扩展意义中概念隐喻所起的作用，学习效果要好得多。

概念隐喻可以从 3 个方面培养学习者的思维能力：①概念隐喻指人类概念系统中存在一个隐喻结构，这个结构潜在地影响甚至制约着人类的思维方式，如以空间表达时间，以旅行表达人生，以建筑物表达理论等。②学习者逐渐掌握这样的概念隐喻的过程也是一个学会抽象思维的过程，一个发现事物之间的相似性的过程，一个建立概念结构或概念域的过程。③由于隐喻具有深厚的民族文化特征，学习者理解隐喻的过程也是逐渐扩展观察问题和思考问题的视角、促进思维逐渐理性化的过程。

习语曾被认为是语言中的死喻，因为它们已经变得非常稳定和广为接受，使用者对它们的隐喻性特征已经习以为常了。但是认知语言学家的研究（刘正光，2010）表明，有两种方法能够重新唤醒习语背后的生动的意象：①发现其中的概念隐喻；②追溯其产生的原有语境和本义。如果学习者能够根据概念隐喻原理去理解习语产生的直义基础，他们继续学习的愿望会更加强烈，理解和记忆习语的效果也会更佳。

2. *形式与意义作为一个整体——同时学得*

认知语言学将形式与意义密切结合起来进行研究。认知语言学认为，语言本身是语言符号及其所象征的意义。任何一个语言因素，包括音素、词汇、语法结构、句子等，都具有象征性且包含一定的意义；每一个语言因素都是一个形式—意义的结合体。对认知语言学家来讲，所有语言结构都是符号工具，不管是从最小的词素还是到复杂的结构，都可用来传达意义。如过去时态标记 -ed 和进行体标记 be–ing 这样的语法形态标记并不包含一个实际的词汇意义，因为它们并不象征任何一个实际的事物，但是，它们能够在人们的头脑中引发一个关于时间和体的概念，即某一情景在过去或现在的某一时间在进行之中，因此它们也是有意义的。（胡荣，2010）

语言的形式和意义在语言使用中不可割裂。语法是意义和形式、功能和结构的中介，体现两者之间极为复杂的关系。语法结构是显性的，看得见摸得着，而语义关系是潜性的，看不见，摸不着。形式语法有可能解释一些语言现象的规则，但是要想用形式化手段解释语言使用中蕴含的道理却未必行得通。可见，句子正确的方式可能千千万，但其出错的情况也可能会万万千。（文炳、陈嘉映，2010：17）

学习者在语言学习过程中思考意义与意义之间、形式与意义之间的联系是一个扩展的过程。扩展分为语义扩展和结构扩展。语义扩展指关于词或构式的意义的心理活动，结构扩展指关于词或构式的型式的心理活动。由于扩展是在比较深的层次处理信息，因而能增加信息在记忆中保留的可能性，促进学习。（Boers & Lindstromberg, 2006）

3. 语义与识解——语言使用者位于语言使用事件中心地位

语言学理论研究一般围绕3个基本问题展开：什么是语言知识、怎样习得语言、怎样使用语言。（Taylor, 2002:4）这三个假设之一的语言习得基本观点可解释为，概念结构不能简单地还原为真值条件与客观世界的一一对应。人类认知能力的主要特征是将经验概念化后表达出来（包括语言知识的概念化）。在概念化过程中，识解起着十分重要的作用，同时也给意义增加了主观性。

何谓识解？识解指的是人们的认知能力，不同的认知方式作用于同一情景，导致了不同的语言表达和不同的意义。相同的一个对象，由于认知视点的不同，会影响人们选择不同的句式去表达。

语义是概念化的过程。这意味着，同一个事件可以有不同的理解，相反，同一个事件可以有不同的表达。再诸如名词、动词、主语和宾语等基本句法范畴，是指对它们所指概念内容的抽象的语义识解，这些基本句法范畴都有基本意义，但都是依据人们对经验做出各种识解基础之上形成的。

“在认知语言学中，语义是一种心理现象、认知结构，它并不反映客观实体，而是等同于概念化，即心理实验的各种结构和认知过程，而不是可能世界中的真值条件：一个语言表达式的语义就是在说话人或听话人的大脑里激活的概念。具体地说，语义存在于人类对世界的识解中，它在本质上具有主体性，体现了以人类为宇宙中心的思想，反映了主导的文化内涵、具体文化的交往方式以及世界的特征。”（文旭，2007：36）

语义是语言的核心，而语义的核心又是识解。识解使得语言使用者可以用各种不同方式来看待相同的和不同的事件和语言行为。语言由此而变得更加复杂和灵活。语言使用事件是一个实际的语言使用行为，无论是语言表达式的选择，语言资源的利用还是非语言资源如记忆、规划等，都是由语言使用者控制的。即在语言使用过程中，语言使用者的主体性起着关键的作用。因此，语言使用中的语义建构离不开语言使用者的识解。语言使用者的识解对解释外语学习中的语言产出具有核心意义。

三、语义为起点，语义贯串始终

认知语言学以语言所传达的语义为起点，并以语义贯串始终。语义结构是概念结构，语义是概念化的。语义在一定程度上决定语法，语法是词语概念内容的结构化揭示了语义和语法之间的血肉关系。对语言本质特征的认识，决定着对语言习得过程的认识和对语言教学基本原则的选择。语义为中心的语言观对外语教学具有重要的启示。

语言学习者了解并掌握了意义与意义之间、形式与意义之间的关系可强化信息的记忆，促进学习。意义是最主要的语言现象。当学习者习得了意义的生成方式，他们就会更深刻地理解所学语言。语义是语言的核心，而语义的核心又是识解，语言使用中的语义建构离不开语言使用者的识解。语言使用者的识解对解释外语学习中的语言产出具有核心意义。语言表达式的意义取决于识解意味着语言的约定性本质，同时也表明语言使用者对话语中语言表达式的分布具有选择决定权，即语言使用者处于语言使用事件的中心地位。学习者不断发现所学外语的理据性结构和原则，这一过程的本质就是学习能力在不断增强。

本篇参考文献：

[1] Boers, F. & Lindstromberg, S. Cognitive linguistics applications in second or foreign language instruction: Rationale, proposals and evaluation [C].//Kristriansen, 2006.

[2] Langacker, R.W. Concept, Image and Symbol[M].Mouton de Gruyter. Berlin-New York, 1990.

[3] Taylor, J. Cognitive Grammar[M].Oxford: Oxford University Press, 2002.

[4] 胡荣 . 影响英语进行体第二语言习得的语言因素：认知语言学视角 [J]. 外语研究，2010（1）：21-27.

[5] 李福印 . 语义学概论 [M]. 北京：北京大学出版社，2005.

[6] 刘正光 . 认知语言学对外语教学的启示 [J]. 中国外语，2009（5）：29-35.

[7] 刘正光 . 认知语言学的语言观与外语教学的基本原则 [J]. 外语研究，2010（1）：8-15.

[8] 王德春，张辉 . 认知语言学研究状况 [J]. 外语研究，2001（3）：1-10.

[9] 王寅 . 认知语言学探索 [M]. 重庆：重庆出版社，2005.

[10] 王寅 . 认知语言学 [M]. 上海：上海外语教育出版社，2007.

[11] 文炳，陈嘉映 . 普通语法、形式语法和哲学语法比较 [J]. 外语学刊，2010（1）：14-19.

[12] 文旭 . 语义、认知与识解 [J]. 外语学刊，2007（6）：35-39.

[13] 曾欣悦，刘正光．认知语言学对语法教学的启示 [J]. 外国语文，2009（4）：111-117.

[14] 郑开春，刘正光．认知语言学三个基本假设的语言习得研究证据 [J]. 外语教学，2010（1）：12-16.

后　记

本书作者在撰写此专著之前已对生成语言学、功能语言学、认知语言学的语言观、语法观、语义观分别进行了阐述和对比研究，其研究成果在过去的8年中已分别发表在国内的多家学术刊物上。以下是论文（合著）题目、期刊名称以及发表时间。

[1] 简述形式语言学及其问题 [J]. 广西社会科学，2006（4）.

[2] 形式语言学与系统功能语言学对比研究 [J]. 广西社会科学，2006（6）.

[3] 乔姆斯基和韩礼德的意义观对比分析 [J]. 广西社会科学，2006（7）.

[4] 韩礼德系统功能语言学概说 [J]. 广西社会科学，2006（11）.

[5] 乔姆斯基的普遍语法再研究 [J]. 开封教育学院学报，2007（4）.

[6] 论韩礼德的意义观 [J]. 现代语文，2008（4）.

[7] 乔姆斯基“普遍语法”解读 [J]. 社科纵横，2008（2）.

[8] 刍议乔姆斯基和韩礼德的语言观 [J]. 广西社会科学，2008（3）.

[9] 韩礼德“语言功能”探略 [J]. 广西社会科学，2008（4）.

[10] 乔姆斯基的“语言学是自然科学”刍议 [J]. 广西社会科学，2008（5）.

[11] 乔姆斯基的生成语法解读 [J]. 广西社会科学，2008（6）.

[12] 乔姆斯基的语言天赋观 [J]. 广西社会科学，2008（7）.

[13] 解读乔姆斯基的“句法说”[J]. 广西社会科学，2008（8）.

[14] 乔姆斯基的“语言内在观”[J]. 广西社会科学，2008（9）.

[15] 乔姆斯基具体语法解读 [J]. 广西社会科学，2008（10）.

[16] 解读乔姆斯基的“心智主义”[J]. 广西社会科学，2008（12）.

[17] 传统语法与生成语法对比研究 [J]. 教师教育研究，2008（8）.

[18] 乔姆斯基的语义观解读 [J]. 华北电力大学学报，2008（2）.
[19] 生成语法术语的一词多译 [J]. 广西社会科学，2009（1）.
[20] 功能语法与传统语法 [J]. 社科纵横，2009（1）.
[21] 语法隐喻：理据、贡献 [J]. 兰州学刊，2009（3）.
[22] 英语名物化及基本特征 [J]. 四川理工学院学报，2009（2）.
[23] 功能语法、传统语法、语法教学 [J]. 研究生英语教学与研究，2009（1）.
[24] 乔姆斯基"语法"解读 [J]. 外语学刊，2009（4）.
[25] 生成语法与认知语法刍议 [J]. 现代语文，2010（2）.
[26] 认知语言学"语言、语义、语法"刍议 [J]. 四川理工学院学报，2010（1）.
[27] 认知语法与构式语法 [J]. 现代语文，2010（3）.
[28] 语言·语篇·语境·语域 [J]. 现代语文，2010（4）.
[29] 传统语法与结构语法对比研究 [J]. 现代语文，2010（6）.
[30] 生成语法与认知语法差异解读 [J]. 四川理工学院学报，2010（3）.
[31] 构式语法之"功"及对英语教学的启示 [J]. 研究生英语教学与研究，2010（1）.
[32] 生成语法术语一词多译：思考与对策 [J]. 英语研究，2010（3）.
[33] 及物性隐喻优势与不足 [J]. 长春师范学院学报，2010（4）.
[34] 生成语言学与认知语言学差别对比研究 [J]. 华北电力大学学报，2010（2）.
[35] 认知语言学语义中心观对英语教学启示 [J]. 大学英语教学，2010（5）.
[36] 语义中心观与外语教学 [J]. 中国石油大学学报（教改专刊），2010.
[37] 生成语法对教学研究的启示 [J]. 长春师范学院学报，2010（6）.
[38] 构式特色及对外语教学启示 [J]. 西南农业大学学报，2011（1）.
[39] 结构语法、生成语法、功能语法之"语法研究" [J]. 职大学报，2010（4）.
[40] 乔姆斯基"语言"研究 [J]. 现代语文，2011（1）.
[41] 生成语法"生成"研究 [J]. 现代语文，2011（3）.
[42] 生成语法"语法"研究 [J]. 现代语文，2011（2）.
[43] 构式语法的特色与局限 [J]. 内蒙古工业大学学报，2011（1）.
[44] Goldberg 构式语法——功与过 [J]. 西南农业大学学报，2011（3）.
[45] 构式观与语言习得 [J]. 江苏外语教学研究，2011（1）.
[46] 生成语言学与认知语言学：基本假设、语义观、语法观、句法观对比研究 [J]. 外国语文（增刊），2011.
[47] 语言学同一术语多种译名 [J]. 语言与翻译，2011（2）.
[48] Langacker 认知语法与 Goldberg 构式语法 [J]. 现代语文，2011（8）.
[49] 构式习得与语言习得 [J]. 长春师范学院学报，2011（4）.

[50] 认知语法基于使用模式及对外语教学的启示 [J]. 英语教师，2011（6）.
[51] 认知 • 现实 • 语言 [J]. 现代语文，2011（6）.
[52] 构式语法与语言教学 [J]. 中国石油大学学报（教改专刊），2011.
[53] 论语法与语法教学 [J]. 中国石油大学学报（教改专刊），2011.
[54] 生成语言学语言观 • 认知语言学语言观 [J]. 现代语文 .2011（10）.
[55] 认知语言学 • 体验哲学观 [J]. 现代语文，2011（11）.
[56] 构式中心论之优及对教学的启示 [J]. 英语教师，2012（7）.
[57] 构式语法——动词与构式 [J]. 现代语文，2012（9）.
[58] 生成语法 • 构式语法 • 差异对比 [J]. 现代语文，2012（3）.
[59] 认知语言学与语言教学 [J]. 现代语文，2012（2）.
[60] 李清照点绛唇与武陵春及物性对比分析 [J]. 外语教育，2012（10）.
[61] 生成语言学语义观 • 认知语言学语义观 [J]. 现代语文，2012（4）.
[62] 生成语言学 • 认知语言学 • 模块观 [J]. 现代语文，2012（5）.
[63] 生成语言学 • 认知语言学 • 一致性 • 互补性 [J]. 现代语文，2012（6）.
[64] 语言 • 语法 • 语义 [J]. 现代语文，2012（7）.
[65] 语块理论与语块教学 [J]. 现代语文，2012（12）.
[66] 生成语法的语块观 [J]. 现代语文，2012（11）.
[67] 论元结构与 Way 构式 [J]. 职大学报，2012（6）.
[68] “XX 帝”构式的转喻认知机制分析 [J]. 外语艺术教育研究，2013（3）.
[69] 构式语法理论视阈下的二语构式习得 [J]. 中国石油大学学报，2013（5）.
[70] 刍议语块与二语教学 [J]. 江苏外语教学研究，2013（1）.
[71] 二语习得的语块观 [J]. 长春理工大学学报，2013（3）.
[72] 乔姆斯基：语言 • 心智 • 大脑 [J]. 现代语文，2013（3）.
[73] 普通语法 • 形式语法 [J]. 现代语文，2013（4）.
[74] 功能语法理论与功能语法教学 [J]. 现代语文，2013（8）.
[75] “构式”多维诠释 [J]. 现代语文，2013（4）.
[76] 认知语言学 [J]. 现代语文，2014（2）.
[77] 构式语法刍议 [J]. 现代语文，2014（4）.
[78] 认知语法的“特色”[J]. 现代语文，2014（5）.
[79] 语言学——语言 • 语法 • 语义 [J]. 科学出版社，2012（4）.